AF450725

LA BASTILLE

LA
BASTILLE

SON HISTOIRE. — SES GOUVERNEURS. — SES PRISONNIERS

ILLUSTRÉE DE GRAVURES

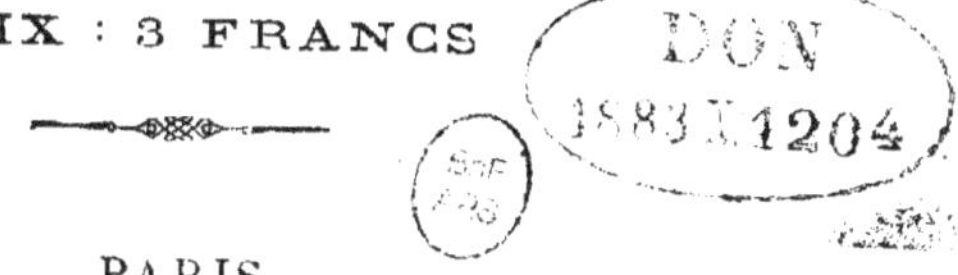

PRIX : 3 FRANCS

PARIS

LIBRAIRIE POPULAIRE DES VILLES ET DES CAMPAGNES

13, RUE CUJAS, 13

LA
BASTILLE

I

La Bastille, cette sombre forteresse que nos pères ne considéraient qu'avec une instinctive terreur, et que la génération actuelle ne connaît que par des représentations graphiques plus ou moins exactes, la Bastille a eu pour véritable fondateur Hugues Aubriot. Cet Aubriot est une des grandes figures de son temps, et, de nos jours, en mémoire des services qu'il a rendus à la cité, une des rues de Paris porte son nom.

Lors de l'avènement de Charles V au trône de France, Aubriot avait été chargé de la direc- tion des finances. Trois ans après, en 1367, le roi le nommait prévôt des marchands de Paris. En qualité de premier magistrat municipal, Au- briot donnait aux travaux de toute sorte une énergique impulsion. Ainsi, en même temps qu'il organisait la garde bourgeoise, débarras- sait Paris des immondices qui obstruaient et empestaient ses rues, il faisait construire des conduits souterrains pour l'écoulement des eaux ménagères ; grâce à lui, les ponts au Change et Saint-Michel mettaient en commu- nication commode les deux rives de la Seine ; des digues étaient construites pour garantir le quartier Saint-Antoine des débordements périodiques du fleuve; enfin, désireux de mettre la capitale à l'abri d'un coup de main de l'étranger, il traçait le plan de la Bastille. Deux tours existaient déjà à l'endroit qu'il avait choisi; deux autres furent édifiées, reliées aux premières par d'épaisses murailles. L'ensemble de ces constructions fut appelé « Bastille, » du nom que l'on donnait alors aux fortifications élevées en dehors des murs des vi   s.

Cette initiative féconde du prévôt des marchands n'avait pas été sans blesser quelques intérêts, et Aubriot n'avait pas tardé à voir se dresser contre lui deux puissances redoutables, l'Université et le clergé. Les écoliers ne pouvaient lui pardonner l'élévation du petit Châtelet, dans les cachots duquel quelques-uns d'entre eux avaient été par son ordre enfermés. Le clergé, de son côté, était mécontent de voir les revenus de la ville, autrefois employés en pieuses dotations, consacrés désromais à des travaux d'édilité.

A ces griefs vint s'en joindre un troisième : les juifs, à cette époque d'ignorance et de superstition, étaient traités en parias et considérés comme étant hors la loi : on leur enlevait volontiers leurs enfants pour les baptiser. Aubriot les leur fit rendre. Le clergé cria à l'impiété, l'Université à la tyrannie. Dès lors, la perte du prévôt fut résolue. L'orage qui grondait sourdement ne pouvait manquer d'éclater un jour ; il ne fallait qu'un prétexte.

C'était en 1380 ; Charles V venait de mourir; on préparait ses funérailles. Poussés par le recteur, les écoliers voulurent prendre rang, dans la cérémonie, avant l'escorte du prévôt et des échevins. Aubriot avait fait arrêter les plus mutins. Aussitôt des bruits sinistres se répandent : on affirme que les écoliers arrêtés ont été égorgés dans les cachots du petit Châtelet. Le lendemain, une députation de l'Université se présente devant le duc d'Anjou, régent du royaume; en tête marche Jean de Rancé, docteur en théologie. De Rancé se plaint de l'arrestation des écoliers, il demande leur mise en liberté et déclare que, s'il n'est fait droit à sa requête, l'Université suspendra ses leçons. Le duc d'Anjou écoute la harangue jusqu'au bout, congédie froidement la députation, et donne l'ordre à Aubriot d'arrêter l'impudent orateur. Le soir même, Jean de Rancé était enfermé au petit Châtelet. C'était là précisément ce que voulait l'Université, qui déclara les classes fermées jusqu'à la réparation de l'outrage qui lui était fait, et qui, en même temps, demanda une audience au régent.

L'audience fut accordée, mais le régent maintint l'arrestation du docteur. Alors la foule des étudiants qui remplissait la grande salle du palais où se tenait l'audience, se mit à crier: « Sus aux juifs! » Un écolier, s'avançant vers la table de marbre, s'écria d'une voix solennelle:

— J'accuse Hugues Aubriot, prévôt de Paris, de mœurs impies et dissolues; je l'accuse d'avoir pour maîtresse une juive; je l'accuse d'avoir frappé et foulé aux pieds l'image du Christ, et je demande qu'il soit cité au tribunal de l'évêque.

Aubriot vit bien d'où le coup partait.

— C'est une sédition, s'écria-t-il en s'adressant au régent; cet homme est le porte-voix de gens qui ont juré ma perte, pour me punir d'avoir servi la France et le roi. Mais j'aurai raison des imposteurs. Gardes, saisissez l'insolent.

L'ordre ne put être entendu, car les cris: « A bas les juifs! sus aux juifs! » redoublaient de violence; ils ne cessèrent qu'à un signal donné par l'écolier:

— Rachel! s'écria-t-il, le moment est venu de faire entendre le cri de la vérité!

Alors, une femme jeune et belle, le regard étincelant, les vêtements en désordre, surgit du milieu de la foule, et, d'une voix stridente, dit en s'adressant au prévôt:

— Oui, Aubriot, c'est pour me plaire que tu as renié ton Dieu; c'est devant moi que tu as souffleté le Christ. Tu étais ivre d'amour alors, et tu te traînais à mes genoux; moi je ne songeais qu'à la vengeance, et, dans la pièce voisine de celle où tu t'avilissais ainsi, deux témoins t'entendaient qui rendront témoignage. Car l'homme que j'aimais tu l'as fait enterrer vivant dans un des sépulcres de ton Châtelet... Et tu n'oseras pas m'accuser de mensonge, car on ne ment pas sur le bord de la tombe, et j'ai hâte de rejoindre celui que tu as assassiné.

A ces mots, elle saisit un poignard caché sous sa robe, s'en frappe à deux reprises et tombe sur les dalles de la salle. Le régent, stupéfait, se tourne vers le chancelier, qui lui répond à voix basse:

— Monseigneur, ici vous n'êtes plus en sûreté si vous ne livrez le prévôt à l'évêque. Que les juifs, dont il s'est fait le protecteur, se tirent de cette affaire comme ils pourront : le pis qui puisse arriver, c'est qu'on les pille, et beaucoup d'honnêtes gens pourront y gagner quelque chose.

Aubriot entendit ce conseil; il comprit qu'il était perdu, car tous les seigneurs de la cour, et le régent lui-même, avaient pour créanciers de riches juifs, et ils venaient d'entrevoir le moyen de payer leurs dettes sans bourse délier. Il se disposait pourtant à prendre la parole; il en fut empêché par le régent, qui dit en se tournant vers lui :

— Je ne me fais pas juge du cas; c'est devant l'évêque de Paris que vous répondrez de l'accusation portée contre vous.

Puis, s'adressant au recteur de l'Université, il lui dit que sa demande était octroyée, et que Jean de Rancé serait mis en liberté. Alors les cris de : « Mort aux juifs! » recommencèrent de plus belle et des gardes emmenèrent Aubriot décrété d'accusation. « Ce jour-là, dit un chroniqueur, la canaille alla avec furie fondre dans une rue où il y avoit quarante maisons de juifs, qui les habitoient sous la permission et la sauve-garde du roy. Chacun y butina à discrétion. »

Le prévôt n'étant justiciable que du parlement, ce dernier aurait pu évoquer l'affaire; il n'en fit rien, et Aubriot comparut devant le tribunal ecclésiastique établi pour la répression des délits contre la religion. Il fut condamné à être enfermé pour la vie. La sentence reçut son exécution, et, le 1er mai 1381, Aubriot entrait dans les cachots de la Bastille, de cette Bastille que lui-même avait édifiée.

Il semblait que tout fût fini pour lui; la rapacité du régent devait lui rendre la liberté. Le duc d'Anjou avait fait revivre les impôts établis par Philippe le Bel, puis abolis. Exaspérés, les Parisiens s'insurgèrent. Mais que faire sans chef? Le nom d'Aubriot retentit alors de toutes parts : c'est lui que la foule veut mettre à sa tête. On se porte vers la prison du Châtelet, où il a été transféré, et on l'en fait sortir.

— Mes amis, dit-il à ses libérateurs, que voulez-vous de moi?

— Que vous soyez notre chef!... Vive Aubriot !

— Ah! fit l'ex-prévôt, vous vous souvenez de moi bien tard !

Vingt bras vigoureux l'enlèvent malgré sa résistance, on le porte en triomphe jusqu'à ce château-fort dont il a été l'inspirateur et le premier prisonnier : là il est roi, là il trône. Mais, revenu des illusions, il sait ce que peut durer cette popularité si spontanément éclose, et, pressentant la fin prochaine de l'échauffourée, il prend en toute hâte la route de Dijon, sa ville natale. C'est là qu'il mourut dans un âge avancé.

II

Après l'échauffourée qui avait rendu la liberté à Aubriot, Charles VI, rentré à Paris en conquérant, avait fait désarmer les Parisiens et leur avait enlevé leurs franchises. Quelque temps après, il était devenu fou, et Isabeau de Bavière avait été déclarée régente. Sous le couvert de cette reine indigne, le duc d'Orléans et le duc de Bourgogne se disputaient le pouvoir.

Tandis que les médecins faisaient d'inutiles efforts pour guérir le roi, on vit paraître à l'hôtel Saint-Paul, résidence royale, deux religieux de l'ordre de Saint-Augustin, lesquels dirent, avec la plus entière assurance, que la cause du mal du roi leur avait été révélée, et qu'ils étaient envoyés de Dieu pour le guérir. Naturellement ils furent bien accueillis, et on les logea à la Bastille. Chaque jour ils se rendaient près du monarque malade, auquel ils faisaient prendre divers breuvages préparés par eux et dans lesquels, disaient-ils, entraient de l'or, qu'ils avaient l'art de rendre potable, et des perles distillées. C'était, comme on voit, un traitement fort coûteux, et, constamment, il fallait mettre à leur disposition une certaine quantité d'or et de perles, sans qu'il s'opérât d'ailleurs de changement apparent dans l'état du malade. Un beau jour on apprit que les deux moines menaient joyeuse vie dans la forteresse où ils étaient logés, et ordre fut donné à des Essarts, successeur d'Aubriot dans la prévôté, de s'assurer de leurs personnes. La Bastille, leur demeure, devint donc leur prison; ils étaient accusés de fourberie et de lèse-majesté, accusation suffisamment justifiée, car ils avaient fait, en dernier lieu, des incisions sur la tête de l'infortuné Charles, et il en était résulté pour le roi des douleurs intolérables.

Or, Pierre des Essarts était un des plus chauds partisans du duc de Bourgogne.

— Je crois, lui disait un jour Jean sans Peur, que nous ne pourrons venir à bout du duc d'Orléans qu'au moyen d'un bon coup d'épée.

— L'expédient n'est pas sans danger, monseigneur, répondit le prévôt.

— En sais-tu un meilleur? demanda le duc.

— Peut-être. Par exemple, si l'on pouvait convaincre le duc d'avoir attenté à la vie du roi et d'être la cause du piteux état dans lequel se trouve aujourd'hui Sa Majesté ?

— Ce serait un beau coup ! mais il me semble difficile à porter.

— Laissez-moi le tenter. Si j'échoue, il sera toujours temps de recourir à l'autre moyen.

Cependant, les deux moines, enfermés dans une même chambre, se pensaient perdus; car plusieurs témoins avaient déposé de leurs déportements, et une partie des perles qu'ils s'étaient fait donner avaient été retrouvées aux mains de femmes de mauvaise vie. Un soir, au milieu de l'obscurité la plus profonde, ces malheureux se livraient au désespoir, lorsqu'une voix, qui semblait sortir des entrailles du sol, leur cria :

— Ecoutez ! et suivez le conseil qui va vous être donné. Vous serez sauvés si demain vous déclarez, à l'hôtel Saint-Paul, où vous serez conduits, que vous avez été gagnés par le duc d'Orléans pour attenter à la vie du roi.

— Mais, dit l'un des moines, cet aveu ne peut servir qu'à nous perdre plus sûrement ; il est impossible qu'on fasse grâce à des hommes qui se reconnaîtraient coupables d'un si grand crime.

— Celui qui est assez puissant pour vous faire tenir cet avis en ce lieu peut ouvrir aussi les portes de votre prison. Réfléchissez.

Quoiqu'il leur parût bien difficile de se tirer d'affaire, les prisonniers étaient dans une position tellement désespérée qu'ils résolurent de tenter l'aventure. Le lendemain donc ils demandèrent à être conduits à l'hôtel Saint-Paul, disant qu'ils avaient à faire des révélations importantes. Le prévôt s'efforça de paraître surpris ; il leur dit qu'il fallait, pour cela, qu'il prît les ordres de la reine.

Quelques heures après, le roi, la reine, le dauphin et les princes étant réunis dans la salle d'audience de la demeure royale, on vit paraître les deux moines conduits par des sergents d'armes. Pierre des Essarts les somma de faire les révélations qu'ils avaient annoncées. Alors l'un de ces hommes raconta qu'ils étaient en Guyenne, où leurs connaissances en médecine leur avaient fait une assez grande réputation, lorsqu'un inconnu était venu les trouver et les avait engagés à se rendre à Paris, offrant de faire les frais du voyage, et promettant de les mettre en rapport avec un seigneur qui ferait leur fortune s'ils consentaient à ce qu'il leur demanderait ; qu'arrivés à Paris, ils avaient eu, en effet, plusieurs entrevues avec un personnage qui leur avait d'abord donné une bourse pleine d'or et leur avait promis une magnifique récompense si, après s'être fait agréer médecins du roi, ils parvenaient à glisser une certaine liqueur dans les boissons de Sa Majesté ; qu'ils avaient accepté, et que les choses s'étaient passées comme il avait été dit, seulement qu'ils avaient jeté la liqueur au lieu de l'administrer au roi. Sommé de dire quel était le personnage qui les avait mis en œuvre, il ajouta qu'ils l'avaient d'abord ignoré, mais qu'ayant été admis à l'hôtel Saint-Paul, ils avaient su plus tard que c'était le duc d'Orléans.

A peine ce nom eut-il été prononcé qu'un murmure d'indignation s'éleva. Le duc de Bour-

gogne, affectant de prendre la défense du duc, s'écria qu'il fallait y regarder à deux fois avant d'ajouter créance aux paroles d'aventuriers. Le chancelier, appelé à donner son avis, croyait prudent de s'assurer de la personne du duc d'Orléans. Les avis étaient partagés et la délibération continuait, lorsque le duc lui-même parut.

— J'espère, dit-il, que ma venue ici sera prise en bonne part, et j'y aurais paru plus tôt si j'eusse été instruit de ce qui devait s'y passer. Après tout, si l'intrigue a été tissée dans l'ombre, cela ne m'empêchera pas d'en rompre les fils.

Puis, se tournant vers le roi, il ajouta :

— Voulez-vous bien ordonner, sire, que l'on répète l'accusation portée contre moi ?

Sur un signe d'assentiment de Charles VI, le prévôt, visiblement contrarié, fit répéter au moine sa déclaration.

— Ainsi, dit le duc, quand le moine eut fini, je vous ai entretenus plusieurs fois ?

— Hélas ! monseigneur, je suis bien contraint de l'avouer.

— Eh bien ! misérables imposteurs, puisque, suivant vous, vous avez été introduits dans mon cabinet, vous pouvez dire comment il est, et les meubles qui s'y trouvent.

Les deux moines se regardèrent ; ils tremblaient, une sueur froide inondait leur visage. Pourtant celui qui avait parlé essaya de payer d'audace, et il fit une description imaginaire du cabinet où il n'était jamais entré. Or, ce cabinet étant connu de tous les personnages présents, la calomnie devenait évidente. Le roi, indigné, ordonna que les moines fussent mis à la torture. Ces misérables avouèrent alors qu'ils avaient menti ; mais ils ne dirent pas qui les y avait poussés, car ils pensaient que celui dont ils avaient entendu la voix dans les ténèbres était intéressé à les sauver.

Le prévôt s'empressa de faire reconduire les deux moines à la Bastille ; toutefois il ne les fit pas mettre à la torture, ainsi que l'avait ordonné le roi ; il se contenta de les renvoyer devant le tribunal de l'évêque, qui déclara les livrer au bras séculier pour être mis à mort.

Peu de temps après, le duc de Bourgogne faisait assassiner le duc d'Orléans, l'un des régents du royaume, et restait seul maître du pouvoir. Il fallait toutefois se concilier les Parisiens, toujours en armes.. Dans ce but, il fit savoir qu'il leur rendait l'élection de leurs magistrats, ainsi que les autres privilèges dont ils avaient été privés, et qu'il allait faire examiner de près la conduite passée des collecteurs d'impôts, et, s'il y avait lieu, leur faire rendre gorge.

Jean de Montagu était alors surintendant des finances. Le duc, l'ayant trouvé difficultueux dans certaines circonstances, avait résolu de se débarrasser de cet incommode contradicteur. On fit une enquête, à l'issue de laquelle le surintendant fut accusé de concussion et d'avoir été le complice du duc d'Orléans dans sa tentative de faire, par sortilège, mourir le roi et le dauphin. Montagu fut arrêté et enfermé dans la Bastille, que commandait toujours Pierre des Essarts en sa qualité de prévôt de Paris. Mais il ne suffisait pas d'accuser, il fallait quelques semblants de preuves, et le duc n'en avait point, lorsqu'un cordelier, nommé Jean Petit, se présenta à son hôtel. Cet indigne prêtre avait été l'agent de Montagu dans plusieurs circonstances, et il craignait d'être compromis dans le procès de ce dernier.

— Monseigneur, dit-il au duc, s'il vous plaît de signer ce parchemin, je m'engage à dévoiler toutes les malversations de Montagu, et à en fournir les preuves irrécusables.

Le duc prit le parchemin qui contenait grâce pleine et entière en faveur de Jean Petit, quelque méfait qu'il eût commis jusqu'à ce jour.

— Mais qui m'assure, dit-il après avoir lu, que tes révélations ont réellement de l'importance ?

— La grâce que je sollicite est déjà une preuve, monseigneur; elle indique qu'il s'agit de grands crimes. Et puis, vous seriez toujours assez puissant pour punir un imposteur.

— Eh bien ! soit, reprit le duc.

Il signa l'acte.

— Vous savez sans doute, monseigneur, reprit alors Jean Petit, que quand le peuple était écrasé d'impôts, les coffres du roi étaient néanmoins vides, et que Sa Majesté était réduite à vendre ou à engager ses pierreries et une partie de sa vaisselle. C'est ainsi qu'ont disparu presque tous les joyaux de la couronne. Montagu, lorsque le roi lui demandait de l'argent, prétendait toujours n'en pas avoir : le peuple ne payait point; mais il connaissait, ajoutait-il, un saint homme de cordelier, chargé des affaires de son ordre, qui, comme tel, avait de l'argent à sa disposition et prêterait volontiers sur garantie. Le roi se décidait alors à emprunter; on faisait venir le cordelier dans le cabinet de Sa Majesté, et...

— Et ce saint homme ? interrompit le duc.

— C'était moi, monseigneur... Vous voyez que je suis sincère. Montagu me remettait la somme dont le roi avait besoin, et moi je remettais à Montagu les joyaux. Quand le roi n'eut plus de joyaux, on lui prêta sur sa vaisselle, puis sur toutes sortes d'objets précieux. De tout cela il me revenait peu de chose; car le surintendant n'en trouvait jamais assez. Que pouvait-il faire de tant d'argent, lui qui était si avare ? Je voulus le savoir, et je parvins à découvrir le lieu où il cachait ses richesses.

— Tu sais cela, et tu pourrais donner à la justice le moyen de ressaisir les biens du roi ainsi dérobés?...

— Je le puis.

— Fais-le donc, et tu auras une royale récompense.

— A force d'observation persévérante, j'avais reconnu que le surintendant passait volontiers ses heures de loisir en son château de Marcoussis. Un jour que je l'avais accompagné à cette résidence, je pris congé de lui, prétextant quelques affaires de la communauté; mais, au lieu de me retirer, je me cachai en un lieu d'où je pouvais voir ce qui se passerait pendant la nuit. C'était au mois de juin, il n'était pas encore minuit, le plus profond silence régnait dans le manoir, lorsque j'aperçus Montagu qui, tenant une lampe d'une main et un trousseau de clefs de l'autre, se dirigeait vers la partie la plus reculée du bâtiment; il ouvrit successivement plusieurs portes : je le suivais. Arrivé à un certain endroit, il s'engagea dans un étroit escalier; je m'y engageai après lui de manière à rester hors du rayon de la lumière, et j'arrivai ainsi dans une galerie spacieuse. Là sont plusieurs caveaux que le surintendant visita successivement, et dans ces caveaux sont entassées ses richesses. Et maintenant, monseigneur, ai-je mérité la grâce que vous m'avez octroyée?

— Oui, si les choses sont toujours en même état. Mais les gens du parlement n'y voudront peut-être rien voir, tant ils sont favorables au surintendant.

— Eh! monseigneur, que ne le faites-vous juger par commissaires sous la présidence du prévôt des Essarts qui est son ennemi ?

— Son ennemi ?

— Oui : des Essarts, qui est de noble race, désirait pour son fils la fille du connétable d'Albret. Montagu, qui avait aussi son fils à pourvoir, étant plus riche, a fait prévaloir son alliance.

— C'est bien ! Tiens, voici un commencement de la récompense que tu achèveras sûrement de mériter.

Et il tendit à Jean Petit une bourse pleine d'or. Trois jours après, Montagu comparaissait devant les commissaires nommés pour le juger; soumis à la torture, il persistait à soutenir qu'il était innocent de l'accusation portée contre lui, lorsque apparut Jean Petit, qui répéta devant la commission ce qu'il avait dit au duc de Bourgogne. Dès lors le surintendant avoua tout ce qu'on voulut. Condamné à être décapité, on le revêtit d'une longue robe rouge et blanche, et on le traîna sur une charrette jusqu'au lieu du supplice. Puis, on s'empara de ses biens, et les richesses entassées au château de Marcoussis rentrèrent dans le trésor royal.

Cependant les enfants du duc d'Orléans avaient juré de venger leur père assassiné, et la France se trouvait divisée entre deux partis : les d'Orléans, qui prirent le nom d'Armagnacs, et les Bourguignons. Au nombre de ces derniers était la plus grande partie du peuple de Paris, et particulièrement la redoutable corporation des bouchers, ayant pour chef Simon Caboche. Déjà, à plusieurs reprises, les deux factions en étaient venus aux mains, lorsque le bruit se répand parmi les Bourguignons que des Essarts, gouverneur de la Bastille, après avoir servi le duc de Bourgogne, s'est vendu aux Armagnacs et au dauphin. Simon Caboche paraît dans les rues à la tête de ses gens, criant : « Sus ! à la Bastille ! c'est là qu'est l'ennemi qui nous veut livrer au dauphin. » Deux heures après, les Cabochiens, au nombre de plus de vingt mille, assiégeaient la forteresse. Mais la Bastille ne pouvait être prise par des hommes mal armés, combattant sans ordre et sans discipline ; Pierre des Essarts résistait donc avec avantage.

A ce moment, où chaque parti dominait à tour de rôle, il n'était pas facile aux gens en place de se maintenir dans un équilibre parfait et de ne pas pencher tantôt pour l'un, tantôt pour l'autre. Après avoir été partisan décidé du duc de Bourgogne, des Essarts s'était tourné vers le dauphin. Celui-ci, enfermé dans l'hôtel Saint-Paul, où il y était en quelque sorte prisonnier, redoutait presque autant les gens qui défendaient la Bastille que ceux qui l'attaquaient. De son côté, Jean sans Peur craignait, non sans raison, que le peuple, s'il parvenait à prendre la Bastille, ne se sentît assez fort pour secouer la tyrannie. Il envoya donc un parlementaire à des Essarts.

— Votre perte est certaine, lui dit celui-ci : d'un côté, vous êtes sur le point de manquer de vivres ; il faudra vous rendre à merci, et le duc, qui vous veut du bien, malgré votre défection, sera alors impuissant à vous sauver. D'autre part, le dauphin a entre les mains la preuve que, alors que vous favorisiez mon maître, vous avez, pour les mettre à la disposition du duc, détourné deux millions d'écus d'or levés sur les Parisiens.

— Impossible ! s'écria des Essarts.

— Et pourtant cela est, reprit l'envoyé ; en versant cet argent au duc de Bourgogne, vous avez exigé de lui des reçus ; ces reçus, vous les avez confiés à un dépositaire infidèle, et ils sont aujourd'hui entre les mains du dauphin.

Des Essarts parut atterré.

— Ce que je vois de plus clair en tout ceci, reprit-il, c'est que j'ai maintenant à me défendre aussi bien contre les gens du dauphin que contre ceux du duc.

— Vous vous perdrez sûrement, répliqua l'envoyé, en repoussant la main amie qui vous est tendue... Vous le savez, le duc est un homme qui sait faire la part des faiblesses humaines, et qui, pour le présent, ne se souvient que des services que vous lui avez rendus. Livrez-lui la Bastille, et vous n'aurez pas à craindre les suites de l'affaire des deux millions, car le duc n'a qu'à nier sa signature pour que tout soit dit. Si, au contraire, vous continuez à résister et que les choses tournent mal pour vous, le duc avouera tout.

Des Essarts parut ébranlé. Pourtant il fit de nouvelles objections ; entre autres choses il dit que, s'il livrait la forteresse, nulle puissance humaine ne pourrait empêcher qu'il fût massacré par le peuple.

— Rassurez-vous, répondit l'envoyé. Le duc viendra au-devant de vous jusqu'au premier pont-levis.

— Eh bien ! dit des Essarts, le sort en est jeté : que le duc de Bourgogne se présente dans une heure à la porte extérieure de la Bastille, et je me rendrai à lui.

Une heure après, le pont-levis de la porte extérieure étant abaissé, le duc de Bourgogne et des Essarts se trouvaient face à face.

— Monseigneur, dit ce dernier, vous voyez que j'ai une foi entière en vos paroles ; la garnison a mis bas les armes, j'espère qu'il ne lui sera fait aucune insulte.

— Je réponds d'elle comme de toi, Pierre, répondit Jean sans Peur ; prends mon bras : bien audacieux qui oserait t'insulter en telle compagnie.

Des Essarts, tenant le duc par le bras, s'avança au milieu de la multitude armée qui faisait entendre des cris tumultueux. Sans cesser d'être menaçante, elle s'ouvrit pourtant devant Jean sans Peur.

— Où me conduisez-vous ? demanda tout à coup le prévôt.

— Par Dieu ! en un lieu où tu n'auras rien à craindre de cette canaille.

Un quart d'heure après, le cortège entrait dans la cour du Louvre. Le duc installa lui-même des Essarts dans une chambre à la porte de laquelle il plaça des sentinelles, puis il se retira, ayant, dit-il, des mesures à prendre pour rétablir l'ordre.

Des Essarts commençait à regretter d'avoir changé de prison ; car au moins il était le maître dans celle qu'il venait de quitter, au lieu qu'il se voyait maintenant à la merci d'amis douteux. Il attendait avec impatience le retour du duc de Bourgogne, mais la nuit s'écoula sans qu'il parût. Au point du jour, des soldats entrèrent dans sa chambre et lui ordonnèrent de les suivre. En vain il rappela la parole du duc ; on ne lui répondit point, et il fut conduit au Châtelet, où l'attendait une commission de jugement. Le principal grief formulé contre lui était précisément le vol des deux millions d'écus dont le parlementaire avait parlé.

— Je suis innocent, répondit des Essarts à cette accusation ; le duc de Bourgogne le sait mieux que personne.

Le président de la commission ne répliqua point ; sur un signe qu'il fit aux tourmenteurs qui se tenaient dans un coin de la salle, l'ex-prévôt fut mis à la question. Vaincu par la douleur, l'infortuné demanda à se confesser ; un prêtre s'approcha et lui dit à voix basse :

— Vous comptez sur le duc de Bourgogne ? il est désespéré de ne pouvoir vous tirer d'ici. Il a nié sa signature, comme il avait promis ; mais alors le dauphin a prétendu que vous étiez à la fois voleur et faussaire. Il n'y a plus désormais pour vous qu'une chance de salut, c'est de vous avouer coupable.

— Je ne le suis point.

— Sans doute ; mais si ce n'est vous, c'est le duc ; et il faut que vous le sauviez pour qu'à son tour il vous sauve.

— Non, dit des Essarts ; je vois que je suis trahi. Je fais le sacrifice de ma vie ; que mon sang retombe sur ceux qui l'ont fait couler !

Les bourreaux se remirent à l'œuvre ; mais le malheureux avait trop présumé de ses forces ; bientôt il s'évanouit. Lorsqu'il reprit connaissance, toute volonté l'avait abandonné, et à la question : « Vous avouez-vous coupable ? » il répondit d'une voix éteinte :

— J'avoue tout.

Condamné à être décapité, il écouta avec une sorte d'indifférence la lecture de l'arrêt de mort. Pourtant bientôt il parut se rattacher à la vie ; il lui semblait impossible que le duc de Bourgogne ne lui évitât pas l'ignominie du dernier supplice. Mais, si son ancien protecteur ne poussa pas à sa mort, il ne fit ostensiblement aucune démarche en sa faveur, et des Essarts eut la tête tranchée.

III

Cependant les Parisiens commençaient à se lasser de tant d'exactions, de tant de sang versé ; le parti du dauphin et celui des Armagnacs grossissaient tous les jours ; Jean sans Peur, presque entièrement abandonné des siens, et après avoir vainement tenté d'enlever le roi, prit la fuite, et la paix fut conclue entre les Armagnacs et le roi.

Mais à peine le duc de Bourgogne avait-il quitté Paris, que le roi d'Angleterre débarquait en Normandie à la tête d'une nombreuse armée. La guerre recommence avec fureur ; les Français perdent la bataille d'Azincourt, le 25 octobre 1415. Le duc de Bourgogne profite de ce désastre ; allié aux Anglais et à Isabeau, il marche sur Paris. Paris résiste. Plusieurs complots tendant à livrer la capitale aux Bourguignons ou aux Anglais sont successivement déjoués ; mais en 1418, Périnet Leclerc ouvre la porte Saint-Germain aux Bourguignons, qui s'avancent au cri de *La paix ! la paix ! Vive Bourgogne !* En un instant leur troupe se grossit des partisans que Jean sans Peur comptait encore. L'hôtel Saint-Paul est assailli, on en enfonce les portes. Au premier cri d'alarme, Tanneguy du Châtel, gouverneur de la Bastille, vole à la résidence du dauphin, prend le jeune prince presque nu dans ses bras, le transporte à la Bastille, de là à Melun ; puis il revient à Paris, à la tête d'une troupe déterminée, pénètre dans la rue Saint-Antoine, et livre là un rude combat ; mais il est repoussé, et la Bastille est obligée de se rendre.

Maîtres du Louvre, de Vincennes et de la Bastille, les Anglais maintiennent désormais Paris par la terreur.

Ils avaient enfermé à la Bastille un certain nombre d'officiers français faits prisonniers de guerre. Plusieurs de ces captifs avaient vainement tenté de s'évader. Désireux de recouvrer la liberté, ils imaginèrent de se cotiser ensemble pour payer la rançon de l'un d'entre eux qui, devenu libre, travaillerait efficacement à la délivrance des autres. On tire au sort lequel d'entre eux sera chargé de cette entreprise, et elle échoit à un nommé du Clerc, jeune, intrépide, doué d'une force physique peu commune. Du Clerc demande audience au geôlier : c'était un capitaine anglais d'une rapacité sans bornes. Il lui offre de payer sa rançon ; on en discute le chiffre, le capitaine demande deux cents écus d'or, somme énorme à cette époque d'affreuse misère. En se dépouillant de tout ce qu'ils avaient, les prisonniers parviennent à réunir la somme.

— Vous faites une bonne affaire, dit du Clerc au capitaine en lui comptant l'argent ; car dès que je vais être libre, je ne prendrai pas de repos que je n'aie délivré mes compagnons.

— Hein ! fit l'Anglais, comment l'entendez-vous ?

— C'est tout simple : un mien cousin qui a passé sa vie à faire l'usure, et qui est certainement aujourdhui le plus riche bourgeois de Paris, n'hésitera pas, j'en suis sûr, à avancer l'argent nécessaire à la délivrance de mes camarades, lorsque je lui aurai prouvé qu'une fois libres ils seront en position de le rembourser avec intérêts. Vous pouvez donc compter sur ma prochaine visite.

Du Clerc revint le lendemain, et dit au capitaine que son parent était prêt à payer, mais qu'il voulait une obligation signée de chacun des prisonniers qu'il rachèterait, et qu'en conséquence, lui, du Clerc, avait besoin de les voir afin d'arranger les choses.

— Qu'à cela ne tienne, dit l'Anglais ; ils doivent être en ce moment sur le préau.

Du Clerc fut bientôt au milieu d'eux.

— Tenez-vous prêts pour ce soir, leur dit-il ; il faudra sans doute jouer des couteaux, mais ce sont adieux très convenables à faire à ces chiens d'étrangers.

Se tournant alors vers l'Anglais, qui s'était tenu à l'écart :

— Ces messieurs, lui dit-il, ainsi que je l'avais prévu, consentent à s'engager. Veuillez donc, monsieur le gouverneur, nous procurer ce qu'il faut pour écrire.

La demande était toute naturelle ; l'Anglais ne fit pas difficulté d'aller chercher encre, plume et papier. Alors du Clerc fit former le cercle autour de lui, afin que la sentinelle placée sur une plate-forme dominant le préau ne pût voir ses mouvements ; cela fait, il tira de dessous ses vêtements des poignards qu'il y avait cachés de la manière la plus ingénieuse : il y en avait jusque dans ses chausses ; chacun eut le sien, et la distribution se fit avec tant de rapidité qu'elle était terminée lorsque le gouverneur revint. Du Clerc se plaça alors sur un banc et écrivit.

— L'acte doit être fait en double, dit-il à ses amis ; signez l'un et gardez l'autre.

Et il présenta à l'un d'eux une des feuilles de papier que celui-ci mit dans sa poche ; puis tous apposèrent leur signature sur le second. Du Clerc montra ensuite la pièce à l'Anglais en lui demandant s'il désirait la lire. Le capitaine, après l'avoir parcourue, déclara qu'il n'y trou-vait rien à reprendre. Du Clerc dit alors qu'il reviendrait un peu après la fin du jour, afin que la chose se fît sans éclat ; ce qui ne pouvait manquer de plaire au gouverneur, dont la conduite en cette affaire n'était rien moins que correcte.

— Peut-être, ajouta-t-il avec un air de parfaite indifférence, feriez-vous bien de laisser mes compagnons ici jusqu'à ma venue : cela éviterait le mouvement qui se produira pour aller prendre chacun dans sa chambre. Vous en ferez du reste comme il vous plaira.

— Volontiers ! fit le gouverneur avec un sourire malin, ils ne sont pas pourvus d'ailes.

Du Clerc parti, ses amis prirent connaissance des instructions qu'il leur avait laissées ; car on devine que le papier remis à l'un d'eux contenait tout autre chose que celui placé sous les yeux du gouverneur. Une heure après le coucher du soleil, du Clerc revint. Des ordres avaient été donnés pour qu'il pût être introduit sans obstacle chez le gouverneur. Le visage de ce dernier s'épanouit quand il vit une sorte de gros sac se dessiner sous le manteau du jeune officier.

— Hum ! fit-il, le vieux juif s'est donc exécuté ?

— Ce n'a pas été sans peine, répondit du Clerc ; il faisait tant de façons que je n'ai pas eu le temps de compter la somme.

— Diable ! il me faut mon compte.

— Vous l'aurez ; il ne manquerait qu'un écu que j'irais le rechercher. Comptons.

L'Anglais conduisit l'officier dans la pièce qui lui servait de cabinet ; en y entrant, ce dernier feignit de se heurter à une table, et aussitôt un certain nombre de pièces d'or, s'échappant de dessous son manteau, tombèrent sur le parquet. Obéissant à son instinct, l'Anglais se baisse pour ramasser. Prompt comme la foudre, du Clerc se précipite sur lui et lui applique un épais bâillon sur la bouche avant qu'il pût pousser un cri ; puis, prenant sous son manteau le prétendu sac, qui n'était autre chose qu'une pelote de fortes cordes, il garrotte le gouverneur. S'étant ensuite emparé d'un trousseau de clefs déposé sur la table, il s'élance dans le corridor qui conduit au préau. Au qui-vive d'une première sentinelle, il répond par un coup de poignard : le soldat tombe mort. Du Clerc passe outre. Arrivé à un détour du corridor, il se trouve face à face avec un porte-clefs muni d'une lanterne : il l'abat à ses pieds de la même manière. Enfin il arrive à la porte du préau et l'ouvre ; ses amis le suivent en silence. Tous gagnent sans obstacle la première cour ; mais là un qui-vive formidable se fait entendre, et, avant que l'audacieux officier ait pu atteindre le factionnaire, un coup d'arquebuse retentit suivi du cri *aux armes !* En un clin d'œil les fugitifs sont environnés par les soldats.

— Amis ! s'écrie du Clerc, il faut leur passer sur le corps ; il n'y a pas d'autre chemin.

Tous s'élancent sur les Anglais ; une lutte suprême s'engage ; le sang coule. Bientôt les deux tiers des Français ont succombé, du Clerc seul est encore debout ; il se retourne et voyant tous ses compagnons morts ou expirants :

— Amis ! s'écrie-t-il, vous avez payé ma rançon ! Ma vie est à vous tout entière, je n'en veux rien garder !

Et il continue à frapper avec rage ; vingt coups de lance le clouent enfin sur le sol. En ce moment le gouverneur qu'on avait délivré survient.

— Victoire ! crient les Anglais.

— Oui ! dit le capitaine, malmenant les premiers soldats qui lui tombent sous la main, vous avez fait de belle besogne... quatre mille écus d'or que vous me volez !

IV

Cependant Charles VI et Henri V d'Angleterre étaient morts. Charles VII avait été sacré à Reims; ses armes étaient partout triomphantes, et Paris n'attendait que le moment de se rendre. Les habitants, dit un historien, étaient fatigués des factions. Quelques bourgeois courageux prirent le temps où le connétable de Richemont venait de battre les Anglais à Saint-Denis pour traiter avec lui. Ils n'eurent besoin pour s'accommoder que de quelques pourparlers. Tout ayant été accordé par le roi, à jour convenu ils favorisent l'escalade des remparts et introduisent ainsi le connétable par la porte Saint-Jacques.

La garnison que les Anglais tenaient à Paris s'était réfugiée à la Bastille. Elle était trop nombreuse pour ne pas éprouver en peu de temps les atteintes de la famine; elle prêta donc l'oreille aux propositions du connétable, qui lui accorda la vie sauve, et, le 10 avril 1436, elle vida la place.

Jusqu'alors la Bastille avait été plutôt une place de guerre qu'une prison, ses murailles avaient plutôt servi à la défense du pays qu'à l'arbitraire des souverains. Le temps était proche où l'hypocrisie et la férocité, couronnées en la personne d'un descendant de Hugues Capet, allaient faire de cette forteresse un séjour de douleurs.

Si la Bastille n'eût pas existé, on peut dire que Louis XI l'eût inventée. On n'ignore pas, en effet, que ce prince couvrit la France de prisons et d'échafauds ; le nombre des gens qu'il fit mettre à mort ne s'élève pas à moins de quatre mille. C'est lui qui avait fait construire des cages pour enfermer les malheureux qu'il vouait à la mort. « Ces cages étoient de bois, dit Comines, couvertes de pattes de fer. Le roi avoit fait faire à des Allemands des fers très pesants pour mettre aux pieds, avec un anneau fort mal aisé à ouvrir comme un carcan, la chaîne grosse et pesante, et une forte boule de fer au bout, beaucoup plus pesante que de raison. On les appelait « les fillettes du roi. »

Les premières victimes de Louis XI, à la Bastille, furent Guillaume d'Haraucour, évêque de Verdun, accusé de trahison, et qui mourut dans la prison ; puis le duc d'Alençon, parrain de Louis XI, ainsi que Pierre de Luxembourg, comte de Saint-Paul et connétable, accusés d'avoir tenté de démembrer la France. Le duc d'Alençon, arrêté le premier et mis à la Bastille, fut jugé par le parlement et condamné à mort. Le roi lui fit grâce de la vie; mais il le retint en prison, où il mourut. Le comte de Saint-Paul, pressentant le sort qui lui était réservé, s'était retiré près du duc de Bourgogne. Le roi traita avec le duc, qui s'engagea à livrer le connétable, à condition d'être mis en possession de tous les biens de ce dernier. Soupçonnant la trahison, Saint-Paul demanda un sauf-conduit au duc, pour se rendre à Ham, qui lui appartenait et où il espérait pouvoir se défendre. Le sauf-conduit fut accordé ; mais les mesures étaient prises pour qu'il ne servît à rien, et, arrivé à Péronne, le comte fut livré, par les gens de son escorte, aux officiers envoyés par Louis pour s'assurer de sa personne. Ceux-ci avaient ordre de le conduire à la Bastille et de l'y faire entrer par la porte donnant sur la campagne, de crainte que le connétable, qui était très populaire, ne provoquât un soulèvement. Le comte fut reçu dans la forteresse par le gouverneur Philippe L'Huillier, accompagné, sur l'ordre du roi, de Pierre d'Oriolle, chancelier, du premier président Boulanger, et de plusieurs autres magistrats.

Peu de jours après le roi fit dire au connétable qu'il lui laissait le choix d'être jugé par lui-même, Louis, et que, dans ce cas, il devait écrire sa confession et la lui envoyer, ou bien de comparaître devant le parlement pour y être jugé selon les formes ordinaires. Si le comte eût su que toutes les lettres et documents qui pouvaient le compromettre étaient entre les mains de Louis XI, il eût probablement adopté le premier parti, afin de faire appel à la générosité du roi, fort peu généreux toutefois et peu clément de sa nature. Mais il était persuadé qu'on n'avait contre lui aucune preuve écrite, et que le parlement ne pourrait le condamner sur de vagues allégations. Il choisit donc la forme juridique. Or, des pièces parvenues à Louis XI il résultait que le duc de Bourgogne avait proposé à Saint-Paul d'assassiner le roi, et que le connétable n'avait refusé que parce que le duc se faisait la part trop grande dans le partage des dépouilles. Les pièces accusatrices furent produites, et la procédure eut son cours régulier. Le 19 décembre 1475, le comte de Saint-Paul fut extrait de la Bastille et amené au Palais, en la chambre criminelle. Il y fut reçu par le chancelier, qui lui dit :

— Vous êtes trop brave chevalier, monsieur de Saint-Paul, pour qu'on hésite à vous dire les choses ouvertement : je dois donc vous déclarer que j'ai ordre de vous demander le collier des ordres du roi et votre épée.

Le comte ôta le collier, le baisa et le présenta au chancelier, disant :

— Je vous prie, monsieur, de demander pour moi pardon au roi. Je rends le collier ; l'épée, on me l'a prise à Péronne : je n'ai plus que ma vie à offrir, et le sacrifice en est fait.

Alors le président se leva et lut un arrêt qui déclarait le comte de Saint-Paul criminel de lèse-majesté, et comme tel le condamnait à être décapité en place de Grève. Le connétable entendit cette sentence avec le courage d'un homme qui a souvent vu la mort de près. Cependant, il leva les yeux au ciel et dit en soupirant :

— Voici une dure sentence !... Je supplie Dieu qu'il me donne la grâce de le connaître aujourd'hui.

Il réclama ensuite les secours de la religion. On fit venir le curé de Saint-André des Arts et deux autres ecclésiastiques. Saint-Paul entendit la messe, mangea le pain bénit et se confessa ; puis il demanda la communion ; mais on lui répondit qu'un ordre exprès du roi défendait de la lui accorder.

— Ah ! fit le condamné, il ne lui suffit donc pas de tuer le corps, il faut encore qu'il perde l'âme !... Ainsi sa vengeance me poursuivra jusque dans la vie éternelle... Mais Dieu sait que je me repens.

On lui accorda de baiser les vases sacrés, le roi n'ayant pas songé à le défendre. Puis on le conduisit à l'hôtel de ville. Il y dicta son testament avec une sérénité d'esprit parfaite. Les ecclésiastiques qui l'avaient assisté l'accompagnèrent sur l'échafaud. Là, il tira sa bourse, fit quatre parts égales de l'or qui y était contenu, et en donna une à chacun des prêtres. Il enleva ensuite une pierre précieuse qu'il portait suspendue au cou et à laquelle il attribuait une vertu contre le poison, et il demanda qu'elle fût remise à son fils. S'adressant alors à la foule, il se recommanda aux prières de tous.

Au moment où la tête du comte de Saint-Paul tombait, Jacques d'Armagnac, duc de Nemours, était emprisonné à la Bastille et subissait le même sort. Jacques d'Armagnac était petit-fils du fameux Bernard d'Armagnac, massacré sous Charles VII. Il avait épousé Marie d'Anjou, fille du comte du Maine, oncle du roi ; en sorte que la princesse était cousine germaine de Louis XI. Audacieux, inquiet, brouillon, Jacques s'était trouvé mêlé à toutes les factions. Malgré le désastre du chef de sa famille, en 1473, il avait intrigué avec les ducs de Bourgogne et de Bretagne pour rappeler les Anglais en France. Trompé dans ses combinaisons, il s'était retiré à Carlat, en Auvergne, dans un château réputé imprenable ; là, réduit à former des vœux impuissants de discorde, il se dédommageait en affectant des airs de souveraineté. Louis XI l'y fit investir par son armée, à la tête de laquelle il avait mis son gendre, Pierre de Bourbon, sire de Beaujeu. Jacques, découragé, se rendit sous la condition d'avoir la vie sauve. Beaujeu le lui promit ; mais le roi désavoua son général, et fit enfermer le duc à la Bastille.

Jacques d'Armagnac fut mis dans une des cages de fer dont la Bastille était pourvue ; car, par les soins de Louis XI, il y avait dès lors, dans toutes les prisons d'Etat, des cages de fer et des cages de bois. Ces dernières n'étaient pas moins redoutables que les autres ; bien que la charpente fût en bois, elles étaient munies de pattes de fer en dehors et en dedans, avec de terribles ferrures. Ces cages avaient six pieds de large sur huit de long. Les planchers, la porte, le guichet pour recevoir la nourriture et vider les immondices, étaient faits de plaques de fer attachées à de grosses barres de même métal.

Louis XI voulut conduire lui-même l'instruction du procès de son ennemi. Il imputait à d'Armagnac d'avoir attenté à sa vie, à lui roi, et à celle du dauphin. Plusieurs fois il changea les juges, qu'il trouvait trop enclins à la douceur. Il en rencontra enfin qui condamnèrent le malheureux duc, après l'avoir entendu seulement au travers des barreaux de sa cage.

— Je vais donc cesser de souffrir ! s'écria Nemours, lorsqu'on lui lut la sentence.

Puis il ajouta :

—Mais si l'on met à mort un innocent comme moi, à quel supplice Dieu condamnera-t-il l'auteur de tant de crimes!

Après la lecture de l'arrêt, le président et les magistrats qui l'accompagnaient se rendirent dans une des salles de la Bastille, où ils se firent servir une collation composée de pain, de pois et de douze pintes de vin, et qui coûta douze livres six deniers payés par le prévôt de Paris. Pendant que les juges se gorgeaient ainsi, le condamné était extrait de sa cage et conduit dans une salle tendue de noir où un prêtre l'attendait, l'exécution, ainsi que le portait la sentence, devant avoir lieu le jour même. Le duc se confessa, puis demanda à voir ses enfants. On lui répondit que c'était au bourreau qu'il devait s'adresser pour obtenir cette faveur. Celui-ci lui assura qu'il aurait la consolation de les embrasser avant de mourir. A deux heures on fit monter le condamné sur un cheval couvert d'une housse noire; des gardes se placèrent à ses côtés, et le cortège se mit en marche. Lorsque Jacques d'Armagnac vit qu'on prenait le chemin des halles, lieu de l'exécution, il se tourna vers le bourreau qui marchait derrière :

— J'espère, lui dit-il, que tu n'as pas oublié la promesse que tu as faite à un malheureux qui va paraître devant Dieu?

— Je tiendrai ce que j'ai promis, répondit celui-ci.

Cependant on continuait d'avancer au milieu de la foule, toujours avide d'émotions, n'importe lesquelles. Bientôt le condamné put voir l'échafaud. Se retournant vers le bourreau, d'un geste expressif il lui reprocha de manquer de parole.

— C'est chose abominable que de tromper ainsi un mourant! ajouta-t-il tout haut. Mes pauvres enfants, que Dieu vous prenne en sa sainte garde !

Il était arrivé près du billot, lorsque le bourreau lui dit :

— Ne suis-je donc pas un homme de parole? Ouvrez les yeux, et vous verrez vos enfants.

— Quoi! c'est sur l'échafaud même que je pourrai embrasser mes fils ?

— Les voici qui arrivent.

Le duc jeta un regard sur la foule, et il vit des gardes qui s'efforçaient, la hallebarde en main, de s'ouvrir un passage; au milieu d'eux l'infortuné père put apercevoir ses fils vêtus de longues robes blanches.

— Le féroce tyran ne peut donc pas se contenter de mon sang! il lui faut aussi celui de mes enfants!... Louis! Jean! venez, et qu'une dernière fois je vous presse sur mon cœur!

Les enfants lui tendirent les bras en jetant des cris d'effroi. Alors les gardes les poussèrent sous l'échafaud, où leur père pouvait encore les voir à travers les planches disjointes à dessein, et on les fit mettre à genoux. Cependant l'exécuteur s'était armé de sa hache.

— Allons, dit-il au duc, l'heure est venue.

Faisant à son courage un appel suprême, Nemours jeta un dernier regard sur ses fils, puis il posa sur le billot sa tête, qui presque au même instant fut séparée du tronc. Les malheureux enfants, inondés du sang de leur père, furent ensuite, sur l'ordre du roi, conduits à la Bastille; là on les jeta dans des cachots en forme de hotte, où ils ne pouvaient ni se coucher ni se tenir debout. Leur mort était résolue; et on s'efforçait de l'accélérer par les plus horribles tortures : ainsi, deux fois par semaine on les liait nus à un poteau et on les fouettait avec des lanières de cuir armées de pointes de fer; une fois par mois on leur arrachait une dent. Comme, malgré ces affreux tourments, la santé des infortunés princes ne s'altérait pas assez vite au gré des bourreaux, on prit le parti de les laisser manquer de nourriture. L'aîné, Jean, ne résista pas longtemps, il devint fou et mourut. La mort du roi, arrivée en 1483, rendit à Louis la liberté. Il prit du service dans l'armée et fut tué, vingt ans après, à la bataille de Cerignole.

Après la mort de Louis XI, Philippe L'Huillier perdit le gouvernement de la Bastille à la suite d'un événement qui mérite d'être rapporté. Anne de France, dame de Beaujeu, ayant pris le gouvernement de l'Etat pendant la minorité de Charles VIII, voulut donner des gages de son amour pour la justice en livrant aux tribunaux trois scélérats qui avaient été les âmes damnées du feu roi. Ces trois hommes étaient Olivier Le Daim, qui de simple barbier de Louis XI était devenu le ministre aveugle de ses volontés; Daniel, valet d'Olivier, et Jean Dayac, Auvergnat de basse naissance devenu gouverneur de l'Auvergne. Ces trois personnages, arrêtés le même jour, furent conduits au For-l'Evêque, où les reçut Godefroy Milon, gouverneur de la prison. Milon traitait les trois prisonniers avec les égards dus au malheur même mérité, et les avait placés dans une chambre dont la fenêtre unique donnait sur une ruelle appelée *cul-de-sac des Trois-Pintes*. Olivier et son valet étaient mornes et abattus; Dayac, au contraire, songea à profiter de l'espèce de liberté qu'on lui laissait pour travailler à sa délivrance. Dans le nombre des gens habitant la ruelle sur laquelle donnait la fenêtre de sa prison, il avait reconnu une famille d'ouvriers forgerons de son pays : « Mes amis, leur dit-il un jour en patois, assemblez tous les enfants de l'Auvergne qui sont à Paris, et venez me délivrer; pour récompense je vous donnerai la moitié de ce que je possède. » Cet appel fut entendu. Pendant la nuit, une troupe de cinq à six cents Auvergnats, armés d'échelles et de marteaux, assaillent la prison. D'abord ils désarment les sentinelles ; puis, à l'aide de poutres, ils tentent d'enfoncer les portes. Réveillé en sursaut, le gouverneur Milon se met à la tête de quelques archers, court à la chambre des trois prisonniers, et leur déclare que s'ils font la moindre tentative pour s'échapper ils sont morts. « S'ils bougent, dit-il aux soldats, tuez-les sans rémission. » Rassuré de ce côté, Milon sort par un passage souterrain et arrive à l'église Saint-Germain-l'Auxerrois ; là il sonne le tocsin. Aussitôt soldats et bourgeois accourent vers l'église. A la tête des premières bandes qu'il réunit, Milon retourne vers le For-l'Evêque, et en un instant il met en fuite les assaillants.

Au point du jour, Olivier, Daniel et Dayac furent transférés à la Conciergerie, et, en récompense de son zèle et de sa bravoure, Milon fut nommé gouverneur de la Bastille.

IV

Pendant les cent cinquante ans qui s'étaient écoulés depuis sa fondation, la Bastille avait été successivement accrue. Avant de continuer le récit des drames dont elle fut le théâtre et auxquels elle doit sa célébrité, nous allons en donner la description détaillée.

L'entrée de la Bastille était située à l'extrémité de la rue Saint-Antoine. Après un corps de garde avancé, deux ponts-levis conduisaient à la première cour où était situé l'hôtel du gouverneur La cour et l'hôtel étaient séparés de la forteresse par un fossé. Deux autres ponts-levis et cinq portes ayant des corps de garde conduisaient à la grande cour. L'étendue de cette cour, séparée du dernier corps de garde par une forte barrière, était de 3,800 mètres carrés. Après avoir franchi la barrière, on avait à droite les logements des officiers ; puis venaient la tour de *la Comté*, la tour *du Trésor* et la tour de *la Chapelle*. Ces tours étaient réunies par des murs aussi élevés qu'elles et d'une épaisseur de trois mètres. Au centre d'un grand bâtiment s'élevant au fond de la grande cour était une allée qui conduisait à une autre cour appelée *cour du Puits*. En entrant dans l'allée, on avait à droite la salle *du Conseil*, où les prisonniers étaient ordinairement interrogés, et une autre salle servant de greffe : à gauche les cuisines et buanderies. Dans cette allée, était aussi l'escalier qui conduisait aux trois étages supérieurs, étages qui étaient occupés par des prisonniers de condition et par le lieutenant du roi et le chirurgien. En face du grand bâtiment, de l'autre côté de la cour, étaient d'autres logements de prisonniers qui avaient vue sur Paris, et la tour dite de *la Liberté*, dont les cachots souterrains étaient fort étendus. Venaient ensuite la chapelle, dont les tribunes étaient disposées de telle sorte que chaque prisonnier assistait à la messe sans être vu de ses compagnons de captivité ; puis la tour de la *Bertaudière* et la tour de *la Barinière*.

Lorsqu'en traversant l'allée qui séparait en deux le grand bâtiment, on entrait dans la cour *du Puits*, on voyait à droite la tour *du Coin* et à gauche la tour *du Puits*. Entre ces deux tours étaient les logements de quelques employés subalternes. La superficie de la cour du Puits était d'environ 400 mètres ; elle devait son nom au puits qui s'y trouvait.

De cette disposition générale il résulte que quatre des tours faisaient face à Paris, et les quatre autres au faubourg Saint-Antoine. Réunies, comme nous l'avons dit, par une épaisse muraille, ces tours formaient une espèce de terrasse garnie de canons, et sur laquelle les prisonniers privilégiés pouvaient se promener. Chacune des huit tours formait en quelque sorte une prison particulière composée de cinq étages ; le cinquième étage, que les prisonniers redoutaient autant que les cachots, avait reçu le nom de *calotte*. Tous les étages étaient percés de fenêtres ; mais les murs étaient si épais, que ces fenêtres étaient presque entièrement masquées ; en outre, le plus grand nombre d'entre elles étaient garnies à l'extérieur de planches en forme de hotte. Les chambres, à double porte et à guichet, étaient numérotées ; un prisonnier, en entrant à la Bastille, perdait son nom, il s'appelait désormais du numéro de sa chambre. A l'entrée de chaque tour était une sorte de geôle, et les escaliers étaient coupés de distance en distance par de fortes portes dites *de sûreté*.

Les cachots s'étendaient dans tous les sens sous la forteresse, à près de vingt pieds au-dessous du sol ; ils étaient presque au niveau des fossés, de sorte qu'il y régnait une humidité continuelle et un air putréfié. Aux prisonniers condamnés à habiter ces affreux séjours on donnait pour tout meuble de la paille, pour nourriture du pain et de l'eau.

Dans la tour appelée, par ironie, *tour de la Liberté*, étaient situées la chambre dite *du dernier mot* et celle des *oubliettes*. Le prisonni[er]

u'on amenait dans la première était en danger
e mort ; c'en était fait de celui qui entrait dans
a seconde. Voici comment les choses se pas-
aient : quand on avait inutilement employé
ous les moyens pour obtenir des révélations
'un prisonnier, on l'amenait dans la chambre
u *dernier mot*. Cette pièce, éclairée par une
ampe fumante, était tendue de noir ; on n'y
oyait qu'instruments de supplice : haches, poi-
nards, chaînes, tenailles, chaises de fer. Là,
ne sorte de juge interrogeait le malheureux
aptif, et le menaçait des plus cruels tourments
il ne disait ce qu'il voulait lui faire dire, que
ela fût vrai ou non. S'il n'en pouvait rien
btenir, il le remettait au gouverneur, qui le
onduisait à la *chambre des oubliettes* : celle-ci
tait resplendissante de lumière ; en été, les plus
elles fleurs en garnissaient les fenêtres ; en
iver on y respirait les parfums les plus suaves.
e directeur commençait par féliciter le patient
e la tournure que prenait son affaire, de sa
ise en liberté prochaine ; puis, sous le pré-
exte de s'entretenir un peu plus longuement
vec un pensionnaire qu'il allait perdre, il lui
ffrait un siège. Mais à peine l'infortuné était-
assis, qu'au signal donné, une bascule jouait,
t la victime était lancée dans un précipice
arni de distance en distance de lames d'acier,
e sorte que son cadavre arrivait par lambeaux
u fond de l'abîme. On attribue à Louis XI cette
pouvantable invention.

Telle était la Bastille lorsque François Ier y
t enfermer successivement l'amiral Chabot et
e chancelier Poyet.

V

L'amiral était un brave soldat ; mais il était
er, arrogant, et ne supportait pas la contradic-
ion, de quelque part qu'elle vînt. Un jour que
rançois Ier causait familièrement avec lui, il
riva à ce prince de dire que la volonté du roi
e France ne devait pas rencontrer d'obstacles,
u'il était maître des biens et de la vie de ses
jets. Chabot trouva ces prétentions exorbi-
ntes : il dit qu'il n'en pouvait être ainsi, et il
utint vivement son opinion. Le roi en fut
essé et ajouta qu'il ferait condamner Chabot
i-même si tel était son plaisir. Exaspéré, l'a-
iral mit le roi au défi. A quelque temps de là,
habot était arrêté et mis en prison par ordre
u roi, et le chancelier Poyet était chargé de
unir une commission pour le juger. Poyet,
ui était l'ennemi de Chabot, choisit les magis-
ats qu'il crut le plus portés à à entrer dans ses
ues, et il les disposa de telle sorte que Chabot,
uoique à peine trouvé coupable d'exactions

sur quelques barques de pêcheurs, fut, par sentence, privé de ses charges et offices et dégradé. C'était tout ce que François Ier voulait ;
quand il vit son hautain favori humilié, il le tira
de la Bastille et l'appela près de lui.

— Eh bien ! monsieur l'amiral, lui dit-il,
que vous semble maintenant de la puissance
royale ?

— Ah ! sire, répondit Chabot, qui comprit
alors le motif des maux qu'il avait soufferts,
c'est là un jeu terrible et mortel.

— Allons, fit le roi, ne vous fâchez pas davantage : là où est le mal est le remède, et j'entends, afin de vous mieux gagner à ma cause,
vous rétablir en vos biens, honneurs et dignités.

— Sire, je vous remercie, mais je crois le
remède tardif ; Votre Majesté m'a frappé au
cœur.

François s'efforça vainement de le rassurer ;
l'amiral se retira en chancelant, et il mourut
peu de temps après.

Cet horrible abus de pouvoir amena un autre
prisonnier à la Bastille ; ce fut le chancelier
Poyet lui-même, et voici comment. Chabot
était parent de la duchesse d'Étampes, et la duchesse était devenue la maîtresse du roi. Poyet
avait donc en elle une ennemie puissante, qu'il
eût dû ménager. Quoique jeune encore, la duchesse avait déjà beaucoup vécu, de sorte
qu'elle avait constamment des grâces à demander au roi en faveur de gens dont la discrétion
pouvait lui être utile. Entre autres elle avait obtenu de son royal amant des lettres ordonnant
de différer le jugement d'une affaire pendante.
Ces lettres devant être revêtues du sceau, elle
les avait fait présenter au chancelier. Mais il se
trouva que la partie favorisée était un ennemi de
Poyet. Guidé par sa seule passion, celui-ci renvoya les lettres scellées mais couvertes de ratu-
res. L'occasion de se venger était trop belle
pour la laisser échapper. Les lettres à la main,
la duchesse court aussitôt chez le roi, et, tout
éplorée, demande qu'il soit fait justice du faussaire. D'abord François hésite ; mais la favorite
crie, se lamente. Or, le roi était amoureux ; de
plus, la pédanterie du chancelier lui déplaisait :
il y en avait donc plus qu'il ne fallait pour envoyer Poyet à la Bastille. Aussi y fut-il conduit
le jour même. Trois ans s'écoulèrent sans qu'il
fût question de lui ; la duchesse d'Etampes semblait inexorable, et comme elle craignait que
l'issue du procès ne lui arrachât sa victime, elle
mettait tout en œuvre pour empêcher qu'on le
jugeât. Enfin Poyet demanda des juges avec
tant d'insistance, qu'il fut impossible de différer
davantage. En cette circonstance, la duchesse

demanda et obtint de son royal amant qu'il allât déposer en personne contre le chancelier. Il est vrai que le témoignage du roi en cette affaire était presque indispensable.

— S'il ne se trouve coupable que de cent crimes, avait dit le roi en achevant sa déposition, je veux qu'on l'absolve, afin qu'il ne disc pas que ma justice est plus rigoureuse que celle de Dieu.

Après de longues plaidoiries, par arrêt prononcé dans la grand'chambre Poyet fut privé de sa charge de chancelier, déclaré inhabile à tenir aucun office royal, condamné à cent mille livres d'amende, et à rester en prison jusqu'à entier paiement.

La somme était énorme : mais un chancelier de France avait alors mille moyens de faire des économies, et Poyet en avait fait de prodigieuses. Il paya donc, et reprit son ancien métier d'avocat, métier qui, au dire de certains moralistes, était la lèpre de cette époque.

VI

Le temps était venu où les querelles religieuses devaient ensanglanter la France, et la Bastille ne pouvait manquer d'être un des points d'appui des forcenés qui criaient : *La messe ou la mort !* Le 15 juin 1559, Henri II se rendit au parlement, qui délibérait sur la conduite à tenir à l'égard des réformés. Le roi, qui n'était pas attendu, s'était fait accompagner par le cardinal Bertrandi, garde des sceaux, par le connétable de Montmorency, et par plusieurs autres dignitaires. Les présidents et conseillers émettaient successivement leur avis. Quand vint le tour du conseiller du Faur, qui passait pour homme de bon jugement, il parla en termes très vifs des abus de l'Eglise ; il dit que ceux-là qui se montraient si ardents à poursuivre des opinions sans les examiner, causaient plus de tort à la religion que les hérétiques, et il finit en opinant pour que l'on suspendît les peines capitales contre les réformés.

Le conseiller Anne du Bourg prit ensuite la parole ; c'était un magistrat intègre. Ses études théologiques l'avaient conduit à adopter l'opinion des réformateurs. Il montra combien il était odieux de voir régner à la cour la débauche et la concussion, tandis qu'on livrait à la mort des citoyens dont tout le crime était de servir Dieu selon leur conscience.

A peine ce discours était-il fini, que Henri II, qui s'était jusque-là montré impassible, se tourna vers le connétable de Montmorency et lui ordonna d'arrêter du Faur et Anne du Bourg et de les conduire à la Bastille, qui avait alors pour gouverneur Hugues de La Verde. En dînant, le roi se ravisa ; il pensa n'avoir pas assez fait pour la religion, et il donna l'ordre d'arrêter six autres conseillers : Antoine Fumée, Eustache de La Porte, Paul de Foix, du Ferrier, Nicol du Val et Claude Viole. Les trois premiers seulement purent être trouvés ; ils allèrent rejoindre leurs collègues à la Bastille, « et, dit un chroniqueur, furent enfermez chacun en une chambre fort étroitement et durement, comme les plus grans voleurs du monde. Et demeura le roy Henry tellement animé et courroucé, qu'entre autres propos il luy échappa de dire qu'il verroit volontiers brusler ledit du Bourg. »

Du Bourg méritait la préférence que lui donnait le roi, car des conseillers arrêtés c'était le seul vraiment homme de cœur. Dès le premier interrogatoire qu'on leur fit subir à la Bastille, quatre implorèrent leur pardon du roi et furent mis en liberté. Du Bourg, au contraire, maintint ce qu'il avait dit, tout en repoussant les faits absurdes ou honteux qu'on lui imputait dans l'acte d'accusation, tels que d'avoir fait partie, le jeudi saint, d'une assemblée de réformés, dans laquelle, après avoir mangé un cochon, on avait éteint les lampes afin de se livrer à des actes de dépravation.

En sa qualité de diacre, Du Bourg fut d'abord jugé par l'évêque de Paris, du Bellay. Condamné, il appela, comme d'abus, de la sentence, et demanda a être jugé par le parlement ; mais il fut déclaré non recevable et renvoyé devant l'officialite de Paris, qui le livra, comme hérétique, au bras séculier. A la suite de cet arrêt, Du Bourg fut reconduit à la Bastille. Le 23 décembre, on l'amena à la Conciergerie, où le greffier criminel du parlement lui lut une sentence qui le condamnait à être étranglé et brûlé, et portait qu'il serait bâillonné avant d'être conduit au supplice.

— Messieurs, dit-il après avoir entendu l'arrêt, vous êtes plus à plaindre que moi.

Plusieurs ecclésiastiques tentèrent d'obtenir qu'il rétractât ce qu'ils appelaient ses erreurs. Du Bourg demeura inébranlable. Sur sa parole qu'il n'adresserait aucun discours au peuple, on ne le bâillonna point. Ce fut avec le plus grand calme qu'il monta sur la charrette qui le conduisait à la mort ; il regardait tranquillement la foule, et à plusieurs reprises il s'écriait : « Celui que vous voyez n'est ni un voleur ni un meurtrier : c'est un martyr qui est glorieux de mourir pour la cause de Dieu et de l'Evangile. » Ce furent ses dernières paroles ; déjà l'exécuteur lui avait mis la corde au cou ; quelques secondes après il avait cessé de vivre.

VII

En 1574, Charles IX, presque mourant, résidait au château de Saint-Germain avec sa mère, Catherine de Médicis, lorsque cette dernière crut découvrir une conspiration ayant pour chefs le duc d'Alençon, frère du roi, le roi de Navarre, qui fut depuis Henri IV, et les maréchaux de Cossé et de Montmorency. Les choses en apparence étaient si graves, que le roi et sa mère quittèrent précipitamment Saint-Germain pour le château de Vincennes, emmenant avec eux, bon gré, mal gré, le duc d'Alençon et le roi de Navarre. Ceux-ci, dès lors, furent gardés à vue. Restait à s'assurer des maréchaux. Sous différents prétextes on les attira à Vincennes, où tout d'abord le roi et sa mère leur firent le plus encourageant accueil. Ils s'y croyaient en pleine sécurité, lorsqu'un matin, voulant sortir du château, Montmorency trouva devant lui, sur le pont-levis, d'Auchy, capitaine des gardes, qui, le saluant bas, lui dit qu'il avait ordre du roi de lui demander son épée et de s'assurer de sa personne. Sans écouter ses protestations, il le fit monter dans un carrosse où se trouvait déjà Cossé, arrêté quelques moments avant. Tous deux furent conduits à la Bastille, dont le gouverneur, Laurent Testu, était un des principaux ministres des vengeances de Catherine de Médicis.

Après la mort de Charles IX et l'avènement de Henri III, la cour était retournée au Louvre; où le roi de Navarre et le duc d'Alençon continuaient à être gardés à vue, lorsqu'arriva à la cour la nouvelle de la mort du maréchal de Damville, qui s'était mis à la tête des huguenots dans le Languedoc. Deux hommes pouvaient seuls le remplacer dans ce commandement, Montmorency ou Cossé; leur mort fut dès ce moment résolue par Catherine.

Le soir du jour où la nouvelle était parvenue, les deux maréchaux, qui avaient obtenu la faveur d'occuper le même appartement, s'entretenaient de leurs affaires. Malgré la rigueur de leur captivité et la surveillance dont ils étaient l'objet, ils ne laissaient pas d'avoir quelques intelligences au dehors, et la duchesse de Montmorency parvenait de temps en temps à donner avis à son mari des événements qui se succédaient. Le bruit de la mort du maréchal de Damville étant parvenu jusqu'à elle, et pressentant que la confirmation de cette nouvelle pouvait être l'arrêt de mort de son mari, elle lui avait fait tenir un billet contenant ces mots : « Des bruits divers circulent; vrais ou faux, ils peuvent décider de votre sort. Prêtez une oreille attentive pendant les premières heures de la nuit; je viendrai sous le fossé, du côté de vos fenêtres : deux cris vous annonceront victoire, trois voudront dire défaite. »

Les maréchaux s'entretenaient donc à voix presque basse, afin de ne rien perdre du bruit extérieur. Tout à coup un cri aigu et prolongé frappe leurs oreilles; haletants d'émotion, ils courent à la fenêtre et, pendant qu'ils s'efforcent de percer les ténèbres extérieures, un second cri se fait entendre. Les prisonniers demeurent immobiles : ils retiennent leur haleine. Mais bientôt la vie leur revient : le troisième cri, le cri de mort, n'a pas retenti.

— Victoire! dit enfin Montmorency.

— Hum! répondit Cossé, qui sait si la duchesse n'a pas été empêchée par les sentinelles de donner le signal entier?

— Chut! reprend Montmorency, on vient.

En effet, presqu'au même moment les verrous grincent, plusieurs portes roulent successivement sur leurs gonds, et les prisonniers voient apparaître le gouverneur Laurent Testu.

— Messeigneurs, dit celui-ci d'un air cafard, à diverses fois vous avez demandé un logement autre que celui-ci, et plus convenable à des gens de votre condition. Aujourd'hui, c'est chose faisable : je viens vous prier de vouloir bien me suivre.

— Prétendez-vous nous mener loin? demande Cossé en jetant sur ce misérable un regard soupçonneux.

— La vérité est, messeigneurs, que ce pourra être un voyage lointain; c'est pourquoi j'ai jugé bon de requérir l'assistance de l'aumônier.

— Le scélérat! s'écria Montmorency, il va nous faire assassiner. Cossé, faisons face, et mourons en soldats!

Et, saisissant une des bûches déposées près de l'âtre, il s'adosse d'un air menaçant contre la muraille. Laurent gagnait la porte pour faire entrer les hommes qu'il avait laissés sur le palier, lorsqu'on vit paraître Catherine de Médicis, l'air souriant :

— Çà, dit-elle, mes cousins, faut-il donc que je vienne ici en personne pour vous prier d'en sortir? Mon bien-aimé fils ne veut pas être plus longtemps privé de vos bons et loyaux services.

Les maréchaux demeurèrent stupéfaits. Voici ce qui était arrivé : la reine mère, convaincue de la mort de Damville, et craignant une tentative des huguenots pour délivrer Montmorency et Cossé, était venue elle-même à la Bastille avec la résolution de n'en sortir qu'après l'exécution des deux gentilshommes.

Arrivée chez le gouverneur, elle lui avait donné des ordres en conséquence. Mais à peine ce dernier la quittait-il pour mettre ces ordres à exécution, qu'un officier, dépêché par le roi, arrivait à toute bride porteur du message que voici : « Le maréchal de Damville n'est pas mort. Le duc d'Alençon vient de s'évader du Louvre. »

Ce double événement changeait entièrement la face des choses : il fallait maintenant ramener au parti de la cour Cossé et Montmorency, pour les opposer à Damville. Voilà pourquoi Catherine rendait à la liberté les deux prisonniers. Celui des acteurs de la scène qui avait la plus piteuse mine en ce moment était incontestablement Laurent Testu, qui, ne comprenant rien à ce revirement subit, regardait alternativement et d'un air effaré la reine mère et les maréchaux. Catherine, sentant qu'elle pourrait encore avoir besoin de ses services, lui dit enfin :

— Allons, monsieur Testu, faites, s'il vous plaît, les honneurs de votre gouvernement, et conduisez-nous jusqu'à la porte où est notre coche. Puis, s'adressant aux maréchaux : — Beaux cousins, le roi est si impatient de vous voir, que je ne peux mieux faire que de vous emmener avec moi au Louvre.

Et le cortège se mit en marche, chacun livré aux réflexions les plus diverses.

C'est ici le lieu de mettre en lumière deux personnages secondaires du drame si confus de cette époque, à savoir : le moine Poncet, prédicateur dont le langage pittoresque produisait toujours un grand effet sur l'auditoire, et l'abbé de Rosières, archidiacre de Toul, qui, à juste titre, a été considéré comme le premier poète satirique de l'époque. Ces deux hommes, qui se faisaient une juste idée de la puissance de la parole, étaient animés l'un et l'autre d'une haine vigoureuse contre la royauté telle que l'avaient exercée les derniers monarques. Un soir, dans un sermon prononcé à Notre-Dame, l'abbé fit un tableau si vrai, si frappant des vices du roi et de son entourage, de leurs débauches, de leur hypocrisie, que son succès fut immense. En même temps, de Rosières faisait afficher la nuit, sur tous les murs de Paris, les épigrammes les plus sanglantes contre Henri III et ses compagnons de plaisirs. Le lendemain, Poncet était à la Bastille. De Rosières, qu'abritait la puissante protection du duc de Mayenne, échappait aux recherches dont il était l'objet par une prudente disparition, mais sans cesser d'écrire ; et peu de temps après l'arrestation de Poncet, une satire acérée contre le roi était répandue dans Paris, intitulée : *Voyage dans l'île des Hermaphrodites*. C'était une peinture colorée des déportements de la cour, et particulièrement des mauvaises habitudes du roi. Il suffisait d'en lire quelques lignes pour reconnaître la touche de Rosières ; aussi lui fut-elle tout de suite attribuée.

Le roi était furieux. Il lança des espions dans toutes les directions. Traqué comme une bête fauve, Rosières serait infailliblement tombé dans leurs mains si le duc de Guise ne se fût hâté de le faire partir pour l'Espagne. Mais tandis que le roi jurait de le faire rompre sur la place de Grève, l'écrivain frondeur galopait vers la frontière. Par malheur, au moment où il allait la franchir, il tomba dans un parti de huguenots qui l'arrêtèrent et qui, trouvant sur lui des lettres du chef de la ligue pour le roi d'Espagne, le gardèrent prisonnier. Le hasard voulut qu'un des limiers lancés à sa poursuite découvrît sa retraite. Immédiatement informé, Henri déclara qu'il rendrait tous les prisonniers huguenots faits depuis le commencement de la guerre plutôt que de laisser échapper l'occasion de punir l'auteur du libelle. Un échange fut proposé et conclu, à la suite duquel Rosières, ramené en poste à Paris, enfermé à la Bastille et soumis au plus dur régime : on le mit dans un cachot si profond que les eaux du fossé y pénétraient à certaines époques et qu'il était obligé, pour s'en prémunir, de monter sur une pierre ; les rats et les crapauds pullulaient dans cette cave et disputaient au prisonnier la maigre nourriture qu'on lui laissait.

Peu de temps après, Bussy d'Amboise, favori de *Monsieur*, frère du roi, fut aussi arrêté. Au milieu des intrigues de toutes sortes qui s'enchevêtraient à la cour, Catherine de Médicis se trouvait parfois cabaler contre le roi, et *Monsieur*, qu'elle flattait alors, devenait une puissance ; mais le plus souvent, c'était contre ce dernier qu'elle dirigeait ses coups, et tous les moyens lui étaient bons pour animer le roi contre son frère. Un jour que Henri refusait d'ajouter foi à ses machinations :

— Eh bien, lui dit-elle, puisqu'il vous faut des preuves, vous pouvez les avoir sur l'heure : votre frère vient de recevoir une lettre du roi d'Espagne ; c'est Bussy d'Amboise qui la lui a remise, et ils sont ensemble en ce moment, tenant probablement conseil sur les moyens d'accomplir leur trahison et de vous livrer à M. de Guise.

Cela était dit avec une telle assurance, que le roi, tremblant à la fois de peur et de colère, se précipita vers l'appartement de son frère ; et comme il trouva en effet ce dernier s'entretenant avec Bussy, son irritation devint de la rage.

Arrestation de la maréchale d'Ancre.

— Des gardes! des gardes! s'écria-t-il, et qu'on traîne sur-le-champ ce méchant traître à la Bastille (il désignait Bussy).

Puis se tournant vers *Monsieur :*

— Quant à vous, sujet rebelle, abominable fratricide, c'est ici que vous serez gardé, et je vous ferai faire votre procès.

Et pendant que le roi faisait chercher sans succès la prétendue lettre du roi d'Espagne, on conduisait Bussy à la Bastille. Ce Bussy d'Amboise était un homme de nature ardente, cœur intrépide, bras d'acier. D'autre part, Rosières, quoique ordonné prêtre, était absolument de même trempe que Bussy, avec lequel il était lié depuis longtemps. Son humeur, ses goûts lui avaient fait plus d'amis parmi les gens d'épée que parmi les gens d'église.

— Monsieur, dit Bussy au gouverneur, lorsqu'il fut arrivé à la prison, je vais débuter par vous demander une grâce, c'est de me faire mettre dans le même appartement que mon ami de Rosières; nous nous arrangerons très bien ensemble, et, foi de Bussy! nous n'en-

treprendrons rien qui puisse tourner à votre déplaisir.

— Il n'y a pas ici de Rosières, répondit Laurent Testu, pas plus qu'il n'y a de Bussy d'Amboise; il n'y a que des prisonniers qui ne doivent pas communiquer entre eux.

— Quoi! vous me refusez quand j'engage ma foi de gentilhomme!

— Je fais ce que je dois pour le service du roi.

— C'est-à-dire, s'écria Bussy furieux, et sans s'inquiéter des conséquences que pouvaient avoir ses paroles, c'est-à-dire que vous faites votre métier de geôlier de bas étage!...

— Prenez garde, car si vous me poussez à bout, je vous accorderai la faveur que vous demandez, répondit Testu sur les lèvres duquel passa une sorte de sourire venimeux.

— Allons, reprit Bussy, je vois bien que nous ne parlons pas la même langue : il est vrai qu'il n'y a jamais eu de geôliers dans ma famille.

— Ah! fit Testu, vous paierez cher cette injure.

Et se tournant vers les gardiens, il leur ordonna de conduire le prisonnier dans le cachot occupé par Rosières.

— Au cachot! s'écria Bussy; vous oseriez me mettre au cachot..... moi!... un gentilhomme!...

Mais déjà les gardiens l'avaient saisi, et quelques instants après ils le poussaient dans le bas-fond que nous avons décrit. D'abord il ne vit rien dans cette fosse infecte; mais Rosières, dont les yeux s'étaient accoutumés à l'obscurité, le reconnut.

— Ah! mon ami, dit-il en l'embrassant, et toi aussi ils veulent t'enterrer vivant!

— Rosières! est-ce toi? dit Bussy.

— Oui, je suis Rosières, et dans peu de jours je ne serai plus rien! Il est impossible qu'on ne meure pas vite ici.

Bussy recula d'horreur; un froid glacial courut dans ses veines lorsque, ses yeux s'étant accoutumés aux ténèbres, il put y voir son ami. L'infortuné était dans un état affreux : ses vêtements, pourris par l'humidité, tombaient en lambeaux; ses yeux enfoncés dans leurs orbites jetaient une lueur fiévreuse qui semblait près de s'éteindre; sa maigreur était effroyable, et il était couvert de plaies provenant des morsures que lui avaient faites les rats pendant son sommeil.

— Eh quoi! dit Bussy, n'y a-t-il aucun moyen de sortir d'ici?

— On n'en sort ni vivant ni mort.

Bussy s'était assis sur la pierre; il s'efforçait de donner quelque espoir à son ami : il parlait d'évasion, des efforts que *Monsieur* ne manquerait pas de faire pour obtenir sa mise en liberté, et il était presque parvenu à se rassurer un peu lui-même, lorsque la porte du cachot s'ouvrit, et les gardiens qui l'avaient amené lui dirent qu'ils avaient ordre de le conduire près du gouverneur.

— Que peut me vouloir cette bête immonde? s'écria le fougueux jeune homme. Y a-t-il à la Bastille quelque lieu plus affreux que celui-ci où il veuille me mettre?

Toutefois il suivit les gardiens après avoir assuré Rosières que, quoi qu'il pût arriver, il ne l'oublierait pas et qu'il travaillerait à leur délivrance commune. Lorsqu'il arriva devant le gouverneur, ce dernier avait perdu son arrogance; son regard semblait vouloir paraître bienveillant; il offrit un siège au prisonnier, et d'une voix qui décelait son embarras, il dit :

— Monsieur d'Amboise, vous vous êtes si vite et si fort emporté tantôt que j'ai dû vous faire voir combien votre demande était déraisonnable, puisque, pour vous l'accorder, il me fallait vous traiter plus mal que je ne devais; mais je vous prie de croire que mon intention n'était pas de vous laisser dans le lieu d'où vous sortez.

— C'est trop de phrases. Où voulez-vous en venir?

— Vous savez qu'il est sévèrement défendu de rien révéler de ce qu'on a pu voir ici?

— Non, je ne sais pas cela; et quand je le saurais, il n'y aurait pas de puissance humaine capable de m'empêcher de proclamer votre barbarie; je la crierai sur les toits.

— De grâce, monsieur d'Amboise, calmez-vous. Songez que c'est la volonté du roi qu'il en soit ainsi.

— Vous calomniez Sa Majesté.

— Tenez, je vais vous proposer un arrangement : vous allez me donner votre parole de garder le silence, et moi je vous donne la mienne qu'avant vingt-quatre heures vous serez libre.

— Quoi! il dépendrait de vous...

— Voulez-vous faire cet échange de paroles?

Bussy était fortement tenté de refuser; mais il réfléchit que, puisqu'il ne s'engageait que conditionnellement, il devait accepter. Pourtant il voulait faire un marché aussi avantageux que possible, et il dit à Testu qu'il consentirait à ce qui lui était demandé pourvu que Rosières fût mis en liberté en même temps que lui.

— C'est impossible, répondit Testu; tout ce que je puis faire, c'est de vous promettre de le tirer d'où il est et de le mieux loger.

— Eh bien! que cela se fasse de suite, et c'est chose convenue.

Le gouverneur donna des ordres, et au bout d'une demi-heure il conduisit lui-même Bussy dans une chambre, au premier étage de la tour du Puits. Là, Rosières, couché dans un bon lit, se sentait déjà revivre.

— Du courage! ami, lui dit Bussy; j'espère que la fin de tes maux est proche.

Après avoir causé quelques instants encore, ils s'embrassèrent, et Bussy suivit le gouverneur.

— A présent, monsieur, dit Bussy, je vous donne ma parole de gentilhomme de ne rien révéler, tant que je vivrai, de ce que j'ai vu et entendu ici, à la condition que je n'y serai plus dans vingt-quatre heures, et que mon ami sera toujours bien traité.

Cinq minutes après, Bussy descendait gaiement la rue Saint-Antoine, se dirigeant vers le Louvre. Cette mise en liberté si prompte était due à un de ces revirements de faveur si fréquents à la cour de Henri III. A peine Bussy avait-il été arrêté, que Catherine de Médicis s'était rapprochée du frère du roi. Celui-ci, furieux de l'avanie qu'on venait de lui faire, ne voulait d'abord rien entendre. Après s'être enfin calmé, il déclara qu'il ne se prêterait à la nouvelle intrigue que sa mère voulait nouer qu'autant qu'on lui rendrait sur-le-champ Bussy. La reine mère, profitant de la fatigue du roi, qui avait une répugnance invincible pour les affaires, lui avait fait signer un ordre de mise en liberté qu'il ne prit pas même la peine de lire.

Fidèle à la promesse qu'il avait faite au malheureux Rosières, Bussy alla trouver le duc de Guise :

— Monseigneur, lui dit-il, je sors de la Bastille, et j'ai donné ma parole de ne rien révéler de ce que j'ai vu et entendu en ce lieu ; mais, sans y manquer, je puis vous dire que, si vous ne vous hâtez de venir en aide à Rosières, c'en est fait de lui.

Le duc aimait sincèrement l'archidiacre, qui l'avait toujours servi avec le plus grand dévouement. Surmontant sa répugnance, il se rendit près de Catherine de Médicis et lui demanda la grâce de Rosières.

— Monsieur le duc, répondit-elle, je vous avouerai d'abord que le roi m'a chargée de toute cette affaire, car la démarche que vous faites en ce moment était prévue ; j'ajouterai que, quels que soient les crimes de ce méchant archidiacre, je suis disposée à lui faire grâce de la vie et même à lui rendre la liberté, mais je mets à cette grâce des conditions... J'exige que, le roi étant sur son trône, entouré de tous les grands dignitaires et seigneurs de la cour, Rozières vienne lui demander pardon à genoux.

— C'est une rude pénitence pour ce fier cœur ; mais j'espère, madame, que pour ne pas m'affliger, il y consentira.

— Ce n'est pas tout : l'archidiacre, toujours à genoux, désavouera ses pamphlets dans les termes qui lui seront dictés.

— La demande de pardon n'est-elle pas un désaveu suffisant ?

— Nous le voulons complet, monsieur le duc. Enfin, la troisième condition... c'est que vous et votre famille assisterez à la cérémonie.

— Dites à l'exécution.

— Je ne tiens pas aux mots, mais il n'est pas de considération qui puisse me faire changer d'avis sur ce dernier point.

En vain le duc insista pour adoucir la sentence, la reine fut inexorable. Il fallut en prendre son parti. Le soir même il se rendait à la Bastille et faisait part à Rosières de l'entretien qu'il venait d'avoir avec la reine. Tout d'abord l'archidiacre déclara qu'il ne voulait pas de la liberté à ce prix, et qu'il préférait, dût-il y mou-

rir, être replacé dans le cachot où il avait tant souffert. Il ne se rendit que sur l'insistance du duc, qui dut faire valoir auprès de lui les sentiments qui l'unissaient à toute la famille de Lorraine. Rosières subit donc la pénitence qu'exigeait Catherine. L'humiliante cérémonie terminée, il quitta Paris et alla s'enfermer dans un couvent du diocèse de Toul.

Après Rosières, un autre champion ramassa la plume du pamphlétaire. C'était un gentilhomme huguenot nommé Pierre Desgrains. Ruiné par la guerre civile, chassé de ses foyers à l'âge de soixante-dix ans, il arrivait à Paris plein de rancune, et, en attendant que ses coreligionnaires fussent en état de faire une levée de boucliers, il avait composé plusieurs écrits contre la cour et le roi. Comme il n'avait pas les mêmes moyens que Rosières de répandre ses pamphlets, il avait dû se confier à des gens sans honneur, et ceux-ci l'avaient dénoncé. Il fut arrêté et incarcéré à la Bastille. Loin d'essayer de nier les écrits qu'on lui représentait, il déclara hautement qu'il était huguenot et prêt à mourir pour sa religion. Persuadée que Desgrains était en rapport avec le duc de Guise, Catherine de Médicis enjoignit de le soumettre à la torture, afin de lui faire avouer sa complicité. Ce fut un spectacle émouvant que donna ce vieillard, chantant les louanges de Dieu pendant qu'on le torturait, et n'interrompant ses prières que pour affirmer qu'en écrivant ces pages vengeresses il n'avait obéi qu'au besoin de dire la vérité. Comme on l'avait soumis au supplice des brodequins et que les os de ses jambes étaient brisés, on se hâta de prononcer sur son sort, de peur de n'avoir plus qu'un cadavre à juger ; il fut condamné à être pendu. A ce moment, on songea à lui donner un confesseur. L'embarras était grand, car l'aumônier de la Bastille, gravement malade, ne pouvait quitter le lit. On pensa bien à requérir un prêtre d'une des églises voisines, mais le temps pressait. C'est alors que le gouverneur se rappela le pauvre abbé Poncet ; il lui proposa de remplacer l'aumônier absent, en en remplissant les devoirs ordinaires, c'est-à-dire la révélation de la confession du patient. Poncet fit d'abord quelque résistance, mais plus d'une année passée dans un cachot pareil à celui qu'avait un moment occupé Bussy l'avait rendu plus souple. Il accepta. Desgrains l'accueillit sans colère et l'écouta patiemment ; mais il lui déclara que tant qu'il lui resterait un souffle de vie, il confesserait sa foi et crierait anathème contre le roi. A ces mots, Poncet sentit battre de nouveau son cœur, car lui aussi avait crié anathème contre l'iniquité.

— Frère, dit-il, de misérables subtilités nous séparent, mais nous adorons le même Dieu : recevez ma bénédiction, donnez-moi la vôtre, et souffrez, puisque nos communs persécuteurs le permettent, que je ne vous quitte plus. Votre courage a réveillé le mien.

Une heure après, le corps de Pierre Desgrains était attaché à la potence, et l'abbé Poncet, après avoir embrassé le patient, tombait évanoui au pied du gibet. On s'empressa de le transporter à l'hôtel de ville ; bientôt les symptômes du plus affreux délire se manifestèrent, et il expira sans avoir recouvré la raison.

VII

En 1584, après la mort du frère du roi, chacun des seize quartiers de Paris avait élu un chef ; les élus formèrent un conseil dit des *Seize*, qui devait plus tard s'emparer du pouvoir et gouverner Paris. Un des plus fougueux de ces chefs de quartier était Bussy-Leclerc. Après avoir exercé pendant plusieurs années la profession de maître d'armes, Bussy s'était fait procureur ; mais il avait, dans la pratique de son office, commis tant d'exactions, rançonné si impitoyablement les plaideurs, que le président de Harlay lui avait interdit l'accès du Palais. Leclerc avait juré d'y rentrer malgré le président. Tel était l'homme auquel le duc de Guise, après la journée des Barricades et la fuite de Henri III (12 mai 1588), donna le gouvernement de la Bastille.

Maître absolu de Paris, Guise avait réussi à faire rouvrir les portes du parlement, et le président de Harlay, malgré son attachement au roi, avait consenti à revenir siéger. Le prévôt Perreuse était le seul qui refusât d'obéir au duc. Ce dernier résolut de le faire arrêter ; mais il fallait un homme audacieux pour ce coup de main, car les privilèges du prévôt rendaient sa personne inviolable. Ce fut à Bussy-Leclerc que le duc confia l'expédition.

— Je n'ai pas besoin de te rappeler, lui dit-il, que, dans la situation où tu vas te trouver, la moindre hésitation serait une faute capable d'entraîner ta mort.

— Comptez sur moi, monseigneur ; non seulement je me charge de prendre le prévôt, mais encore de le garder. J'ai de quoi le loger, la Bastille est vide. Seulement, comme les choses doivent se faire régulièrement, il faut la destitution du prévôt signée de votre main.

— Écris-la, je la signerai.

A la tête de cent soldats de la ligue choisis par lui parmi les plus déterminés, Bussy-Leclerc se rendit alors à l'hôtel de ville et se présenta devant Perreuse, après avoir distribué sa troupe de manière à garder toutes les issues.

— Au nom du duc de Guise, lui dit-il, vous avez cessé d'être prévôt de Paris, et je vous arrête.

— Je ne reconnais d'autre autorité que celle du roi, répondit courageusement Perreuse ; vous êtes un rebelle que j'ai le droit de faire pendre incontinent.

— Ne changeons pas les rôles. Vous n'êtes plus prévôt de Paris, moi je suis gouverneur de la Bastille, et c'est dans cette forteresse que je dois vous conduire.

— Quoi ! s'écria le prévôt, vous oseriez commettre cette énormité !...

En cet instant quelques notables, assemblés dans une salle voisine, accoururent et se rangèrent autour de Perreuse ; mais Bussy-Leclerc avait tiré de sa poche la cédule de destitution, il la lut à haute voix, montra la signature du duc, puis, s'avançant vers la porte par laquelle il était entré, il cria :

— Soldats de la sainte ligue, à moi !

Dix ligueurs entrèrent l'arme au poing. Bussy-Leclerc, afin de leur donner l'exemple, saisit lui-même le prévôt que personne n'essaya de défendre. Une heure après, Perreuse était à la Bastille. Malheur, à cette époque, à qui, n'étant pas de la ligue, avait la réputation de thésauriser ! Animé d'un saint zèle, Bussy-Leclerc ne manquait pas de faire chez l'inculpé de minutieuses perquisitions, à la suite desquelles le thésauriseur était immanquablement conduit à la Bastille, d'où il ne sortait qu'en achetant sa liberté. En cet honnête négoce, madame Leclerc secondait parfaitement son mari : c'était elle qui avait rédigé le tarif des logements, elle qui pourvoyait à la table de ceux qui ne se contentaient pas de pain noir et d'eau. Ce modèle des ménages était en pleine prospérité, lorsqu'on apprit la mort du duc de Guise et du cardinal de Lorraine, assassinés à Blois. La panique se répand alors parmi les ligueurs ; plusieurs membres du conseil des Seize parlent de se soumettre au roi. Mais Bussy-Leclerc déclare qu'il brûlera Paris et fera sauter la Bastille plutôt que de se rendre. Dès ce moment il devient le chef de la faction, et il fait des dispositions de défense si bien entendues qu'il parvient à rassurer les plus timides. De son côté, le duc de Mayenne accourt à Paris, se fait élire lieutenant-général du royaume et maintient le conseil des Seize. L'honnête Bussy était trop satisfait du produit de sa charge pour y renoncer volontairement ; aussi continua-t-il à rançonner sans pitié les dissidents que la fortune mettait à sa discrétion ; puis, son audace croissant avec le succès, il osa davantage. Ayant appris que le parlement avait reçu des lettres patentes du roi rétablissant l'autorité royale, et que la compagnie était assemblée pour délibérer sur la proposition faite d'enregistrer et de publier ces lettres, il court au conseil des Seize :

— Le parlement est en pleine révolte, dit-il, car il continue à mettre dans ses arrêts le nom du roi dont la déchéance a été prononcée. J'offre de me rendre à l'instant même à la grande salle où les magistrats sont assemblés, et de les sommer de ne plus rendre la justice au nom du roi.

— Et si les conseillers refusent ? demande le duc d'Aumale qui présidait le conseil.

— S'ils refusent, ils sont en flagrant délit de révolte ; alors, sous ma conduite, la Bastille leur ouvrira ses portes. Il s'agit de frapper fort ; car dès que ces gens-là ne tremblent plus, ils montrent les dents.

La motion est adoptée. Bussy-Leclerc s'adjoint trois collègues : Machaut, Baston et Michel de Marillac, et, suivi d'un nombre suffisant de soldats, il se dirige vers la grande salle du Palais, dans laquelle il entre l'épée à la main. A sa vue la plupart des magistrats se lèvent ; mais le premier président de Harlay reste calme sur son siège.

— Huissiers ! dit-il d'une voix assurée et en désignant du doigt Leclerc qu'il avait reconnu, mettez dehors cet homme, qui souille de sa présence cette enceinte dont je l'ai chassé à cause de ses méfaits.

— Monsieur le premier président, répond audacieusement Bussy, il ne s'agit pas ici de nos vieilles querelles : me chasser deux fois serait trop de moitié ; j'y ai mis ordre. Ne vous échauffez donc pas inutilement, et entendez la requête que je viens présenter à la cour au nom du conseil des Seize.

— Nous ne reconnaissons point cette autorité, réplique le premier président ; il ne sera soumis à messieurs aucune requête, et je vous somme de sortir du sanctuaire de la justice.

— Si vous n'y faites droit, ce ne sera pas faute de l'avoir entendue, répliqua Bussy-Leclerc, car je vais la lire.

— Je ne vous accorde pas la parole.

— Monsieur le premier président, dans les circonstances extraordinaires, on ne s'arrête pas devant de puériles formalités. Voici ma requête : « Plaise à la cour s'unir avec le prévôt des marchands, échevins et bourgeois de Paris, pour la défense de la religion et de la ville, et, conformément au décret de la Sorbonne, déclarer que les Français sont délivrés du serment de fidélité et d'obéissance envers le roi, et ne mettre plus son nom dans les arrêts. » Et maintenant, je vous prie de délibérer promptement, car le conseil est impatient de connaître votre décision. Pour qu'on ne vous trouble point, je vais l'attendre hors d'ici, mais près de la porte, à la tête de cinquante hommes.

Et il sortit.

— Messieurs, dit le premier président, le devoir, l'honneur nous commandent de ne point quitter nos sièges et de ne répondre que par le mépris à cette insolente violation de la justice.

Ce n'était pas l'avis de tous : bon nombre de conseillers étaient fort enclins à un arrangement ; mais de Harlay soutenait que toute transaction entacherait la compagnie. La discussion aurait pu durer longtemps si Bussy-Leclerc, qui avait intérêt à brusquer le dénouement, n'était rentré au bout de quelques minutes.

— Eh bien ! dit-il, a-t-on pris une détermination ?

— Nous n'en avons pas à prendre, et nous n'aurions autre chose à faire, si force devait rester à la loi, que de juger les séditieux qui osent pénétrer ici en armes.

— Qui vivra verra, répliqua Leclerc. Pour le présent, le conseil ordonne que vous soyez menés à la Bastille, où vous pourrez réfléchir plus longuement.

— Je réclame l'honneur d'y entrer le premier, dit de Harlay.

— Nous vous y suivrons tous ! crièrent en chœur présidents et conseillers.

Tous se levèrent en effet, quittèrent leurs sièges, et sortirent entre deux haies de soldats, Bussy-Leclerc en tête. Le cortège entra dans la Bastille après avoir traversé une partie de Paris. D'autres arrestations avaient eu lieu dans le même temps par ordre du conseil, de sorte que lorsque le président de Thou arriva dans la forteresse avec les autres membres du parlement, il y trouva sa femme, qu'on avait arrêtée parce qu'elle refusait de dire où était son mari. Les deux époux se jetèrent dans les bras l'un de l'autre.

— C'est affreux, s'écrièrent les magistrats ; une femme à la Bastille !

Madame de Thou était, en effet, la première prisonnière qu'on y eût enfermée.

— Je suis convaincu, dit ironiquement Bussy-Leclerc, que madame ne se plaindra pas, et qu'elle se trouvera mieux ici avec son mari que seule chez elle.

Cependant le conseil des Seize s'était transporté à la Bastille : il fit comparaître devant lui tous les magistrats à tour de rôle, et offrit à chacun de lui rendre la liberté et de le rétablir dans sa charge, à condition de ne reconnaître plus l'autorité de Henri III et de rendre la justice au nom du lieutenant-général du royaume. De Harlay et plusieurs autres rejetèrent ces propositions; beaucoup acceptèrent, entre autres le président Bisson, qui, à peine hors de prison, protesta, par devant notaire, de la violence qu'on lui avait faite. On reconstitua ainsi une ombre de parlement. Quant aux conseillers qui persistaient dans leur protestation, ils demeurèrent à la Bastille. Parmi ces derniers étaient : Achille de Harlay, de Thou, Blancmesnil, Potier, etc.

Ce dénouement satisfaisait Bussy-Leclerc. Madame Leclerc, à cette occasion, avait doublé les prix de son tarif; pour les récalcitrants, elle avait toujours un argument irrésistible, le cachot. Or, pas un de ces personnages qui ne sût ce qu'étaient les cachots de la Bastille; car les plaintes des victimes qu'on y enfermait étaient souvent arrivées jusqu'à eux. Leclerc, qui jouait trop gros jeu pour ne pas épuiser la veine, était inexorable, et les réclamations qui lui arrivaient sans être appuyées de bijoux ou d'espèces ayant cours étaient impitoyablement mises à néant. Un mois ne s'était pas écoulé que tous les joyaux de madame de Thou étaient aux mains des Leclerc. Alors la femme du digne magistrat, ne pouvant supporter l'idée que son mari manquât des choses les plus nécessaires à la vie, sollicita son élargissement, afin de se procurer de l'argent, soit en empruntant, soit en vendant une partie de ses biens.

— Je veux bien, lui dit Bussy-Leclerc; mais je vous préviens que je ne puis faire crédit : les règlements sont en ce point de la plus grande sévérité, et si M. de Thou ne peut payer... eh! je sais bien que c'est pénible, mais les cachots n'ont été faits que pour cela.

Inutile de dire que les règlements dont parlait le maître fourbe étaient son œuvre, et qu'il était en mesure de les faire exécuter. Madame de Thou le comprit, et la moitié de ses biens devint la proie de l'avide gouverneur. De même, après la mort de Henri III, il n'élargit les prisonniers que moyennant d'énormes rançons, et le premier président de Harlay dut, pour sa part, lui compter quarante mille livres.

Mais il nous faut revenir sur la mort de Henri III; car c'est de la Bastille que partit le coup qui le frappa. Au nombre des ligueurs les plus exaltés était un moine jacobin nommé Jacques Clément. Il n'avait que vingt-deux ans, il était ignorant, grossier, libertin, faisant parade de sa force et répétant sans cesse qu'il fallait exterminer les hérétiques. Ayant pris la résolution d'assassiner le roi, il s'en ouvrit au conseil des Seize, qui l'approuva. La duchesse de Montpensier, dont Henri III avait dédaigné les faveurs et qui était devenue sa plus implacable ennemie, avait entendu parler du jeune jacobin, que l'on n'appelait plus que le *capitaine Clément*, à cause de son humeur belliqueuse. Elle voulut le voir. A la suite de l'entrevue qu'ils eurent ensemble, Jacques Clément parut plus déterminé que jamais à tuer le roi. Mais pour tuer ce prince qui se trouvait alors à Saint-Cloud, il fallait l'approcher. Là était la difficulté. Bussy-Leclerc la leva. On comprend qu'un homme dans sa position ne manque pas de complaisants et d'espions. Au nombre de ces derniers était l'aumônier de la Bastille. De Harlay, qui avait acheté fort cher la permission d'entendre la messe tous les jours, s'était pris d'amitié pour cet ecclésiastique qui affectait de partager ses sentiments. Un jour l'aumônier vint dire à de Harlay qu'un parti puissant s'était formé pour rappeler le roi dans sa capitale, mais qu'on était arrêté par la difficulté de faire parvenir un envoyé jusqu'à Henri III. Le premier président promit une lettre d'introduction et la donna. Muni de cette pièce, Bussy-Leclerc se présenta au conseil des Seize.

— Eh bien! dit-il, que fait-on de Jacques Clément?

— Les moyens de mettre son projet à exécution font défaut.

— Ils ne lui manquent plus : voici une lettre adressée au Valois par de Harlay dont il connaît l'écriture : porteur de cette pièce, le moine ne saurait éprouver d'obstacle sérieux.

Le conseil en référa au duc de Mayenne, qui approuva; il pensa toutefois qu'il y avait quelque chose de plus à faire, et il ordonna l'arrestation de cent des principaux bourgeois de Paris, lesquels seraient gardés en otages et répondraient de la vie du pieux moine. Bussy-Leclerc trouva la précaution d'autant plus ingénieuse qu'il s'adjugeait d'avance ces cent prisonniers, aubaine qui ne pouvait manquer d'être agréable à madame Leclerc.

Le lendemain, le conseil des Seize était assemblé, lorsqu'on apprit ce qui s'était passé à Saint-Cloud : Henri III était tué, son assassin avait été massacré.

— Je garde tout de même les prisonniers, dit Bussy-Leclerc.

— C'est impossible, répondit le duc de Mayenne qui venait d'entrer : au point où en sont les choses, le plus prudent est de leur rendre la liberté. Nous avons besoin de partisans, car le Navarrais a été salué roi à Saint-Cloud, et il se dispose à investir Paris.

Le gouverneur de la Bastille fit d'abord une assez laide grimace; mais une idée lui vint qui le console. Le soir même il mettait à contribution les cent otages qui, trop heureux de se tirer de prison moyennant finances, payèrent la rançon qu'on leur imposa.

La fortune se lassa enfin de favoriser l'ex-procureur. Le président Brisson, nous l'avons dit, rendu à la liberté, s'était empressé de protester contre la violence qui lui avait été faite. Cette conduite avait irrité Bussy-Leclerc, qui se considérait comme volé de la rançon qu'il aurait pu tirer du prisonnier. Pour se venger, il se présenta un jour au conseil supérieur qu'on appelait aussi conseil des Douze : là il dit que, le zèle des ligueurs se refroidissant, il serait bon que le serment de la ligue fût renouvelé dans une proclamation publiée à son de trompe; mais que, pour cette publication, il fallait l'assentiment de tous les membres des conseils des Douze et des Seize, et que lui, Leclerc, était chargé de leur demander leur signature, sauf à leur soumettre ensuite la rédaction qui serait adoptée par les Seize. Sans hésiter les Douze signèrent au bas d'une feuille de papier blanc. Mais, au lieu d'une proclamation, ce fut une triple sentence de mort que Leclerc écrivit au-dessus des signatures, sentence par laquelle Brisson, Claude Larcher et Jean Tardif étaient condamnés à être pendus. Et la sentence fut exécutée sans autre forme de procès. Chose incroyable ! les membres des deux conseils ne s'en émurent pas d'abord. Mais si l'explosion se fit attendre, elle n'en fut que plus violente : l'indignation des honnêtes gens entraîna celle des gens douteux; ce fut un cri général, une véritable clameur. En vain Bussy-Leclerc mit-il tout en œuvre pour conjurer l'orage, rien désormais ne pouvait l'empêcher d'éclater. Se voyant perdus, les coupables imaginèrent d'écrire au roi d'Espagne, pour lui offrir la couronne de France, qu'ils se faisaient forts de mettre sur sa tête, pourvu qu'il leur vînt en aide promptement. La lettre interceptée fut portée au duc de Mayenne, qui était alors dans les environs de Soissons. Le duc accourt à Paris; Bussy-Leclerc, instruit de son arrivée, s'enferme dans la Bastille. Le duc fait avancer des troupes; on braque contre la Bastille tous les canons qu'on trouve à l'Arsenal. Cela peut-être n'eût pas fait taire l'audace de Bussy-Leclerc pauvre ; mais Bussy-Leclerc riche voulait, avant tout, conserver ses richesses : il entama donc des négociations, et, ayant obtenu de sortir de la forteresse la vie sauve, il loua un hôtel dans le voisinage, y fit transporter ses trésors, et rendit la Bastille. A peine les conditions de la capitulation étaient-elles remplies que Mayenne, se sentant humilié d'avoir traité d'égal à égal avec un aventurier, donna l'ordre de s'emparer de sa personne ; mais Bussy-Leclerc était sur ses gardes: il avait pris à ses gages un certain nombre d'estafiers qui soutinrent dans sa maison une espèce de siège pendant que lui s'évadait par les toits. Il échappa donc à la mort ; mais tout le fruit de ses rapines fut perdu, et il fut obligé, pour vivre en Flandre, où il s'était retiré, de reprendre son ancien métier de maître d'armes.

VIII

A Bussy-Leclerc succéda, comme gouverneur de la Bastille, Trémont, un des aides de camp du duc de Mayenne. Ce dernier ne fit que passer et fut remplacé par Dubourg-Lespinasse, qui s'est fait, par son courage et sa loyauté, une place dans l'histoire. A la suite de la trahison de Brissac, Henri IV était entré à Paris le 22 mars 1594. Pour être complètement maître de la capitale, il ne lui restait plus qu'à prendre la Bastille : or, bien que la garnison de cette forteresse fût peu nombreuse, Henri n'ignorait pas que, défendue par un homme de guerre, elle pouvait écraser la moitié de Paris avant d'être réduite. Il fallait éviter une pareille catastrophe. Le roi, qui venait d'acheter Paris, pensa qu'il ne lui serait pas difficile d'acheter la Bastille, et il envoya le capitaine de Vic faire des propositions au gouverneur. Dubourg-Lespinasse écouta d'abord ces propositions ; mais quand il apprit qu'on l'avait cru capable de se vendre, son indignation éclata; hors de lui, il s'écria qu'il ne pardonnerait pas cette insulte ; qu'il avait assez de poudre pour s'ensevelir sous les ruines de la forteresse, et qu'il n'avait pas besoin d'autre chose. A cette réponse, Henri IV fut saisi d'admiration, car Dubourg-Lespinasse était un officier de fortune qui n'avait d'autre bien que son épée.

— Ah! le brave homme! dit-il, et que j'en voudrais avoir un grand nombre à mon service !... Il ne faut pas le pousser à bout, car il me paraît homme à faire comme il dit, et les choses doivent se passer plus doucement.

Le lendemain, Dubourg-Lespinasse recevait un second parlementaire.

— Le roi, lui dit celui-ci, pour vous prouver en quelle estime il vous tient, vous propose ceci : Vous enverrez vers le duc de Mayenne un de vos officiers muni d'un sauf-conduit. Jusqu'à ce qu'il soit de retour, le roi, qui sait que vous manquez de pain, vous fera donner toutes victuailles en abondance, ne voulant souffrir que de si braves gens manquent de rien. Pour toute condition, votre envoyé revenu, vous obéirez au duc de Mayenne qui, de fait, ne peut plus rien pour vous.

Dubourg-Lespinasse accepta, et le duc de Mayenne l'ayant autorisé à rendre la place, il capitula.

Maître de la Bastille, Henri IV ne songea pas à faire de cette forteresse un instrument de despotisme; il lui donna pour gouverneur Sully, homme hors ligne pour cette époque. La Bastille ne fut donc plus prison d'État; mais elle ne cessa pas néanmoins d'être une prison. Le premier prisonnier enfermé à la Bastille, sous le nouveau règne, fut Charles de Gontaut de Biron, fils d'Armand de Gontaut, baron de Biron. Charles de Gontaut-Biron était né en 1562; son père, grand maître de l'artillerie et maréchal de France, avait embrassé avec ardeur la cause de Henri IV. L'éducation du jeune Biron avait été ce qu'était alors celle des grands seigneurs, c'est-à-dire toute guerrière. Bien jeune encore, il fit ses premières armes sous les ordres de son père, lors de l'expédition de Guyenne, et il montra tout d'abord une telle intelligence de l'art de la guerre, que l'on put prévoir à quelles hautes destinées il serait un jour appelé. Comme son père, il s'attacha au sort de Henri de Navarre, se couvrit de gloire aux journées d'Arques et d'Ivry, aux sièges de Rouen et de Paris, et bientôt il fut cité comme l'un des plus grands capitaines du temps. A l'exemple de son souverain, Biron abjura le protestantisme et se fit catholique, conversion qui s'opéra sans le moindre effort, « car, dit un historien, Biron était soldat avant tout; la théologie était pour lui lettre close, et il avait vécu jusque-là dans une ignorance complète des principes de sa propre religion, au point qu'il lui eût été impossible de dire en quoi elle différait de celle des catholiques. »

Les talents et le dévouement de Biron étaient appréciés à leur valeur par le roi, qui en fit son ami et le combla d'honneurs. Biron devint successivement maréchal de camp, lieutenant général, amiral de France. L'estime du souverain pour son favori était telle, qu'un jour les échevins de Paris étant venus le complimenter sur plusieurs avantages qu'il venait de remporter, il leur dit : « Messieurs, je vous remercie de vos bons sentiments; mais il ne faut pas oublier que je ne fais pas ces choses tout seul, et qu'il en revient une bonne part à cet homme que je présente avec avantage à mes amis et à mes ennemis. » Et il désignait Biron.

Par malheur, Biron, ainsi que nous l'avons dit, n'avait que les qualités de l'homme de guerre : il manquait de prudence, et il avait une si haute idée de son mérite qu'il regardait les faveurs et l'amitié du roi comme de trop faibles récompenses. Aussi mettait-il souvent à de rudes épreuves la patience de Henri IV; mais, chez le roi, la reconnaissance et l'amitié l'emportaient toujours sur le mécontentement que lui causaient les exigences de son favori.

La paix ayant été proclamée, et Biron ne pouvant plus trouver dans les combats un aliment à son activité, son caractère s'aigrit; il se tourmentait et s'agitait dans le vide. Bien que comblé de tous les honneurs possibles, il se plaignit plus amèrement que jamais de n'être pas suffisamment récompensé des services qu'il avait rendus.

— La cour de France, disait-il, ne ressemble point à celle d'Espagne; c'est à Madrid seulement que le vrai mérite est mis en sa place.

Ces plaintes, répétées à tout propos, étaient avidement recueillies par les ennemis de la France. Les dispositions de Biron furent promptement connues de Beauvais-la-Noël, agent d'Espagne à Paris, qui s'empressa d'en informer sa cour, se faisant fort d'amener Biron à ce que l'on voudrait, pourvu qu'on l'autorisât à lui faire, de la part du roi d'Espagne, des promesses qui pussent satisfaire l'amour-propre du maréchal. L'adresse de Beauvais étant bien connue, on lui donna carte blanche. L'envoyé d'Espagne se fit alors introduire près de Biron, et parvint à s'insinuer dans sa confiance, en faisant luire à ses yeux les plus séduisantes espérances. En même temps, à la cour de Bruxelles, auprès de laquelle Henri IV avait envoyé son compagnon d'armes pour faire signer à l'archiduc la paix de Vervins, on l'enivrait de flatteries. Bref, au bout de quelques mois, Biron s'était rendu, et l'on prétend qu'oubliant ses devoirs, il s'engageait à soutenir les catholiques de France s'ils venaient à prendre les armes. A la même époque, le duc de Savoie arrivait à Paris. Son voyage avait pour but apparent un accommodement amiable relativement aux prétentions de la France sur le marquisat de Saluces; en réalité, il s'agissait d'un arrangement avec Biron. Dans cette vue, le duc ne négligea rien pour enflammer le mécontentement du maréchal, et il réussit à le lier par écrit avec lui et le comte de Fuentès, gouverneur du Milanais. Grisé sans doute par le succès de sa négociation, le duc, au moment de repasser la frontière, laissa échapper une parole de défi, qui fut interprétée comme l'indice d'une conspiration ourdie contre l'État. Sans hésiter les soupçons se portèrent sur Biron, dont la conduite semblait depuis quelque temps extraordinaire. Nonobstant, la guerre ayant été déclarée par la France à la Savoie, il avait été chargé des premières opérations, et il s'était acquitté de cette tâche avec succès, jusqu'au moment où le duc de Savoie lui avait, dit-on, proposé de l'aider à se défaire de Henri IV. Tout d'abord Biron avait repoussé cette ouverture avec indignation. Mais, circonvenu par les intrigants qui l'entouraient, il s'était accoutumé peu à peu à l'idée de cette trahison. Il paraît même établi qu'au siège du fort Sainte-Catherine, il avait averti le gouverneur ennemi de diriger le feu de son artillerie sur l'endroit où le roi viendrait probablement visiter la tranchée, puis que, reculant devant ce guet-apens, il avait, au dernier moment, détourné le roi de s'y rendre.

Au retour de la campagne, Henri, informé officiellement à Lyon des menées du maréchal, le prit un jour à part, et lui adressa de vifs reproches. Biron se jeta à ses pieds, et lui fit un aveu complet : « Sire, ajouta-t-il, veuillez prendre en considération la grande déplaisance que me causait l'inactivité à laquelle j'étais réduit lorsque cela a commencé : je n'avais plus qu'à entendre les compliments et les flatteries de gens astucieux, moi élevé uniquement pour le noble métier de la guerre, et qui ne pouvais me défier des artifices que des traîtres employaient pour me perdre. »

Henri l'embrassa et lui promit d'oublier le passé. D'Epernon, qui avait une longue habitude des cours, avait fait entrevoir à Biron le danger pour lui de ne pas prendre une absolution légale. Celui-ci crut préférable de se fier à la parole de Henri.

A partir de ce moment, le roi traita Biron comme si le maréchal ne lui eût jamais donné de motifs de plainte. Il l'envoya à Londres pour faire part à Elisabeth de son mariage avec Marie de Médicis, puis le nomma son ambassadeur en Suisse. Mais, chose inconcevable, dans le même temps le maréchal renouait avec le duc de Savoie et le roi d'Espagne. On lui promettait, paraît-il, la main d'une princesse espagnole et la souveraineté du duché de Bourgogne et de Franche-Comté. L'intrigue ne devait pas tarder à être découverte.

Biron avait auprès de lui un de ses parents éloignés, intrigant subalterne, nommé Lafin. Le maréchal l'avait fait le confident de ses menées. Mis au courant des coupables agissements de Biron, le roi songea à s'adresser à Lafin pour connaître l'exacte vérité. Cet homme, accessible à la séduction, dévoila la conspiration. Pour en fournir des preuves, il déroba adroitement des papiers parmi lesquels se trouvait le traité de Biron avec l'Espagne, ainsi que la correspondance qui avait eu lieu à ce sujet, et remit le tout à Henri. Le roi assembla aussitôt son conseil, qui déclara nécessaire de s'assurer de la personne du maréchal, alors en Bourgogne. Mandé à Fontainebleau, où la cour se trouvait, Biron s'y présenta avec assurance. Là, le roi mit tout en œuvre pour obtenir l'aveu d'un crime qu'il se réservait de pardonner ; mais, loin de reconnaître ses torts, le maréchal s'emporta en menaces contre ses accusateurs, et, comme Henri insistait, il s'écria avec fierté : « Ah ! sire, c'est par trop pousser un homme de bien. »

Le lendemain, le roi, après avoir joué avec le maréchal jusqu'à minuit, le prit de nouveau à part et renouvela sans plus de succès ses efforts pour obtenir un aveu. C'en était assez. Au moment où le maréchal franchissait la porte et entrait dans l'antichambre, Vitry, capitaine des gardes, s'approcha et lui dit :

— Monsieur, le roi m'a commandé de lui rendre compte de votre personne.

— Tu railles, Vitry, dit le maréchal.

— Non, monsieur le maréchal ; j'obéis au roi, et c'est en son nom que je vous demande votre épée.

— Hé ! reprit Biron, laisse, que je parle au roi.

— Cela ne se peut, monsieur le maréchal ; le roi est retiré.

Alors Biron remit son épée en s'écriant : « Elle qui a rendu tant de services ! »

Après être demeuré pendant quelques jours sous la garde de Vitry, Biron fut conduit à la Bastille, et il fut enjoint au parlement de lui faire son procès. En présence des pièces livrées par Lafin, l'issue de ce procès ne pouvait être douteuse ; aussi la famille entière de Biron, au lieu de songer à le défendre, ne chercha-t-elle qu'à le sauver en implorant la pitié de Henri. Le 10 juin, le roi étant dans la grande galerie du château de Saint-Maur-des-Fossés, entouré d'une partie de sa cour, M. de La Force, frère du maréchal, accompagné de sa famille, vint se jeter à ses pieds. Le roi lui ordonna de se relever, et répondit :

— J'ai toujours reçu les requêtes des amis de Biron en bonne part, ne faisant pas comme mes prédécesseurs, qui n'ont jamais voulu que les amis et parents des coupables parlassent pour eux. Quant à la clémence dont vous voulez que j'use envers Biron, s'il n'y allait que de mon intérêt particulier, je lui pardonnerais, comme je lui pardonne de grand cœur ; mais il y va de mon Etat, auquel je dois beaucoup, de mes enfants qui pourraient me le reprocher, et de tout mon royaume. Je laisserai faire le cours de la justice. J'apporterai ce que je pourrai à son innocence ; je vous permets d'y faire ce que vous pourrez... Mais avoir entrepris contre son bienfaiteur, cela ne se peut supporter. »

Le maréchal, qui avait jusque-là conservé beaucoup d'espérance, ayant appris le peu de succès de la démarche faite par sa famille, commença à perdre sa placidité, et ayant remarqué que, depuis, on entrait dans sa chambre sans armes, et qu'on le servait avec des couteaux sans pointe, il s'écria : « Je vois bien qu'on me veut faire tenir le chemin de la Grève ! » Il se décida alors à implorer la clémence du roi, et il lui écrivit une longue épître qui se terminait ainsi : « ... Voyez cette lettre de l'œil que Dieu a accoutumé de voir les larmes des pécheurs repentants, et surmontez votre juste courroux pour réduire cette victoire en la grâce que je vous demande. »

Le roi ne répondit pas à cette supplique, et l'instruction se continua. Lorsqu'elle fut terminée, le gouverneur de Paris, ayant reçu l'ordre de conduire le maréchal au parlement, se présenta dans sa chambre ; il dit au prisonnier que la cour était assemblée sous la présidence de M. le chancelier, et que l'on n'attendait plus que sa présence. Biron s'habilla sans proférer une parole. Il fut introduit dans l'enceinte où siégeaient ses juges, au nombre de cent onze. On le fit asseoir sur la sellette destinée aux accusés, et l'on procéda à son interrogatoire. Celui-ci terminé, le greffier donna lecture des chefs d'accusation portés contre le maréchal, pour haute trahison, lèse-majesté, etc. Biron écouta cette lecture avec le plus grand calme ; dès qu'elle fut terminée :

« Si j'ai commis quelque faute, dit-il, le roi me l'a pardonnée à Lyon, il ne vous appartient donc pas d'en connaître. Je n'ai point obtenu de lettres d'abolition, il est vrai, mais c'est une formalité dont l'omission ne peut me mettre en danger ; c'était au roi à me les faire expédier. Le projet de traité qui sert de base à l'accusation est de ma main, mais la date est antérieure aussi au voyage de Lyon. D'ailleurs, mon malheur a cette consolation qu'aucun de vous, messieurs, n'ignore les services que j'ai rendus à l'État. Je vous ai rétablis sur les fleurs de lis d'où les saturnales de la ligue vous avaient chassés. Ce corps, qui dépend de vous aujourd'hui, n'a rien qui n'ait saigné pour vous ; cette main qui a écrit ces lettres produites contre moi, a fait tout le contraire de ce qu'elle écrivait. J'ai parlé, il est vrai, plus que je ne devais faire ; mais où est la loi qui punit de mort la langue et le mouvement de la pensée ? Je pouvais bien desservir le roi en Angleterre et en Suisse. Cependant j'ai été irréprochable dans ces deux ambassades. Assuré de mon pardon, je disais en moi-même : Le roi connaît trop le fond de mon cœur pour soupçonner ma fidélité ; que s'il ne m'a donné la vie que pour me faire mourir, un tel procédé n'est pas digne de sa grande âme, et ne peut lui être inspiré que par les ennemis de sa gloire et par les miens. J'ai voulu faire mal, mais ma volonté n'a point passé les bornes d'une première pensée enveloppée dans les nuages de la colère et du dépit ; et ce serait chose bien dure que ce fût par moi qu'on commençât à punir les pensées. La reine d'Angleterre m'a dit que si le comte d'Essex eût demandé pardon, il l'eût obtenu. Le comte était coupable, et moi je suis innocent ! Henri peut-il avoir oublié mes services ? Ne se souvient-il plus du siège d'Amiens, où il m'a vu tant de fois couvert de feu et de plomb ? Il ne m'a jamais aimé que tant qu'il a cru que je lui étais nécessaire ; il éteint le flambeau en mon sang après qu'il s'en est servi. Mon père a souffert pour lui mettre la couronne sur la tête ; j'ai reçu quarante blessures pour la maintenir ; et, pour récompense, il m'abat la tête des épaules. C'est à vous, messieurs, d'empêcher une iniquité qui déshonorerait son règne et de lui conserver un bon serviteur et au roi d'Espagne un grand ennemi. »

Ce discours terminé, le maréchal fut reconduit à la Bastille. Il paraissait très satisfait de ce qu'il avait dit, et de l'impression que ses paroles semblaient avoir produite sur l'auditoire, quoiqu'il ne se fît pas illusion sur les sentiments du chancelier. Ce dernier, en effet, après le départ de l'accusé, avait pris la parole, et il s'était efforcé de démontrer que des considérations personnelles, quelles qu'elles fussent, ne devaient pas faire taire la conscience des juges et soustraire le coupable à une condamnation méritée. L'arrêt fut alors prononcé ; il déclarait Biron coupable de lèse-majesté, et le condamnait à avoir la tête tranchée en place de Grève.

Le jour fixé pour l'exécution, le chancelier, M. de Sillery, et trois maîtres des requêtes arrivèrent à la Bastille. Comme ils traversaient la cour, la femme du concierge, qui les accompagnait, se prit à pousser des gémissements. A ce bruit, Biron s'approcha des barreaux de sa fenêtre, et, voyant de quoi il s'agissait, il s'écria : « Quelle injustice ! faire mourir un homme innocent... » Sans répondre, le chancelier ordonna que l'on conduisît le condamné à la chapelle, laquelle était située au-dessous. Biron s'emporta et, pendant une heure, il ne fit entendre que cris, menaces et imprécations.

« Quoi ! monsieur, dit-il avec véhémence au chancelier, vous qui avez le visage d'un homme de bien, vous souffrez que je sois misérablement condamné !... Ah ! monsieur, si vous n'eussiez témoigné devant ces messieurs que le roi voulait ma mort, ils ne m'auraient pas condamné... Monsieur ! vous avez pu empêcher ce mal, et vous ne l'avez pas fait ! Vous en répondrez devant Dieu !... Oui, devant Dieu, où je vous appelle dans l'an. »

En parlant ainsi, il frappait rudement sur le bras du chancelier. Lorsqu'il parut enfin calmé, le chancelier l'invita à ne plus penser qu'à l'éternité, et il lui demanda, de la part du roi, de faire remise de son ordre. Biron le tira de sa poche, roulé dans son cordon bleu, car il ne l'avait point porté depuis son arrestation, et il dit en le remettant : « Le voici, monsieur ; je jure ma part de paradis que je n'ai jamais contrevenu aux statuts de l'ordre. »

Se tournant ensuite vers un docteur nommé Garnier, qui avait été envoyé près de lui pour lui offrir les consolations de la religion, il reprit : « Je n'avais pas besoin de vous, monsieur, et vous ne serez pas en peine de me confesser. Ce que je dis ici tout haut est ma confession. Il y a huit jours que je me confesse ainsi ; même la nuit dernière, je voyais les cieux ouverts, et il me semblait que Dieu me tendait les bras. » Puis, récriminant de nouveau contre Lafin qui l'avait trahi : « Quoi ! s'écria-t-il, le roi ne permettra-t-il pas à mes frères de faire faire le procès à ce méchant ? Par le Dieu vivant et ma part de paradis ! ce méchant et déloyal m'a perdu, et je donne ma vie pour sauver la sienne. »

Comme le chancelier se retirait, Biron demanda de n'être pas lié par le bourreau, ce qui lui fut accordé. Le greffier alors s'approcha de lui : « Monsieur, lui dit-il, je dois vous lire votre arrêt, et il est nécessaire que vous fassiez acte d'humilité. — Je le veux bien, mon ami, répondit le maréchal ; que veux-tu que je fasse ? — Il faut vous mettre à genoux. » Il s'approcha de l'autel, sur lequel il s'appuya du coude, tenant son chapeau à la main, et il mit le genou en terre. Il écouta d'abord avec calme la lecture que faisait le greffier ; mais, en entendant ces mots : « Pour avoir attenté aux jours du roi, » « Cela est faux ! » s'écria-t-il d'une voix tonnante. Plus loin, le greffier lisant le passage qui ordonnait l'exécution en place de Grève, il l'interrompit de nouveau par ces mots : « Moi en Grève !... » « On y a pourvu, répondit le greffier, ce sera céans ; le roi vous fait cette grâce. » Enfin, lorsque le greffier en vint à l'article qui déclarait tous ses biens confisqués

et le duché de Biron réuni à la couronne : « Le roi se veut-il enrichir de ma pauvreté ? dit-il. La terre de Biron ne peut être confisquée ; je ne la possédais point par succession, mais par substitution. Et mes frères, que feraient-ils ? Le roi devrait se contenter de ma vie. »

Cependant l'échafaud avait été dressé à l'une des extrémités de la cour. A cinq heures, le greffier dit au maréchal qu'il était temps de descendre. Biron descendit d'un pas ferme, et s'avança résolument à travers les gardes, les officiers et les magistrats qui remplissaient la cour. Arrivé au pied de l'échelle, il jeta son chapeau, s'agenouilla, fit une courte prière, puis gravit les degrés ; là il ôta son pourpoint, en déclarant de nouveau, à haute voix, que jamais il n'avait eu la pensée d'attenter à la vie du roi. Après avoir reçu l'absolution du prêtre, il se tourna vers les soldats qui gardaient la porte : « Que je voudrais bien, s'écria-t-il, que quelqu'un de vous me donnât d'une mousquetade au travers du corps ! » Le greffier lut alors l'arrêt. La lecture terminée, Biron se banda lui-même les yeux et se mit à genoux pour recevoir le coup mortel ; mais, se ravisant soudain, il arracha le mouchoir et, jetant un regard menaçant sur le bourreau qui s'avançait pour lui lier les mains et lui couper les cheveux : « Que l'on ne m'approche pas ! s'écriat-il ; je ne le souffrirai point... Si l'on m'irrite, j'étranglerai la moitié de ceux qui sont ici. »

Toutefois, il se calma promptement, et ayant aperçu Baranton qui l'avait gardé durant sa captivité, il le pria de lui bander les yeux et de lui retrousser les cheveux, ce qui fut fait.

— Dépêche ! dit-il alors au bourreau.

— Monsieur le maréchal, répondit celui-ci, il faut dire votre *In manus*.

A ces mots il saisit l'épée que lui présentait son valet, et, d'un coup rapide, il fit voler la tête du condamné. Le corps fut enterré le soir même dans l'église Saint-Paul.

Ainsi périt, le 30 juillet 1602, cet homme, que son courage avait placé si haut, et que sa folle ambition devait perdre.

Au nombre des personnages compromis dans l'affaire du duc de Biron était le comte d'Auvergne. Jeune, emporté, fougueux, il s'était jeté tête baissée dans cette intrigue, poussé plutôt par esprit aventureux et par un irrésistible besoin d'activité que pour servir un parti quelconque. Comme Biron, il avait été mis à la Bastille, comme lui il était menacé de mort. Mais Henri IV était alors violemment épris d'Henriette d'Entragues, dont il n'avait pu obtenir les bonnes grâces qu'en lui souscrivant une promesse de mariage. Henriette, qui était sœur utérine du comte d'Auvergne, n'avait pas eu de peine à obtenir le pardon de son frère. Plus tard, étant moins amoureux, le roi avait voulu ravoir la promesse matrimoniale qu'il avait si légèrement signée. Non seulement Henriette refusait de la rendre, mais elle avait appelé son père et son frère pour l'aider dans le projet qu'elle avait conçu de faire reconnaître dauphin le fils qu'elle avait eu du roi. Le comte d'Auvergne s'était mis cœur et bras au service de sa sœur, et, renouant à ce propos les anciennes relations avec la cour d'Espagne, il avait poussé les choses avec tant d'ardeur que la conspiration, en peu de temps, était devenue l'une des plus formidables que le roi eût eu à redouter. Tandis, en effet, que les Espagnols se préparaient à franchir la frontière, d'Épernon, le duc de Bouillon et le duc de Montmorency, qui étaient au nombre des conjurés, s'assuraient de points stratégiques et levaient des troupes. Tout était prêt ; le comte d'Auvergne s'était retiré dans la Limagne, dont la population lui était dévouée, et d'Entragues s'était fortifié dans son château de Marcoussis. Mais il est rare qu'en France les conspirations les mieux conçues aboutissent : si l'on y agit beaucoup, on y parle plus encore. Henri IV, à peine convalescent d'une grave maladie, pendant laquelle Henriette lui avait arraché l'autorisation de se retirer avec son fils à Cambrai, alors au pouvoir des Espagnols, eut vent de la trame ourdie contre lui. Aussitôt l'ordre est donné d'arrêter le comte d'Auvergne et le comte d'Entragues ; quant à Henriette, le roi se contenta de la faire garder à vue chez elle. Le comte d'Auvergne fut, pour la seconde fois, conduit à la Bastille. Mais la promesse de mariage, signée du roi, existait toujours ; c'était cette pièce qu'il importait à Henri de recouvrer, et il comprenait bien que la mort des conjurés ne remplirait pas son but. Se sentant trop faible pour en parler en maître à Henriette qui pourtant, par son ordre, était prisonnière, il fit extraire de la Bastille et comparaître devant lui le comte d'Auvergne.

— Çà, monsieur, lui dit-il, si vous avez juré de vous perdre, vous devriez bien avoir souci des vôtres ? Quoique emprisonné, vous ne devez pas ignorer que votre beau-père et une autre personne qui vous est chère sont entre mes mains, et qu'ils souffrent à cause de vous. Une fois déjà je vous ai fait grâce de la vie ; aujourd'hui ne me poussez pas hors des bornes.

— Sire, répondit le comte, sans doute vous avez la toute-puissance, mais vous avez promis, et le roi est trop bon gentilhomme pour ne pas tenir sa promesse.

— Vous ne voyez donc pas que je vous veux tout le bien que vous pouvez désirer ?

— Sire, nous avons assez de bien ; nous ne voulons pas l'augmenter. Ce qui nous importe, c'est l'honneur de ma sœur.

— Est-ce qu'il n'est pas intact ?

— Ah ! sire, prenez garde que vous dites oui quand j'ai dit non.

— Une menace ! à moi !

— Ne suis-je pas aussi bon gentilhomme que personne ?

— Cette fierté me plaît, ventre-saint-gris ! et je veux mener la chose à fin. Mais, avant tout, il me faut des informations sur le complot.

— Si cependant il n'y avait pas eu de complot !… Tenez pour vrai, sire, que nous n'avons rien tenté qu'en vue de sauvegarder l'honneur de notre nom.

— Hum !… Voyons, si, par impossible, une atteinte avait été portée à votre honneur, je vous donne ma parole qu'il y sera fait droit. Mais, préalablement, l'écrit que vous savez sera remis entre mes mains.

— Avec tout le respect que je dois à Votre Majesté, sire, je ne puis pas ne pas vous faire remarquer que vous nous offrez votre parole verbale pour que nous vous aidions à manquer à votre parole écrite.

— Traître et fils de traître ! s'écria à ce moment le roi qui, depuis quelques instants, ne se contenait qu'avec peine, osez-vous bien me braver quand j'ai en main les preuves de votre trahison, quand d'un mot je puis anéantir vous et votre race ! Qu'il en soit donc ce qu'il plaira à Dieu, et que la justice ait son cours !

Cette menace n'eut pas plus d'effet sur le comte que les paroles de conciliation ; il fut donc reconduit dans sa prison. Le roi, furieux, jura que les coupables paieraient de leur vie les tourments qu'ils lui causaient ; mais lorsque sa colère fut un peu tombée, l'image de la belle Henriette, dont il était toujours épris, se présenta à son esprit, et sa résolution s'émoussa. Henriette, qui plus d'une fois avait mis à l'épreuve l'attachement de son amant, ne doutait pas qu'il en fût de même cette fois, et que Henri ne vînt solliciter son pardon : aussi la captivité n'avait-elle fait que rendre son humeur plus hautaine, et aux représentations que lui faisait faire le roi, alors qu'on lui démontrait que la conspiration était prouvée jusqu'à l'évidence par les pièces saisies, et qu'il était impossible qu'elle échappât à une condamnation, elle répondait qu'elle avait fait le sacrifice de sa vie, et qu'elle mourrait contente en proclamant que le roi ne la sacrifiait qu'afin de pouvoir renier le fils qu'elle lui avait donné.

Henri essaya aussi de l'intimidation sur le comte d'Entragues. Croyant n'avoir été arrêté que sur des soupçons, celui-ci montra d'abord autant d'assurance que sa fille; mais quand on lui eut représenté les lettres du roi d'Espagne, desquelles il résultait manifestement que ce souverain s'engageait à faire proclamer comme dauphin le duc de Verneuil, pourvu que la personne du jeune prince lui fût remise; à donner plusieurs places fortes aux comtes d'Auvergne et d'Entragues, et à leur servir à chacun une pension de vingt mille ducats, il commença à trembler, et offrit, en échange de sa grâce, de remettre la promesse de mariage. Henri, qui eût accordé plus encore, promit donc la liberté à Entragues, et celui-ci ayant indiqué le lieu où il avait caché l'écrit, la pièce rentra enfin aux mains du roi.

Henri pensait que la marquise et son frère, le sachant en possession de cet acte, deviendraient plus traitables; il n'en fut rien. Furieux d'être ainsi tenu en échec, le roi ordonna de presser le procès, et, à quelques jours de là, le premier président, Achille de Harlay, se rendait à la Bastille pour commencer l'interrogatoire. Le comte d'Auvergne déclara qu'il n'avait eu d'intelligences en Espagne qu'avec l'agrément du roi, lequel, pendant sa maladie, avait autorisé la marquise et son fils à se retirer à Cambrai, occupé alors par les Espagnols; et il représenta cette autorisation. Quant à Henriette d'Entragues, elle refusa de répondre aux questions qui lui furent adressées. Cette attitude, toutefois, ne pouvait sauver le frère ni la sœur, puisque, indépendamment des preuves écrites, ils avaient contre eux les aveux faits par leur père; ils furent donc condamnés, par arrêt du parlement, les deux comtes à être décapités, et Henriette à une prison perpétuelle dans un couvent.

Henriette entendit la lecture de cet arrêt sans témoigner d'autre sentiment que l'indignation. Et comme il lui était insinué qu'elle obtiendrait sûrement sa grâce et celle de son frère si elle la demandait, elle répondit qu'elle n'en ferait rien, et qu'elle mourrait avec joie, étant sûre que les remords du roi ne tarderaient pas à la venger. Toutefois, cette résolution ne tint guère quand on lui dit que le roi avait donné ordre de lui enlever son fils, qu'elle ne pouvait emmener au couvent. L'amour maternel fit ce que n'avaient pu faire les prières ou les menaces. Henriette écrivit donc au roi, et lui demanda la vie et la liberté pour son frère et pour elle. Cette soumission tant désirée causa à Henri IV plus de joie que le gain d'une bataille. Grâce pleine et entière fut aussitôt accordée au comte

d'Entragues, qui avait déjà la parole du roi, et à la marquise de Verneuil; mais la peine prononcée contre le comte d'Auvergne fut seulement commuée en une prison perpétuelle. On croyait que par cette rigueur le roi voulait se réserver le moyen d'arriver à une réconciliation complète avec la marquise; il n'en était cependant rien, car, bien que Henriette d'Entragues eût conservé tout son empire sur le cœur de l'amoureux monarque, elle ne put obtenir que la liberté fût rendue à son frère.

Le comte d'Auvergne, lorsqu'on lui annonça la commutation de peine, déclara qu'il entendait s'en tenir aux termes de l'arrêt, et qu'il en demandait la prompte exécution; mais il lui fallut subir la rigoureuse clémence du roi, et quatorze ans s'écoulèrent sans qu'il vît la lumière du soleil autrement que par l'étroite fenêtre de la cage de pierre où il était enfermé. Tombé dangereusement malade, plusieurs fois il fut en danger de mort sans qu'on songeât pour cela à adoucir la rigueur de sa captivité. Enfin Sully, alors gouverneur de la Bastille, se sentit pris de pitié pour ce malheureux; il le fit transporter dans un pavillon, où des soins convenables lui furent donnés. Il y était encore lorsque la mort du roi lui rendit la liberté.

IX

C'est en vain que jusqu'ici les historiens ont cherché à découvrir par qui a été dirigée la main de Ravaillac, assassin de Henri IV. En considérant que, lors de cet événement, le roi avait délaissé Henriette d'Entragues, femme haineuse et vindicative, et que, dans les derniers temps, elle avait fait de fréquentes visites au comte d'Auvergne, qui ne pouvait pas espérer d'être mis en liberté du vivant du roi, nous ne serions pas éloigné de croire que le poignard de Ravaillac a été aiguisé à la Bastille.

En recouvrant la liberté, le comte d'Auvergne avait eu la singulière fantaisie d'écrire sur la porte du pavillon qu'il quittait : *Chambre à louer*. Un nouveau locataire y arriva bientôt : ce fut le prince de Condé, arrêté par ordre de la reine mère, Marie de Médicis, et de son favori, le maréchal d'Ancre.

La fortune rapide de ce favori et de sa femme avait suscité bien des jaloux à la cour; le prince de Condé s'était montré l'un de leurs plus ardents adversaires. L'intrigue qu'il menait prit bientôt les proportions d'une véritable conspiration, et les conjurés n'attendaient qu'un mot de lui pour lever l'étendard de la révolte, lorsque Concini obtint de la reine l'ordre de faire arrêter le prince. Condé fut confié à la garde de Thomines, gentilhomme gascon, dévoué à Marie de Médicis, le seul qui eût osé porter la main sur un prince du sang. Cet exploit lui avait valu le bâton de maréchal; mais, ayant charge de geôlier, il voulait en avoir aussi les bénéfices, et il demanda le commandement de la Bastille, dont le gouverneur était alors Châteauvieux. Or ce commandement était en même temps convoité par un lieutenant de Châteauvieux, nommé Rose, et ce fut Rose qui l'obtint. Furieux de l'injustice qu'il prétendait lui être faite, Thomines s'enferma dans la Bastille et déclara qu'il n'en sortirait point; il fallut envoyer des troupes pour l'en tirer, et l'on eut alors le singulier spectacle d'un homme sortant malgré lui de prison.

Six mois s'étaient écoulés depuis l'arrestation du prince de Condé. Bien que des charges graves s'élevassent contre lui, et qu'il eût été facile de prouver qu'il avait eu l'intention de s'emparer de l'autorité royale, il ne paraissait pas qu'on songeât à lui faire son procès. Il fallait donc quelque événement fortuit pour le faire sortir de la Bastille. C'est ce qui arriva.

La captivité du prince n'avait pas découragé les ennemis de Concini; ils continuaient à circonvenir le roi, lui représentant que son autorité était annihilée, que cet étranger exerçait une toute-puissance scandaleuse. Louis XIII fut longtemps à prendre une résolution; pourtant, on parvint à la fin à éveiller en lui quelque semblant d'énergie. Le 24 avril 1617, ayant fait appeler son favori Albert de Luynes, il lui dit de se préparer à l'accompagner à la chasse.

— Mais, sire, répondit le favori, que diront madame la reine et le maréchal, qui veulent que vous assistiez au conseil, même quand on n'y traite que de minuties?

— Mon Dieu! s'écria le monarque, quand cesserai-je donc d'être ainsi tyrannisé?... N'est-ce pas ton avis, Luynes, qu'il faut que cela change?

— Je suis trop dévoué à Votre Majesté pour n'être pas indigné des atteintes portées à son pouvoir.

— Eh bien! aide-moi donc à me débarrasser de cet Italien.

— Ma vie vous appartient, sire.

Aussitôt il alla trouver Vitry, capitaine des gardes, et lui rapporta les paroles du roi. Vitry, dont l'audace égalait l'ambition, saisit l'occasion, de frapper un coup décisif, et la mort de Concini fut résolue. Une heure après le maréchal d'Ancre entrait au Louvre, lorsque Vitry, accompagné de Persan, son beau-frère, et d'un autre officier, s'avança vers lui et, au nom du roi, lui demanda son épée. Concini fi un geste de surprise; feignant de prendre ce geste pour une tentative de résistance, Persan lui tira un coup de pistolet à bout portant. Le maréchal tomba mort.

— Enfin me voici roi! s'écria Louis XIII, quand on vint lui conter la nouvelle.

Et, tout échauffé par un si bel exploit, il ordonna que sa mère fût gardée à vue; puis, frappant familièrement son capitaine des gardes sur l'épaule:

— Je suis content de toi, Vitry, lui dit-il, et pour récompense je te fais maréchal à la place de ce méchant Italien. Quant à toi, Persan, je te donne le gouvernement de la Bastille, où tu vas conduire incontinent le trésorier Barbin, qui a si mal administré les finances de concert avec ma mère. Quant à la femme de Concini, j'entends la faire juger par le parlement.

Persan courut s'emparer du trésorier qui, à demi mort de frayeur, se laissa mener à la Bastille sans prononcer un mot. La maréchale, au contraire, qui venait d'apprendre la mort tragique de son mari, montra beaucoup de dignité.

— Je suis prête à vous suivre, dit-elle à Persan; mais je vous défends de porter la main sur moi. Le roi peut disposer de ma liberté; il ne peut vouloir qu'une femme honorée de l'amitié de sa mère soit souillée par le contact d'un assassin... Dois-je vous suivre ou marcher devant vous?

Madame d'Ancre sortit d'un pas assuré; elle monta dans la voiture qui était à sa porte et qui, environnée de gardes, se dirigea vers la Bastille. Persan était déjà dans la forteresse et s'en était fait remettre le commandement. Lorsque la maréchale y arriva, ce fut lui qui la reçut et qui la conduisit au local qu'il lui avait destiné. La prisonnière traversa la grande cour et l'allée qui conduisait à la cour du Puits. A l'extrémité de cette dernière, l'escorte s'arrêta, et un des guichetiers ouvrit une porte placée en face d'un escalier de pierre noir et humide qui semblait s'enfoncer dans les entrailles de la terre.

— Eh quoi! s'écria la maréchale saisie d'effroi, allez-vous m'enterrer toute vive?

— Madame, répondit Persan, c'est l'ordre du roi.

— Cela est impossible! Mes paroles vous ont offensé tantôt, et c'est une affreuse vengeance...

Le guichetier avait déjà descendu quelques marches. Au lieu d'avancer, la prisonnière recula comme frappée d'horreur.

— Monsieur dit-elle, agitée par un mouvement convulsif, grâce !... je vous demande grâce...

Elle n'en put dire davantage et tomba évanouie. Lorsqu'elle reprit ses sens, elle était dans un de ces horribles cachots dont nous avons déjà fait la description ; le sol, dans un coin, était couvert d'un peu de paille, et c'était sur cette paille qu'on avait déposé l'infortunée. Quelques jours après, lorsqu'on la tira de ce tombeau pour la conduire à la salle des interrogtoires, elle était méconnaissable.

Ce n'était d'ailleurs pas sans peine qu'on avait trouvé des griefs contre elle. Sans doute elle avait été vaine, fantasque dans son humeur ; mais on ne fait pas couper la tête à quelqu'un pour cela. Faute de mieux, on lui imputa à crime quelques lettres insignifiantes qu'elle avait écrites à Bruxelles et à Madrid ; on l'accusa d'avoir été complice de l'assassinat de Henri IV, et, en désespoir de cause, on la dit magicienne et sorcière. Dans le cours d'un de ses interrogatoires, on lui demanda si elle n'avait pas fait encenser par des religieux, avec un encensoir d'argent, les quatre coins de sa maison, et si elle n'avait pas fait porter à l'église des Augustins un coq vivant et plumé, lequel, posé sur le maître-autel, avait chanté trois fois.

— Il paraît certain, lui dit le juge, que vous avez ensorcelé la reine mère, car on ne saurait expliquer autrement le pouvoir que vous aviez sur elle.

— Ce pouvoir, répondit la maréchale, n'était autre que celui qu'ont les âmes fortes sur les faibles.

Le procès, commencé à la Bastille, se termina à la Conciergerie, où la maréchale avait été transférée. Le 8 juillet 1617, un arrêt la déclarait coupable de lèse-majesté divine et humaine, et ordonnait qu'en réparation de ces crimes sa tête serait séparée de son corps, le tout brûlé, et les cendres jetées au vent. Comme on s'apprêtait à lui lire cet arrêt, elle voulut s'envelopper la tête de ses coiffes, afin de cacher les larmes qui mouillaient ses yeux ; mais on la força d'écouter à visage découvert. Cet excès de cruauté sembla lui rendre tout son courage. Traînée au supplice dans un tombereau, elle ne cessa de promener sur la foule un visage tranquille : ni l'aspect de l'échafaud, ni le sifflement des flammes qui semblaient réclamer leur proie, ne purent altérer la sérénité de ses traits. Tant de courage changea subitement les sentiments du peuple, qui l'avait si longtemps comprise dans ses malédictions : il y eut des larmes dans tous les yeux, et ce fut au milieu d'un silence morne que s'exécuta la sentence arrachée à des juges sans conscience.

Peu de temps après cette exécution, le prince de Condé fut transféré de la Bastille à Vincennes, ainsi que la princesse sa femme qui était venue partager sa captivité. Quant au trésorier Barbin, il habitait toujours le cachot que Persan lui avait assigné ; mais la reine mère, qui, bien qu'exilée, ne cessait d'intriguer, et qui craignait les révélations de l'ex-trésorier, parvint à obtenir du gouverneur qu'il traitât moins mal son prisonnier. Barbin fut donc transféré dans une des chambres de la tour de la Liberté. Cet adoucissement lui rendit quelque espoir : connaissant Persan de longue date, il pensa qu'il ne lui serait pas impossible de faire de cet homme l'instrument de son salut. Il demanda donc à lui parler, disant qu'il avait à faire des révélations de la plus haute importance.

— Monsieur le gouverneur, dit-il à Persan, je sais que vous voyez les choses de haut ; je prendrai donc la liberté de vous soumettre le petit calcul que voici...

Persan, qui s'attendait à des révélations, fronça le sourcil. Afin de le disposer convenablement, Barbin s'empressa d'ajouter que les confidences qu'il désirait lui faire avaient rapport à la finance ; puis il reprit :

— Je suppose que votre gouvernement doit vous rapporter, bon an mal an, vingt-cinq mille livres tout compris, et j'admets comme certain que vous ne le garderez pas au delà de dix ans...

— Êtes-vous devenu fou ? exclama Persan.

— Loin d'être fou, monsieur le gouverneur, je me sens aujourd'hui plus de bon sens que jamais ; vous allez voir. Dix années à vingt-cinq mille livres l'une, cela fait deux cent cinquante mille livres, que vous aurez gagnées dans dix ans, alors que quelques poils blancs commenceront à se montrer dans votre barbe ; et pendant ces dix ans vous aurez bien mangé la moitié de la somme ; resteront cent vingt-cinq mille livres pour vos vieux jours...

— Maître Barbin...

— Si donc, continua Barbin sans tenir compte de l'interruption, si vous pouviez, en quelques heures, gagner cette somme que vous ne réaliserez ici que moyennant dix ans... on peut dire de captivité, il n'y aurait pas, semble-t-il, à hésiter. Eh bien ! voulant faire, à votre avantage, la part des éventualités, je porte le produit desdites dix années à cent mille écus, et j'offre de vous faire compter cette somme, si vous consentez à donner votre démission.

— Il paraît, fit le gouverneur, que les millions qui, du temps de Sully, étaient dans la tour du Trésor, et que vous en avez fait enlever, n'ont point passé tous par les mains de la reine mère. Voilà, comme vous disiez, une révélation toute financière : voyons la fin.

— Il n'y a pas d'autre fin, répondit Barbin ; seulement il y a quelques accessoires : d'abord, sous vos yeux, je vais écrire quatre lignes avec lesquelles vous pourrez, dans une heure, toucher le tiers de cette somme.

— Cent mille livres !

— En espèces sonnantes. Ensuite vous me permettrez d'écrire à la reine mère et de recevoir sa réponse...

— Je vois le piège, s'écria Persan.

— Vous lirez mes lettres et celles de la reine ; de plus, je serai toujours en votre puissance... puissance terrible dont j'ai fait l'épreuve... Chacune de mes lettres vous vaudra vingt-cinq mille livres, autant chaque réponse. Cela fait quatre lettres et quatre réponses pour les deux cent mille livres restant. Après quoi vous donnerez votre démission de gouverneur, ce qui ne vous empêchera pas d'être toujours en bonne posture près du roi et de M. de Luynes.

— Et vous ? demanda le gouverneur ébahi.

— Moi je resterai ici en attendant qu'il plaise à Sa Majesté de me donner des juges.

— J'avoue que je n'y comprends rien.

— Il me semble pourtant avoir dit des choses très claires : cent mille livres sur l'heure...

— Oui, je sais ; mais le dénouement ?

— Le dénouement, c'est que vous serez riche, et que peut-être je serai pendu.

— Eh bien ! voyons d'abord les quatre lignes.

Barbin s'assit devant le bureau du gouverneur et écrivit : « Mon fidèle serviteur Mathieu « Bernou remettra au porteur du présent, sans « interrogation aucune, la somme de cent mille « livres. » Et il signa.

— Vous savez où est mon hôtel ? dit-il en présentant à Persan le papier. Allez-y, sans autre engagement de votre part : je veux vous montrer que j'ai confiance en vous.

La tentation était trop forte. Persan se rendit à l'hôtel de Barbin, et, une heure après, il rentrait à la Bastille avec les cent mille livres. Il s'empressa de faire appeler Barbin, et lui dit qu'il pouvait choisir, entre tous les logements destinés aux prisonniers, celui qui lui conviendrait le mieux.

— Je ne veux déranger personne, répondit l'ex-trésorier, et je serai toujours bien, pourvu que votre bienveillance ne me manque pas. Et maintenant, monsieur le gouverneur, puis-je écrire ?

— Oui, car en cela je ne vois rien de contraire aux intérêts du roi.

Les lettres de Barbin à la reine mère par-

tirent donc, et les réponses vinrent, affranchies qu'elles étaient par vingt-cinq mille livres chacune. Mais Persan avait compté sans de Luynes qui l'avait entouré d'espions. On en était à la troisième lettre, et on attendait la deuxième réponse, lorsqu'un supplément de garnison, composé de Suisses, fut envoyé à la Bastille. Arrêté sur les ordres de de Luynes, Persan fut à son tour enfermé dans le cachot où il avait fait jeter la maréchale d'Ancre.

Le gouvernement de la Bastille fut abandonné à Bassompierre ; mais, peu de temps après, comprenant de quelle importance était cette forteresse, de Luynes pourvut Bassompierre d'une autre charge, et prit sa place. Cette dernière fantaisie du favori n'eut pas de durée : le titre de connétable que Louis XIII venait de lui donner le força à résigner ses fonctions en faveur du maréchal de Vitry, qui, bientôt après, céda lui-même son gouvernement à Breauté, frère de de Luynes.

Mais les lettres échangées entre la reine mère et Barbin, bien qu'insignifiantes en apparence, avaient eu un important résultat : la reine mère fut rappelée, le prince de Condé sortit de Vincennes, et Barbin recouvra sa liberté. Breauté, devenu duc de Luxembourg, ne tarda pas à laisser le gouvernement de la Bastille à Duhallier, frère de Vitry. C'est à ce moment qu'apparaît la grande figure de Richelieu.

X

La première victime du cardinal fut Bassompierre, qui avait été pendant quelques jours gouverneur de la Bastille. Nommé colonel général des Suisses, Bassompierre était à Lyon pendant la maladie dont le roi fut atteint dans cette ville. Richelieu, qui craignait et voyait partout des factions, lui demanda de consentir à mettre sous ses ordres directs les Suisses qu'il commandait. Froissé d'une pareille proposition, Bassompierre demanda si on le tenait pour traître, ajoutant que, s'il en était ainsi, il fallait le dire et le mettre en face de ses accusateurs. Comme tous les hommes forts, le cardinal était patient et savait prendre son temps : il parut prendre en bonne part cette bravade du maréchal ; mais lorsque sa toute-puissance fut assurée, il s'en souvint, et Bassompierre, arrêté par son ordre, fut conduit à la Bastille.

Ici nous citerons quelques extraits des Mémoires de Bassompierre ; ils peuvent donner une juste idée de la justice de cette époque.

« Le dimanche 23 février 1631, je dînai chez M. le maréchal de Créqui, et de là m'en allant à la place Royale chez M. de Saint-Géran, je

La Faymas s'empressa de réunir une chambre de justice.

m'accrochai avec le chariot qui portait à la Bastille le lit de l'abbé de Foix, qui y avait été amené prisonnier le matin, ce qui me fit savoir sa prise. Sur le soir, j'attendais l'heure de me rendre à la comédie, chez M. de Saint-Géran qui la donnait ce soir-là, quand M. d'Épernon m'envoya prier de venir jusque chez madame de Choisy, où il était ; et étant arrivé, il me dit que la reine mère avait été arrêtée le matin même, à Compiègne, d'où le roi était parti pour venir coucher à Senlis ; et finalement qu'il savait de bonne part qu'il avait été mis sur le tapis de nous arrêter, lui, le maréchal de Créqui et moi ; qu'il n'avait encore été rien conclu contre eux, mais qu'il avait été arrêté qu'on me ferait prisonnier le mardi, à l'arrivée du roi à Paris ; dont il m'avait voulu avertir afin que je songeasse à moi. Je lui demandai ce qu'il me conseillait de faire, ce que lui-même voulait faire. Il me dit que s'il n'avait que cinquante ans, il ne serait pas une heure à Paris, et qu'il se mettrait en lieu de sûreté, d'où après il ferait sa paix ; mais qu'étant proche de quatre-

vingts ans, il se sentait encore assez fort pour faire une traite, mais qu'il demeurerait en route le lendemain. C'est pourquoi, puisqu'il avait été si malhabile de venir faire encore le courtisan à son âge, il était bien employé qu'il en pâtît, et qu'il emploierait toute chose et mettrait toute pièce en œuvre pour se rétablir tellement quellement, et puis s'en aller finir ses jours dans son gouvernement. Mais pour moi, qui étais encore jeune et en état de servir et d'attendre une meilleure fortune, il me conseillait de m'éloigner et de conserver ma liberté ; et qu'il m'offrait de me prêter cinquante mille écus pour passer deux mauvaises années, que je lui rendrais quand il en viendrait de bonnes.

« Je lui rendis premièrement très humbles grâces de son offre, et lui dis que ma modestie m'empêchait d'accepter le dernier et ma conscience d'effectuer l'autre, étant innocent de tout crime, et n'ayant jamais fait aucune action qui ne méritât plutôt louange et récompense que punition. Que depuis trente ans je servais la France ; que je m'y étais attaché pour y faire ma fortune; que je ne voulais point, maintenant que j'approchais de cinquante ans, en chercher une nouvelle, et qu'ayant donné au roi mes services et ma vie, je lui pouvais bien donner ma liberté, qu'il me rendrait bientôt quand il jetterait les yeux sur mes services et ma fidélité. Qu'au pis aller, j'aimerais mieux vieillir et mourir en prison, jugé par un chacun innocent, et mon maître ingrat, que par une fuite inconsidérée me faire croire coupable et soupçonner méconnaissant des charges et honneurs que le roi m'avait voulu départir. Que je ne me pouvais imaginer qu'on voulût me mettre prisonnier, n'ayant rien fait, ni m'y tenir quand on ne trouvera aucune charge contre moi; et qu'au lieu de m'éloigner, je me résolvais, dès demain matin, de m'aller présenter au roi, à Senlis, ou pour me justifier si on m'accuse, ou pour entrer en prison si on me soupçonne.

« Le lendemain lundi, 24 février, je me levai devant le jour et brûlai plus de six mille lettres d'amour que j'avais autrefois reçues de diverses femmes, appréhendant que, si on me prenait prisonnier, on me vînt chercher dans ma maison, et qu'on y trouvât quelque chose qui pût nuire. Je mandai à M. le comte de Grammont que je m'en allais trouver le roi à Senlis, et que s'il voulait venir, je l'y mènerais volontiers. Ce qu'il fit. Et l'étant venu prendre en son logis, il monta dans mon carrosse et nous allâmes jusqu'au Louvre, où nous trouvâmes M. le cardinal de La Vallette et M. de Bouillon, qui montaient en carrosse, après s'être chauffés pour monter à Senlis. Il voulut que M. de Grammont et moi nous nous missions dans son carrosse pour y aller de compagnie; puis, en montant à la chambre avec moi, il me dit : « Je sais assurément qu'on vous arrêtera. Si vous m'en croyez, vous vous retirerez, et, si vous voulez, voilà deux coureurs qui vous mèneront bravement à dix lieues d'ici. » Je le remerciai et lui dis que, n'ayant rien sur la conscience, je ne craignais rien aussi, et que j'aurais l'honneur de l'accompagner à Senlis, où nous arrivâmes peu après, et trouvâmes le roi avec la reine sa femme dans sa chambre. Il vint à nous et nous dit: « Voilà bonne compagnie. » Puis, ayant un peu parlé à M. le comte et au cardinal de La Vallette, il m'entretint assez longtemps en me disant qu'il avait fait tout ce qu'il avait pu pour porter la reine mère à s'accommoder avec M. le cardinal, mais n'y avait rien su gagner. Puis je lui dis que l'on m'avait donné avis qu'il me voulait faire arrêter, et que je l'étais venu trouver afin qu'on n'eût pas de peine à me chercher. Il me dit là-dessus ces propres mots :

« Comment, Bassompierre, aurais-tu la pensée que je le voulusse faire? Tu sais bien que je t'aime. » Et certes, je crois bien qu'à cette heure-là il disait comme il pensait. Sur cela on vint lui dire que le cardinal était dans sa chambre, et lors il prit congé de la compagnie. Nous demeurâmes quelque temps chez la reine, et puis vînmes souper chez M. de Longueville, et de là retournâmes chez la reine, où était venu le roi après souper. Je vis bien qu'il y avait quelque chose contre moi, car le roi baissait toujours la tête, jouant de la guitare sans me regarder, et de toute la soirée ne me dit pas un mot.

« Le lendemain, mardi 25 février, le sieur de Launay, lieutenant des gardes du corps, entra dans ma chambre et me dit : « Monsieur, c'est avec la larme à l'œil et le cœur qui me saigne que moi, qui depuis vingt ans suis votre soldat et ai toujours été sous vous, suis obligé de vous dire que le roi m'a commandé de vous arrêter. » Je ne ressentis aucune émotion particulière à ce discours, et lui dis : « Monsieur, vous n'y aurez pas grand' peine, étant venu à ce sujet comme l'on m'en avait averti. J'ai été toute ma vie soumis aux volontés du roi, lequel peut disposer de moi et de ma liberté à sa volonté. » Peu après arrivèrent devant mon logis un carrosse du roi, ses mousquetaires à cheval et trente de ses chevau-légers. Je me mis en carrosse avec de Launay seul. Puis nous marchâmes, toujours deux cents pas devant le roi, jusqu'à la porte Saint-Martin, que je tournai à gauche, et, passant par la place Royale, on me mena dans la Bastille, où je mangeai avec le gouverneur du Tremblay. Puis il me mena dans la chambre où était autrefois M. le Prince, dans laquelle on m'enferma avec un seul valet. Le mercredi 26, M. du Tremblay me vint voir et me dit, de la part du roi, qu'il ne m'avait point fait arrêter pour aucune faute que j'eusse faite, et qu'il me tenait pour un bon serviteur, mais de peur qu'on me portât à mal faire; et que je n'y demeurerais pas longtemps. Du Tremblay me dit de plus que le roi lui avait commandé de me laisser toute liberté, hormis celle de sortir; que je pouvais prendre avec moi tels de mes gens que je voudrais et me promener par toute la Bastille.....

« Au commencement de l'année 1633, j'eus une grande espérance de ma liberté. M. de Schomberg m'avait fait dire qu'au retour du roi on me sortirait de la Bastille, M. le cardinal l'ayant témoigné à plusieurs, et le roi s'en étant ouvert à quelques personnes. Tous mes amis s'en réjouissaient, quand on fit servir le départ de Monsieur son frère au prétexte de ma détention. En même temps, au lieu de me délivrer, on m'ôta cette partie de mes appointements qui n'avait été payée les deux années précédentes bien que je fusse prisonnier, et qui montait au tiers de ce que j'avais accoutumé de tirer par an. Cela me fit bien voir qu'on me voulait éterniser à la Bastille; aussi dès lors cessai-je d'espérer qu'en Dieu.

« M. du Tremblay, gouverneur de la Bastille, me parla de la vendition de ma charge, et me dit que, si j'y voulais consentir, il voyait ensuite ma liberté assurée. Je lui répondis que j'avais toujours offert de la laisser et résigner à un des proches de M. le cardinal, pour le prix qu'il voudrait en donner. Il me dit qu'il ne pouvait pas dire pour qui c'était, mais qu'il y avait grande apparence qu'une telle charge ne tomberait qu'entre bonnes mains, et il me fit comprendre que ce serait pour un de ses parents. Alors je consentis aux quatre cent mille livres offertes.

« Le dimanche des Rameaux arriva sans que j'eusse aucunes nouvelles de ma sortie, et celles qui vinrent de la prise de Trèves et de l'Electeur servirent de prétexte à ceux qui m'assuraient de la liberté de me dire que cette prise donnait tant d'affaires au cardinal, qu'il ne pouvait penser aux miennes. Ainsi je passai Pâques et même Quasimodo sans avoir aucune nouvelle. Le lundi 16, j'appris pourtant que M. le Prince étant venu à la cour, M. le cardinal lui avait dit qu'on m'allait faire sortir, et ce, avec l'honneur et les bonnes grâces du roi. Le lundi 30 et dernier jour d'avril, le père Joseph écrivit à son frère du Tremblay qu'il me pouvait assurer que je recevrais mon entière liberté par le retour à Paris de M. Boutiller, qui me la devait porter; lequel arriva le 5 de mai à Paris, et ma nièce l'ayant été voir, il lui dit qu'il avait eu entre ses mains la dépêche de ma liberté, mais que la nouvelle qui était venue au roi que Monsieur son frère était parti de Blois et s'en était allé en Bretagne, peut-être pour s'embarquer pour l'Angleterre, avait été cause qu'on avait retiré la dépêche. »

Le malheureux Bassompierre était encore bien loin du terme de ses maux, comme nous l'allons voir en continuant à extraire des passages de ses Mémoires.

« Le lundi 28, M. Boutiller alla trouver M. du Tremblay, chez lequel il logeait, et dit en partant à mon maître d'hôtel Dubois, qu'à son retour il lui donnerait assurément cette dépêche, qu'il se tînt prêt pour partir le lendemain. Dubois fut le trouver le soir pour avoir la dépêche, mais il lui dit qu'il n'avait pu parler de mon affaire au cardinal, qui avait toujours conféré avec le nonce Mazarin et lui, pour des affaires importantes, et que M. le cardinal lui avait dit qu'il allât accompagner en sortant M. le nonce, avec lequel il était venu, mais que M. le cardinal viendrait mercredi à Château-Thierry trouver le roi, et que l'affaire se conclurait.

« M. le cardinal ne revint pas à la cour, comme il avait dit. Il y vint le vendredi, 1er juin; mais, après qu'il fut parti, Dubois ayant été trouver M. Boutiller, il lui dit qu'il y avait eu tant d'affaires sur le tapis que l'on n'y avait pu mettre celle de ma liberté.

« Le samedi, M. le comte me fit dire qu'il savait de très bonne part que ma liberté était résolue, et que dans vingt-quatre heures je sortirais sans faute. Mais, le lundi 4, je vis Dubois qui me fit voir que c'était pure tromperie. Le jeudi 19, M. du Tremblay me vint dire, de la part de M. Boutiller, que ma liberté avait été ce jour-là tout à fait résolue, et qu'il m'en répondait. Ma nièce de Beuvron fut trouver M. Boutiller père, qui lui reconfirma la même chose avec des assurances très grandes, la pria de me les donner de sa part, et me fit dire encore le même jour les mêmes choses par M. du Tremblay, lequel me fit aussi voir une lettre que le père Joseph, son frère, lui écrivait, par laquelle il l'assurait que M. Boutiller, le fils, me devait apporter dans deux jours les dépêches de ma liberté; lequel vint le lendemain mercredi, et ne m'apporta aucune nouvelle, et m'en dit une qui ne m'agréa guère, que le roi partait le jour même pour aller coucher à Chantilly et de là passer en Lorraine. Car je me doutais que, pendant son absence, je n'étais pas pour sortir d'un lieu où j'étais détenu depuis quatre ans et demi. »

Malgré tant de déceptions, Bassompierre n'avait pas perdu confiance; un événement qui survint faillit lui enlever tout espoir. Voici comment il le raconte:

« Il y eut un chevau-léger prisonnier pour avoir récité un sonnet qui commençait par ces mots : *Mettre Bassompierre en prison*, et qui continuait par des médisances contre M. le cardinal; et comme on le fit étroitement garder et soigneusement interroger, on eut d'autant plus de curiosité de savoir la cause de sa détention. Et comme un des prisonniers eut trouvé le moyen de lui parler un instant, il lui dit que c'était des vers qui parlaient de moi. Cela me mit en alarmes, qui furent augmentées par le gouverneur de la Bastille, qui me dit inconsidérément, ou bien exprès, que ce prisonnier avait été arrêté pour des choses qui me concernaient. En suite de quoi on me manda de la ville, de bonne part, que je prisse garde à moi, et qu'il se machinait quelque chose d'importance contre moi, dont ils tâcheraient d'en apprendre davantage, ne m'en pouvant pour lors dire autre chose, sinon de m'avertir de brûler tous les papiers que je pouvais avoir capables de me nuire, parce qu'assurément on me fouillerait. J'avoue que ce dernier avis, qui suivait tant de précédentes circonstances et d'autres mauvaises rencontres, fut presque capable de me faire tourner l'esprit. Ce fut le 9 octobre que je le reçus. Je fus six nuits sans fermer l'œil, et quasi toujours dans une agonie qui me fut pire que la mort même. Enfin, ce prisonnier, qui se nommait Valbois, après avoir été sept ou huit fois interrogé, et qu'il eut fait voir que ce sonnet avait été fait sept ans auparavant, cette affaire fut apaisée, et je recommençai à reprendre mes esprits, qui certes avaient été étrangement agités. »

Malgré tout, Bassompierre ne devait recouvrer sa liberté qu'après la mort du cardinal.

Pendant les douze années qu'il passa à la Bastille, il eut de nombreux compagnons de captivité. Un des plus intéressants est le commandeur de Jars.

Au nombre des jolies femmes de cette époque était la duchesse de Chevreuse. Le cardinal, qui n'était pas exempt des faiblesses humaines, l'aimait avec passion; il avait pour rival de Jars. Jeune, beau, spirituel, de Jars avait touché le cœur de l'aimable duchesse, et, du même coup, il s'était attiré la haine du cardinal.

Or, madame de Chevreuse étant toute dévouée à Anne d'Autriche, qui complotait sans cesse contre la puissance de Richelieu, de Jars ne pouvait manquer d'embrasser le parti de la reine. Pendant une maladie du cardinal, toutes les haines, toutes les ambitions s'agitant ouvertement, un complot formidable s'était formé : la reine et madame de Chevreuse en étaient l'âme, et de Jars le chef apparent. Mais les conjurés manquaient de prudence, et, de son lit de douleur, le cardinal les faisait surveiller, en attendant qu'il eût recouvré assez de force pour les anéantir. Ce moment arriva. La duchesse de Chevreuse parvint à se sauver et se réfugia en Espagne; de Jars se disposait à la rejoindre, lorsque Richelieu le fit saisir et jeter à la Bastille.

Jamais captivité ne fut plus dure que la sienne. Richelieu, le sachant dépositaire des secrets de la reine, avait résolu de les lui arracher à force de souffrances, et il n'était que trop bien servi par le père Joseph, qu'il avait fait ministre de ses vengeances. Aussitôt que de Jars eut été arrêté, le père Joseph courut à la Bastille, afin de choisir lui-même l'endroit où le prisonnier

devait être mis ; il visita à cet effet tous les cachots, et ce fut au plus affreux de tous qu'il donna la préférence : c'était une sorte de caveau dont la voûte était si basse qu'il était impossible de se tenir debout, et comme il n'avait que quatre pieds de long sur quatre de large, on ne pouvait non plus se coucher entièrement ; l'humidité y était telle que le pied enfonçait jusqu'à la cheville dans une boue nauséabonde ; il n'y avait ni fenêtre, ni lucarne, ni meurtrière ; l'air arrivait par-dessous la porte qui n'affleurait pas le sol, et la plus profonde obscurité régnait sans cesse.

Lorsque de Jars entra dans cet horrible lieu, il faillit être suffoqué par les miasmes qui viciaient l'air. A peine eut-il fait un pas dans l'intérieur, que la porte se referma avec un bruit sourd qui pouvait faire juger de sa solidité, et les gardiens s'éloignèrent sans avoir laissé ni eau ni pain. Il s'adossa d'abord au mur afin de pouvoir se soutenir, car il se sentait près de perdre connaissance; mais comme il fallait qu'il se tînt courbé, la fatigue de cette position devait l'obliger à s'asseoir, et, quelque répugnance que lui inspirât la fange qui constituait le sol, c'est dans cette vase putride qu'il fallait se résigner à pourrir. Un intervalle de temps bien long, mais que le prisonnier n'avait aucun moyen de vérifier, s'écoula avant que la porte du cachot se rouvrît; de sorte qu'aux tortures résultant du local vinrent se joindre, pour le prisonnier, celles de la faim. Il put penser qu'on avait résolu de le laisser mourir ainsi ; et cette mort lui paraissait si horrible, qu'il cherchait déjà le moyen d'abréger ses jours, lorsque le reflet d'une lumière par-dessous la porte lui annonça qu'enfin on venait à lui. En effet, un bruit de verrous et de serrures ne tarda pas à se faire entendre, et deux gardiens entrèrent dans le cachot, dont l'un posa sur le sol un vase plein d'eau qu'il couvrit avec un morceau de pain noir. Ebloui par la lumière de la lanterne que portait l'autre gardien, de Jars n'avait d'abord vu que les deux hommes; bientôt un troisième lui apparut, qui prit en main la lanterne et fit signe aux gardiens de s'éloigner. Le personnage avec lequel de Jars se trouva alors face à face autant qu'on le peut être en se tenant la tête courbée, était le père Joseph, l'âme damnée de Richelieu.

— Mon frère, dit-il à de Jars, je viens vous apporter des paroles de consolation. Bien que vous n'ayez rien voulu avouer d'abord, ce qui a d'autant plus chagriné M. le cardinal qu'il vous tient en grande estime, je ne doute pas que vous n'ayez aujourd'hui changé de sentiment et que vous ne soyez disposé à dire ce que vous savez des intrigues de la reine avec l'Espagne et la Hollande. Son Eminence n'entend vous obliger à rien qui puisse affliger madame la duchesse de Chevreuse ; elle est convaincue, en ce qui vous regarde, que vous n'êtes coupable que d'avoir agi inconsidérément. C'est donc seulement de la reine qu'il est question, et vous comprenez que si Sa Majesté peut éprouver quelque déplaisir dans cette affaire, elle ne saurait courir aucun danger.

— Ce que je comprends parfaitement, répondit de Jars, c'est qu'on a résolu de me torturer pour me faire dire ce que j'ignore ; mais ce que je puis affirmer, c'est qu'il n'est pas de tortures qui m'amènent à m'avilir.

— Ah ! mon frère, répliqua le moine, est-il possible que vous persistiez dans une telle résolution ! Songez que ce n'est pas seulement à la perte de votre corps que vous courez ainsi, mais à celle de votre âme, car c'est vous-même qui vous donnerez la mort par votre endurcissement, et c'est un péché dont vous ne sauriez recevoir l'absolution.

— Ma résolution est irrévocable, dit le prisonnier. Maintenant, permettez que je prenne quelque nourriture, car il doit y avoir plus de trente heures que je n'ai mangé.

Et il commença à rompre fort tranquillement le pain qu'on lui avait apporté. Le père Joseph fit une dernière tentative ; le prisonnier ne répondit plus. Dix autres visites n'eurent pas plus de succès. Le chevalier s'étonnait d'être encore vivant dans son cachot : « Il y passa onze mois, » dit Anquetil. Enfin un jour il entendit la porte s'ouvrir comme d'habitude ; mais les gardiens n'apportaient ni eau ni pain ; l'un d'eux lui dit de les suivre. De Jars pensa qu'on allait le soumettre à la question, et il s'en réjouissait presque ; car, dans l'état où il était, la mort était ce qu'il souhaitait le plus ardemment. Il suivit en chancelant les porteclefs ; arrivé au haut de l'escalier, et ne pouvant supporter la vivacité de l'air non plus que la lumière du jour, il s'évanouit. Lorsqu'il reprit ses sens, il ne fut pas médiocrement surpris de se trouver dans l'appartement du gouverneur et de voir ses vêtements pourris remplacés par d'autres.

— Monsieur le chevalier, lui dit le gouverneur, voici M. de La Faymas, intendant de la province de Champagne, lequel ayant appris la fâcheuse position où vous êtes, a obtenu de M. le cardinal de vous emmener à Troyes.

— Oui, j'ai eu ce bonheur, monsieur, dit à son tour La Faymas : M. le cardinal a bien voulu me charger de la conduite de votre affaire, et, bien que je sois dans la nécessité de prendre quelques mesures de précaution, j'espère que vous me tiendrez bientôt pour votre ami. Nous partirons quand il vous plaira.

— Que ce soit à l'instant ! répondit de Jars.

Une heure après, le prisonnier montait dans le carrosse de La Faymas qui, escorté de plusieurs cavaliers, roulait vers la Champagne.

Ce qui nous reste à dire de l'histoire de de Jars est si étrange, que nous nous croyons obligé de déclarer à l'avance qu'il n'est pas un des détails que nous allons rapporter qui ne soit mentionné dans l'histoire.

Disons d'abord un mot de La Faymas. Cet homme était tellement dévoué à Richelieu qu'on l'appelait *le bourreau du cardinal*. Indifférent sur les moyens de remplir les intentions du ministre, il s'abaissait à tout pour le servir. S'agissait-il d'arracher un aveu à un accusé, il employait les promesses, les menaces, les mensonges. Si l'adresse ne suffisait pas, le traître en venait aux prières : il s'attendrissait sur le sort du patient, il le conjurait de ne pas se perdre en s'obstinant à se taire, ou bien, prenant l'air d'un juge inexorable, il montrait au prisonnier les instruments de la torture, en expliquait les usages, et n'avait pas honte d'invoquer le témoignage du bourreau, dont il partageait ainsi l'odieux ministère. Tel était l'homme que de Jars fut tenté un instant de prendre pour un libérateur.

Arrivé à Troyes, La Faymas s'empressa de réunir une chambre de justice, composée du présidial de cette ville et de quelques juges des villes voisines, et dont il se fit le président. Devant cette chambre le chevalier subit successivement quatre-vingts interrogatoires ; mais il était en garde contre tous les pièges qu'on pouvait lui tendre, et il ne lui échappa pas une réponse qui pût compromettre ses amis. La Faymas était furieux.

— Je voulais vous sauver, monsieur, dit-il enfin au prisonnier ; mais puisqu'il vous plaît absolument de vous perdre...

— Allons donc ! vous n'avez jamais voulu me sauver, répliqua de Jars ; ce sont des armes que vous comptiez obtenir de moi pour atteindre d'autres personnes, et pour cela vous n'avez reculé devant aucune hypocrisie. Continuez votre œuvre, monsieur, mais n'espérez pas qu'il puisse jamais y avoir rien de commun entre nous deux.

L'intendant entendit ces paroles avec une apparente impassibilité.

— Je ne suis ni un traître ni un lâche, monsieur le chevalier, répliqua-t-il : je suis un chrétien qui vous pardonne, et qui désormais se bornera à prier pour vous, ne pouvant mieux faire. Tenez, demain, jour de la Toussaint, je m'approcherai de la sainte table à votre intention et demanderai à Dieu qu'il vous éclaire et vous guide dans une meilleure voie.

Une pensée audacieuse surgit alors dans le cerveau du chevalier.

— Eh bien ! dit-il en changeant de ton, si je suis injuste envers vous, permettez que je demande moi-même à Dieu qu'il fasse briller la vérité à mes yeux; laissez-moi entendre la messe en même temps que vous. Je joindrai mes prières aux vôtres, et j'ai le pressentiment que les choses en seront améliorées. Je vous donne d'ailleurs ma parole de ne point tenter de m'évader.

L'intendant pensa probablement que cette demande était une sorte de transition à laquelle de Jars avait recours pour arriver aux aveux, et il accorda la faveur.

— En agissant ainsi, ajouta-t-il, après les outrages que vous m'avez prodigués, j'espère vous faire reconnaître combien étaient injustes vos préventions.

De Jars avait bien jugé l'homme. Il fut toutefois agréablement surpris lorsque, le lendemain, à l'heure de la messe, on vint le prendre pour le conduire à l'église des Jacobins de Troyes. L'église était pleine, au point que les gardes qui accompagnaient le chevalier eurent quelque peine à se faire place. La messe commence; l'heure de la communion arrive. De Jars suivait des yeux l'intendant; il le voit s'approcher de la table eucharistique, il entend le prêtre prononcer les paroles sacramentelles en lui donnant l'hostie; bondissant comme un lion, il s'élance vers La Faymas, le saisit à la gorge, et, d'une voix retentissante, il s'écrie :

— Voici, scélérat, le moment de confesser la vérité! Puisque tu as ton Dieu sur les lèvres, reconnais mon innocence et avoue ton injustice à me persécuter. Puisque tu fais mine d'être chrétien, il faut ici en faire l'action; sinon, je te renonce comme juge, et j'en prends tous les assistants à témoin.

En un instant le tumulte fut à son comble, chacun se précipitant vers l'autel pour être de plus près témoin de cette scène. De leur côté, les gardes s'efforçaient de dégager l'intendant des mains du chevalier, dont les forces étaient centuplées par l'exaltation, et qui avait pour lui la masse des assistants, car La Faymas était généralement détesté. Celui-ci, toutefois, ne se déconcerta point.

— Monsieur, disait-il de son ton le plus doucereux, ne vous inquiétez pas; je vous assure que M. le cardinal vous aime; vous en serez quitte pour aller en Italie. Mais vous voudrez bien qu'on vous montre auparavant de petites lettres écrites de votre main, qui établiront que vous êtes plus coupable que vous ne dites.

En entendant parler de lettres, de Jars se crut perdu; car il savait que le cardinal avait coutume de dire à ses familiers qu'avec deux lignes de l'écriture d'un homme on pouvait toujours lui faire son procès. Il s'arma toutefois de courage, et, au lieu de fuir comme cela lui eût été facile, il rentra dans sa prison.

De nombreuses tentatives furent faites encore pour arracher au chevalier les aveux qu'on désirait. Ce fut en vain. La Faymas pensa alors que le temps d'en finir était venu. Certes, les hommes choisis pour juger de Jars avaient la conscience large; mais, en l'absence de toutes charges, ils ne se sentaient pas le courage de condamner à mort un homme qui protestait de son innocence avec tant d'énergie.

— Croyez-vous, leur dit alors La Faymas, que M. le cardinal ne soit pas aussi scrupuleux que vous? Que le sort du chevalier ne vous inquiète point, il ne lui tombera pas un cheveu de la tête, et la grâce de celui que vous condamnerez est signée d'avance.

Il n'en fallait pas davantage pour vaincre toute hésitation, et l'arrêt de mort fut prononcé. L'intendant, présent à la lecture qui en fut faite au condamné, eut le déplaisir de voir ce dernier conserver tout son sang-froid. S'approchant de lui, après avoir fait éloigner le greffier :

— Voilà un bien douloureux dénouement, lui dit-il, et que vous ne pouvez imputer qu'à vous-même. Vous avez rejeté mes conseils et mes exhortations! Pourtant, comme je me suis promis de vous sauver, et que votre mort me mettrait au désespoir, je prends sur moi de suspendre l'exécution, et je vous donne devant témoins l'assurance de votre grâce, si vous consentez enfin à faire les aveux qu'on attend de vous.

— Lâche! fit le condamné avec dédain; lâche! qui crois que la mort peut effrayer un homme de cœur! Qu'on me conduise quand on voudra à l'échafaud, je suis prêt.

— Que votre volonté soit faite; je me retire pour faire place au saint homme qui vient vous offrir les consolations de la religion.

En effet, un moine jacobin venait d'entrer au greffe où la scène se passait. Le condamné se disposait à le bien accueillir, lorsqu'il surprit un coup d'œil d'intelligence échangé entre l'intendant et le religieux.

— Ne vous fatiguez pas en exhortations inutiles, mon père, dit-il alors à ce dernier; j'ai fait choix d'un confesseur.

— Mais, mon fils, peut-être ne pourra-t-il arriver à temps; car il vous reste à peine une demi-heure...

— Ne me restât-il qu'une minute, il ne me fera pas défaut, je vous en donne l'assurance.

Le moine insista, mais de Jars, qui ne voyait en lui qu'un espion, ne répondit plus. Cependant l'échafaud avait été dressé ; le condamné y fut conduit : il en monta résolument les degrés; arrivé sur la plate-forme, il s'approcha de l'exécuteur :

— Mon ami, lui dit-il, tu es sûrement chrétien et catholique? Tu sais donc qu'en cas de mort imminente, et faute de prêtre, tout catholique peut se confesser à un homme de même religion et en recevoir l'absolution? Eh bien! je me confesse à toi, non pas en détail et par le menu, car le temps manque. Je me reconnais grand pécheur et te demande de m'absoudre.

— De grand cœur ! dit l'exécuteur, car vous êtes un brave compagnon qui ne chercherez pas à me mettre en défaut.

— Bien. Et maintenant bande-moi les yeux avec ce mouchoir, et fais ton office.

L'exécuteur prit le mouchoir et en couvrit les yeux du condamné. Déjà celui-ci fléchissait le genou pour recevoir le coup mortel, lorsque des cris : « Grâce ! grâce ! le roi fait grâce ! » s'élevèrent. En même temps l'intendant, ayant à la main la grâce du condamné, arrivait près de l'échafaud.

— Au moins aurez-vous la vie sauve, dit-il en s'élançant vers le chevalier; et il ne tient qu'à vous que la liberté vous soit rendue à l'instant. J'espère que vous ne me croirez plus votre ennemi, moi qui vous sauve alors que je pouvais laisser tomber votre tête. Je ne vous ai jamais demandé d'accuser madame de Chevreuse ; je ne vous demande plus de rien dire qui puisse être déplaisant à la reine ; mais au moins ne faites plus mystère de ce que vous savez des intrigues du garde des sceaux Châteauneuf.

— Oh ! fit de Jars avec dédain, croyez-vous donc que l'aspect de la mort m'ait troublé l'esprit à ce point que je ne puisse voir de telles ruses? Finissons-en : peut-être avez-vous en poche, à côté de la grâce que vous m'annoncez, quelque dépêche qui la contremande. Montrez-la, afin qu'on me coupe la tête et que vous soyez couvert d'une éternelle ignominie.

La Faymas était vaincu : il ne trouvait rien à répliquer; il se borna à donner des ordres pour que de Jars fût reconduit en prison ; puis il se rendit à Paris, et raconta au cardinal ce qui s'était passé. Appréciant à ce moment le noble caractère du chevalier, Richelieu ordonna qu'il fût reconduit à la Bastille, et qu'il y fût traité sur le même pied que les plus grands seigneurs. Même plus tard on lui rendit la liberté, à la condition qu'il quitterait la France.

X

Dans cette conspiration contre le cardinal s'était trouvé compromis un valet de chambre de la reine, nommé Laporte. Il avait été arrêté le 12 août 1637, le jour même où la reine Anne d'Autriche était partie de Paris pour rejoindre le roi à Chantilly. Laporte a laissé des Mémoires dans lesquels, après avoir mentionné cette circonstance, il s'exprime ainsi au sujet de la reine :

« Je lui avais dit, dès le soir précédent, que M. de la Thibaudière des Ageaux, gentilhomme de Poitou, qui était dans la confidence de M. de Chavigny, m'avait prié de lui demander si elle voulait écrire à madame de Chevreuse, à Tours ; qu'il y passait, et qu'il serait bien aise de lui dire des nouvelles de Sa Majesté. Elle lui écrivit seulement un mot, qui portait en substance qu'étant sur son départ, elle avait tant d'affaires qu'elle n'avait pas le loisir de lui faire une longue lettre ; qu'elle se portait bien, qu'elle allait à Chantilly, et que le porteur dirait plus de nouvelles qu'elle n'en pouvait écrire. Je mis cette lettre dans ma poche, et le lendemain la reine partit après dîner.

« Aussitôt qu'elle fut partie, je descendis dans la chambre de madame de La Flotte, où madame d'Hautefort était demeurée pour solliciter avec elle un procès qui lui était de grande importance. J'y trouvai M. de la Thibaudière et, incontinent, ces dames voulant aller faire leurs sollicitations, nous les conduisîmes à leur carrosse; ensuite étant demeurés seuls dans la cour du Louvre, je lui voulais donner la lettre qu'il m'avait fait demander à la reine, mais il me pria de la lui garder jusqu'au lendemain, disant qu'il avait peur de la perdre; ce qui me fit croire depuis qu'il savait, par le moyen de M. de Chavigny, que je devais être arrêté prisonnier le même jour, et que l'affaire avait été concertée pour qu'on me trouvât chargé de cette lettre, pensant qu'il y aurait quelque chose de grande conséquence ou de particulier, auquel on voulait embarquer madame de Chevreuse dans cette affaire, pour faire croire au public que c'était une grande cabale contre l'État, car c'était la coutume de Son Éminence de faire passer des choses de rien pour de grandes conspirations.

« Nous sortîmes, M. de La Thibaudière et

moi, par le derrière du Louvre, et nous allâmes ensemble jusqu'à la rue Saint-Honoré. Je le quittai pour aller voir, de la part de la reine, M. de Guitaut, capitaine des gardes, qui était malade de la goutte et d'une blessure qu'il avait eue à la cuisse. Je restai chez lui jusqu'à six heures du soir, et, en m'en allant, je trouvai un carrosse à deux chevaux dont le cocher était habillé de gris, arrêté au tournant de la rue des Vieux-Augustins et de la rue Coquillière, et comme je passais entre le coin et le carrosse, un homme, que je ne pus voir parce qu'il me prit par derrière, me mettant la main sur les yeux, me poussa vers le carrosse, et, en même temps, je me sentis enlevé par plusieurs mains, qui, après, abattirent les portières; en sorte que je ne pus voir qui m'avait arrêté. Nous allâmes en grande diligence à la Bastille, où notre carrosse ne fut pas plus tôt arrivé qu'on referma les portes de la basse cour; on leva les portières, et en même temps j'aperçus la Bastille, car jusque-là je n'avais point su où l'on me menait. Je connus que celui qui m'avait arrêté était Goular, lieutenant des mousquetaires du roi, avec cinq mousquetaires dans le carrosse et quinze ou seize autres à cheval.

« A la descente de carrosse on me fouilla, et l'on trouva cette lettre de la reine que M. de la Thibaudière n'avait pas voulu recevoir. On me demanda de qui elle était : je dis à Goular qu'il connaissait bien le cachet et les armes de la reine, et que c'était pour madame de Chevreuse. Après m'avoir fouillé, l'on me fit passer le pont et entrer dans le corps de garde entre deux haies de mousquetaires, qui avaient mèche allumée et se tenaient sous les armes comme si j'eusse été un criminel de lèse-majesté. Je fus bien une demi-heure dans ce corps de garde pendant qu'on me préparait un cachot, qui fut à la fin celui d'un nommé Dubois, qui en avait été tiré depuis peu pour aller au supplice, parce qu'il avait trompé le roi et Son Eminence, à qui il avait promis de faire de l'or. Etant arrivé dans mon cachot, on me déshabilla pour me fouiller une seconde fois. Après avoir été fouillé, je repris mes habits; on m'apporta un lit de sangle pour moi et une paillasse pour un soldat qu'on enferma avec moi, et on ferma sur nous trois portes : une en dedans de la chambre, la seconde au milieu du mur, la troisième en dehors sur le degré. Chacune de ces portes fermait à clef; la fenêtre se fermait de même façon, avec trois grilles. Une heure après être entré en ce lieu, on m'apporta à souper, dont le soldat mangea plus que moi.

« Aussitôt que le soldat eut soupé, il accommoda mon lit, qui ne valait pas mieux que sa paillasse, et nous nous couchâmes. Comme je commençais à m'endormir, plus d'abattement que de sommeil, j'entendis tirer un coup de mousquet dans la maison, ce qui étonna plus mon soldat que moi, car je ne savais si c'était la coutume. Mais après nous entendîmes crier aux armes et un grand bruit dans notre escalier; enfin, après avoir bien pensé et écouté, nous entendîmes ouvrir nos portes et celles des étages au-dessus et au-dessous de nous. Au-dessus on mit le marquis de Tenance, gentilhomme champenois, lequel avait quitté le service du roi de Suède pour venir servir le roi au siège de Corbie, et avait été mis en prison pour avoir parlé du gouvernement avec un peu trop de liberté. Au-dessous, on mit M. Lenoncourt de Serre, capitaine des gardes du corps du duc de Lorraine, qui avait été retenu prisonnier à la capitulation de Saint-Michel, et l'on mit avec moi M. de Herce, jeune homme que sa mère retenait en prison pour le mûrir. Il me parla d'abord aussi familièrement que si nous nous étions connus de longue main, et, sans nous connaître ni nous voir, il nous conta d'abord son histoire, qui était qu'ayant fait partie de se sauver avec MM. de Tenance et de Lenoncourt, ils avaient pris l'occasion d'une nuit, non pas tout à fait obscure, car il faisait clair de lune, mais il faisait assez de nuages pour la cacher; alors, par le moyen de gens qui les attendaient avec des chevaux, ils avaient attaché, par le moyen de tire-fonds, une grosse corde de la porte Saint-Antoine en haut de la tour voisine, où il y avait un cabinet. Ils devaient passer trois anneaux à cette corde et y joindre chacun une moindre corde, avec un bâton en manière d'escarpolette, et, après s'être ceints avec des écharpes chacun à leur corde, ils prétendaient se laisser ainsi couler le long de la grosse corde. Toutes choses étaient prêtes, et ils allaient s'embarquer, lorsque la lune, paraissant trop, découvrit la corde au soldat qui était dans le corridor du dehors du fossé, lequel tira ce coup de mousquet qui mit l'alarme et rompit leur dessein. M. de Herce, après m'avoir raconté tout cela, se mit à pester contre le gouverneur, sans se soucier du soldat qui était avec nous. Je ne savais pas encore qui était cet homme, et, me méfiant de toutes choses, je lui dis que je ne croyais pas que tout cela servît à nous faire sortir de la Bastille, qu'il fallait prendre patience et se taire. Il se tut et s'endormit sur une chaise de paille, la tête sur le pied de mon lit. Le matin on nous apporta du pain et du vin; M. de Herce me persuada de déjeuner, et à midi on nous apporta à dîner. Après le dîner, le sergent me vint dire qu'il fallait descendre. Je lui demandai pourquoi ; mais il ne me le voulut pas dire. Je descendis au bas du degré ; j'y trouvai six soldats qui m'environnèrent afin que je ne parlasse à personne. On me fit traverser la cour, où il y avait quantité de prisonniers qui se mirent en haie pour me voir passer, les uns haussant les épaules, comme voulant dire que je serais bientôt exécuté, car c'était le bruit commun en ville et à la Bastille. Entre ces prisonniers je reconnus le commandeur de Jars. Il me faisait signe, autant qu'il pouvait, d'avoir bon bec, mettant le doigt sur la bouche et marchant à grands pas pour ne pas être aperçu. Il fit si bien que je l'entendis. On me fit monter dans la chambre de M. du Tremblay, gouverneur. »

Laporte raconte ici son interrogatoire, dans lequel on mit tout en œuvre pour obtenir de lui les révélations qu'on en attendait ; puis il dit ses appréhensions lorsque, le lendemain soir, on le fit sortir de nouveau de la tour où il était enfermé.

« Je m'allais coucher, dit-il, lorsque j'entendis un grand bruit et ouvrir mes portes, ce qui m'étonna extrêmement et me donna de l'appréhension ; car j'avais ouï dire à plusieurs personnes qu'on avait fait mourir des prisonniers la nuit, de crainte que le peuple ne s'émût. Je crus que j'allais être traité de la sorte, ce qui me fit demander à La Brière, sergent de la Bastille, qui me vint querir, où l'on me voulait mener ; il me répondit assez brusquement qu'on me voulait faire sortir de la Bastille. Je ne savais comment entendre cette sortie ; mais lorsque je fus descendu dans la basse cour et que je vis des archers, je crus aller au supplice. Je demandai au lieutenant où il me menait ; il me répondit assez brusquement qu'il n'en savait rien. Je crus d'abord en partant n'aller qu'au coin de Saint-Paul, où ordinairement on exécutait ceux qu'on tirait de cette affreuse prison ; après avoir passé cet endroit, j'eus peur du cimetière Saint-Paul, ensuite de la Grève, ensuite de la Croix du Trahoir. »

Le malheureux prisonnier ne commença à se rassurer un peu que lorsqu'il fut arrivé près du cardinal, qui voulait l'interroger lui-même, et qui ne put en rien obtenir, bien qu'il mît en œuvre tous les moyens possibles de séduction et d'intimidation.

« Comme il vit que je faisais toujours les mêmes réponses, continue Laporte, et que sa présence ne me faisait changer, il me fit connaître que, si je voulais dire ce qu'il souhaitait, il mettrait ma fortune en état de donner de la jalousie à mes pareils ; qu'il savait bien que la reine avait correspondance en Flandre et en Espagne, qu'elle y écrivait souvent, que c'était moi qui la servais en toutes ces intelligences, que je n'avais qu'à en demeurer d'accord et que ma fortune était faite ; que je n'avais rien à craindre, puisque la reine avait avoué elle-même que c'était de moi qu'elle se servait. »

Après les promesses, les menaces.

« Il se mit un peu en colère, continue Laporte, et me dit que, puisque je ne voulais pas avouer une vérité qu'il savait bien, je pouvais bien croire qu'il avait le droit de me faire faire mon procès, et que cela allait bien vite quand il s'agissait de l'intérêt de l'État et du service du roi ; que je me piquais mal à propos de générosité et de servir ma maîtresse, qui ne faisait rien pour moi.

« — A propos, ajouta-t-il, on n'a trouvé que cinq cents livres dans votre cabinet ; est-ce là votre bien ? Je lui répondis que c'en était une grande partie, à quoi il répliqua en regardant M. le chancelier : « Voilà bien de quoi être si opiniâtre à cacher une chose que la reine a avouée ? » D'où je pris occasion de lui dire que c'était une marque certaine que je ne la servais pas dans les choses que Son Éminence croyait, et que si cela était, la reine m'aurait fait plus de bien qu'elle ne m'en avait fait ; mais que, quoiqu'elle ne m'en fît pas, je ne laissais pas d'être obligé de la servir fidèlement dans ma charge. Il me dit que cela était vrai, mais que je devais fidélité au roi avant la reine, parce que, étant né Français, je devais obéir au roi, qui me commandait de dire la vérité ; que j'y étais obligé en conscience, et que si je ne le faisais pas, je ne m'en trouverais pas bien. Je lui dis que je ne me croyais pas obligé en conscience d'accuser la reine d'écrire en Espagne, n'en sachant rien et n'en ayant jamais eu connaissance.

« — Mais, me dit-il en colère, elle l'avoue et dit que c'est par vous qu'elle entretient ses correspondances !

« — Si la reine dit cela, répondis-je, il faut qu'elle veuille sauver ceux qui la servent en ses intelligences, en disant que c'est moi.

« Il me demanda si je savais qu'elle se servît de quelqu'un, et, après lui avoir dit que non, il me demanda pour qui était cette lettre de la reine que l'on m'avait trouvée ; à quoi je répondis que je devais la jeter à la poste.

« — Vous êtes un menteur, me dit le cardinal ; vous la vouliez donner à la Thibaudière, vous voulûtes la lui donner dans la cour du Louvre ; il vous pria de la lui garder jusqu'au lendemain, de peur de la perdre. Et après cela vous voulez que je vous croie? Puisqu'en une chose de nulle conséquence vous ne me dites pas la vérité, je ne dois pas vous croire en d'autres. »

Le cardinal s'efforça alors d'obtenir du prisonnier qu'il écrivît à la reine dans les termes qui lui seraient dictés, ce que le courageux serviteur refusa de faire. Rentré dans sa prison, il ne tarda pas à entretenir une correspondance avec Anne d'Autriche, grâce à de Jars qui jouissait de toute liberté dans la forteresse. Ecoutons encore ce fidèle confident.

« Le commandeur gagna le valet d'un prisonnier nommé l'abbé de Trois, lequel valet avait de l'esprit et se nommait Bois d'Arcis. Ce garçon pensa à ce qu'il y avait à faire, et il ne trouva point de moyen qui lui parût plus court que de gagner les prisonniers qui étaient dans une tour au-dessus de moi et ceux qui étaient en haut de ladite tour. Le hasard voulut que, sous l'affût d'un canon, Bois d'Arcis trouvât une des grandes pierres qui parent cette terrasse, rompue par un coin ; il prit le temps que la sentinelle qui se promène continuellement sur cette terrasse était à l'autre bout, il leva le morceau de pierre et, en même temps, il entendit parler des croquants de Bordeaux, qui étaient là pour quelque sédition. Il leur parla de son projet ; ils l'approuvèrent, et lui promirent de le servir. Ces croquants firent un trou au haut de la voûte, que Bois d'Arcis avait recouvert de son morceau de pierre ; ils en firent un autre à leur plancher et parlèrent aux prisonniers qui étaient sous eux, dont un était le baron de Tenance, lesquels s'offrirent de bon cœur à faire ce qu'on voudrait. Ils firent aussi un trou à leur plancher, sous lequel était mon cachot, lequel trou ils couvrirent du pied de leur table ; et quand ils entendirent ouvrir mes portes à mon soldat, et qu'ainsi je me trouvais seul, ils me descendirent avec un filet les lettres que les croquants recevaient de Bois d'Arcis, à qui le commandeur de Jars les donnait. Lorsque la nuit fut venue et que mon soldat fut endormi, je me levai et, me mettant entre la lumière de la chandelle et son visage, j'écrasai du charbon, un peu de cendre de paille brûlée, et les détrempai avec un reste d'huile de la salade du souper, et en fis une espèce d'encre. Ensuite, avec un brin de paille taillé en pointe, j'écrivis sur un dessus de lettre que l'on m'avait laissé dans ma poche, et je mandai qu'on m'avait tant demandé de choses que je ne pouvais pas écrire en l'état où j'étais, mais que je n'avais rien dit qui pût nuire à personne.

« Le commandeur me fit donner papier, plumes et encre par un prisonnier qui, prenant son temps pour aller voir les croquants, pendant que ma porte était ouverte, me donna adroitement cette encre et ce papier, que je cachai dans mon lit. Madame de Hautefort vint quelquefois voir le commandeur pour savoir des nouvelles et lui en dire, si bien que je fus pleinement instruit de ce qu'il fallait que j'avouasse. »

Laporte fut ensuite livré à La Faymas, dont nous avons parlé plus haut, lequel usa de ses moyens ordinaires, et ne parvint pas mieux que les autres à faire parler le prisonnier. Laporte raconte ainsi les efforts que fit ce misérable :

« Avouez, avouez, me disait-il, et vous ferez la plus belle action du monde ; vous serez cause de la réconciliation du roi et de la reine. Dites seulement un mot, continuait-il en m'embrassant, et j'accommoderai l'affaire, en sorte que tout ce qui s'est passé tournera à votre avantage et à votre honneur. » Comme il vit que toutes ces belles paroles ne m'ébranlaient pas, il changea tout à coup de ton et me dit que, puisque je me voulais perdre, il m'allait apprendre bien d'autres nouvelles que je ne savais pas. En même temps il tira un papier de son sac, et, me le montrant : « Voilà, dit-il, un arrêt par lequel vous êtes condamné à la question ordinaire et extraordinaire ; voyez où vous en êtes et où vous jette votre opiniâtreté. Et il me fit descendre dans la chambre de la question avec le sergent La Brière, et là ils me firent voir tous les instruments, et me firent un grand sermon sur les ais, les coins, les cordages, exagérant le plus qu'ils pouvaient les douleurs que cela causait, et comme cette question aplatissait les genoux ; ce qui véritablement m'aurait étonné, si je n'eusse été résolu à quelque chose de pis, et si je n'eusse tenu la paix en mes mains en disant à propos ce que j'avais ordre de dire. Je lui dis que le roi était maître de ma vie, qu'il pouvait me l'ôter, et qu'à plus forte raison il pouvait me faire aplatir les genoux ; mais que je savais qu'il était juste, et que je ne pouvais croire qu'il consentît qu'on me traitât de la sorte sans l'avoir mérité. »

Après avoir passé six semaines au milieu de mortelles inquiétudes, Laporte fut enfin traité avec moins de sévérité : on le fit sortir de la cellule où il avait été enfermé jusque-là, et on lui donna deux compagnons. L'un de ceux-là était le comte d'Achon, dont tout le crime était d'avoir été attaché à la reine mère. On l'avait mis dans un cachot n'ayant d'autre lumière que celle d'une lampe. Il y était resté sept ans, dit Laporte, et, y étant entré sans barbe, il en était sorti avec des cheveux blancs.

Ce fut à cette époque que se forma, à la Bastille, contre le cardinal, un complot, dans lequel entrèrent les maréchaux de Vitry et de Bassompierre, le comte de Cramail, du Coudray-Montpensier, du Fargis et plusieurs autres. Le chef de ce complot était l'abbé de Gondy, plus tard cardinal de Retz. L'abbé n'était pas prisonnier, mais il venait souvent à la Bastille voir du Fargis, son oncle. Il avait formé le projet de s'emparer de la forteresse pour soutenir l'insurrection qu'il aurait fait éclater dans Paris. Les conspirateurs étaient divisés par sections. Au signal convenu, chaque quartier devait construire des barricades et se diriger vers le Pont-Neuf, tandis que Gondy, à la tête d'hommes dont il était sûr, s'emparerait du Palais. Au même instant, les maréchaux prisonniers, qui avaient en partie gagné la garnison de la Bastille, devaient arrêter le gouverneur, et, maîtres de la citadelle, tenir les troupes royales en échec en menaçant d'écraser Paris. En outre, Gondy s'était mis en rapport avec le comte de Soissons, au service de l'Espagne. La première victoire que remporterait le comte devait être le signal de l'insurrection ; victorieux, Soissons accourrait à Paris pour soutenir les insurgés et porter ainsi le dernier coup à la puissance du cardinal. Le 6 juillet 1641, Soissons gagnait en effet sur l'armée royale la bataille de Marfée, sous les murs de Sedan. La nouvelle de cette victoire parvint aux conjurés de la Bastille : ils tinrent aussitôt conseil. Le maréchal de Vitry voulait agir sur-le-champ, les autres pensèrent qu'il fallait attendre que l'abbé de Gondy eût lui-même transmis la nouvelle. Gondy arriva ; mais, en même temps qu'il confirmait la victoire de Soissons, il annonçait que le comte, en visitant le champ de bataille après le combat, avait été tué d'un coup de pistolet. Cet événement fit ajourner l'exécution du projet, et la mort de Richelieu, arrivée le 4 décembre 1642, vint rendre la liberté à tous les prisonniers politiques.

XI

Quoi qu'on pense de la Fronde, elle avait une louable origine, puisqu'elle était née des efforts du parlement pour faire approuver par la régente les propositions dites *de la chambre de saint Louis*, dont un des articles était ainsi conçu : « Aucun des sujets du roi, de quelque qualité ou condition qu'il soit, ne pourra être détenu passé vingt-quatre heures, sans être interrogé suivant les ordonnances, et rendu à son juge naturel, à peine d'en répondre en leurs propres et privés noms par les geôliers, capitaines ou tous autres qui les détiendront. »

Afin d'intimider le parlement, la reine avait fait arrêter un président et un conseiller, Blancmesnil et Broussel, que le peuple regardait comme ses défenseurs. A cette nouvelle chacun court aux armes ; en quelques instants douze cents barricades sont élevées. La régente, effrayée, consent à rendre la liberté aux deux magistrats ; mais cette concession est trop tardive pour apaiser l'agitation. Devant l'attitude menaçante de Paris la régente prend la fuite, emmenant avec elle le roi, le cardinal Mazarin et la plus grande partie de la cour. De son côté, le parlement ne se laisse pas intimider : il lève des troupes, arme la bourgeoisie, déclare le cardinal Mazarin auteur des troubles, lui ordonne de sortir du royaume dans la huitaine, faute de quoi il était enjoint à tous les sujets du roi de lui courir sus. Enfin il nomme généralissime le prince de Conti, et confie le commandement de la capitale au duc d'Elbeuf.

« La reine, dit Anquetil, avait si mal pris ses mesures en quittant Paris, qu'elle ne songea pas seulement à s'assurer de la Bastille, qui aurait pu tenir la ville en bride : elle la laissa sans pain, sans munitions, avec vingt-deux soldats, sous le commandement du sieur du Tremblay, frère du fameux père Joseph ; garnison plus propre à garder des prisonniers qu'à défendre une place. » Les Parisiens, qui ignoraient que la Bastille fût dans un tel dénûment, n'avaient pas d'abord osé l'attaquer. Le parlement n'était pas mieux instruit sur ce point ; il ordonna toutefois au duc d'Elbeuf d'investir la forteresse. Cinq jours s'étaient écoulés depuis la fuite de la régente, lorsque, le 11 janvier au matin, le son du tambour et les cris : *Aux armes !* retentirent de toutes parts. Les bourgeois descendent en foule dans les rues, les officiers courent à l'hôtel de ville recevoir les insignes de leur grade des mains des duchesses de Longueville et de Bouillon, et bientôt vingt mille hommes, armés tant bien que mal, font entendre les cris : *A la Bastille !* Ce n'était pas chose facile que d'établir l'ordre parmi ces soldats improvisés ; mais on intercala parmi eux un certain nombre de troupes réglées, et ce fut sans trop de confusion que la petite armée se dirigea vers la forteresse, conduite par le duc d'Elbeuf et le comte de Rieux, son fils. Arrivé en vue de la place, le duc fait faire halte ; le comte de Rieux s'avance en parlementaire ; il est introduit dans la première cour, et, au nom du parlement, il somme du Tremblay de rendre la Bastille. Mais du Tremblay avait appris, la veille, que des troupes royales étaient envoyées pour le secourir. Il déclara donc que, loin de consentir à recevoir des ordres du parlement, il prétendait lui en donner, et que si les révoltés envoyés contre lui ne se retiraient sur-le-champ, il allait pointer ses canons sur la ville. La conférence durait encore, lorsqu'un feu de mousqueterie assez vif se fit entendre du côté du faubourg, ce qui acheva de rassurer le gouverneur. C'était en effet l'avant-garde d'un corps nombreux qui attaquait le poste de la porte Saint-Antoine.

— Mes amis, s'écrie alors le duc d'Elbeuf en parcourant le front de son armée, voici les Mazarins qui viennent au secours de la Bastille ! s'ils parvenaient à y entrer, Paris serait bientôt un monceau de ruines. Nous avons des canons à l'Arsenal ; servons-nous-en pour faire brèche dans ces murailles et donner l'assaut.

Ces paroles exaltent le peuple ; rien ne semble impossible à ces hommes dont la plupart tiennent un mousquet pour la première fois ; et, tandis que les troupes réglées marchent à la rencontre des Mazarins, des volontaires, auxquels la fureur et l'audace tiennent lieu d'instruction, se précipitent vers l'Arsenal, dans le jardin duquel une batterie s'élève comme par enchantement : hommes, femmes, enfants y travaillent sous la conduite de quelques vieux soldats. Les travaux durèrent tout le reste de la journée et toute la nuit. Pendant ce temps, les troupes royales avaient été repoussées, de sorte qu'au point du jour on fut en état d'attaquer la forteresse. A ce moment le jardin de l'Arsenal offrait un spectacle singulier : tandis qu'on achevait de placer les canons, des dames du grand monde, des bourgeoises, des femmes du peuple affluaient comme si c'eût été un lieu de plaisir, et l'on vit les plus grandes dames solliciter la faveur de pénétrer dans la batterie pour juger de l'effet des coups.

Du Tremblay, n'espérant plus d'être secouru, avait résolu de se rendre ; il n'attendait pour cela qu'un simulacre d'attaque ; aussi, au deuxième coup de canon tiré contre ses murs, s'empressa-t-il d'envoyer un parlementaire aux assiégeants pour demander à capituler : il promettait de se rendre s'il n'était pas secouru dans les vingt-quatre heures. Il sortit en effet de la forteresse le 13 à midi, avec ses vingt-deux soldats.

Le parlement était en permanence, lorsque le comte de Rieux arriva au palais pour annoncer la reddition de la forteresse et demander des ordres. Avant tout il s'agissait de lui donner un gouverneur : le parlement, dans le but d'assurer l'article dit de *la sûreté publique*, voulait que ce gouvernement fût confié à un de ses membres ; le prince de Conti fit observer que si la Bastille était une prison d'État, c'était aussi une forteresse, et que, dans la situation présente, il convenait d'en confier la garde à un homme de guerre. Un membre proposa de nommer gouverneur le conseiller Broussel et de lui adjoindre son fils, brave officier, nommé La Louvière. Cet avis, qui conciliait tous les intérêts, fut adopté.

A peine la forteresse fut-elle évacuée que la foule se précipita vers le pont-levis. Avoir pris la Bastille, pour le peuple, c'était bien ; mais il ne se croyait qu'à moitié de sa tâche : il lui restait à visiter les prisons, les cachots, les *in pace* de ce lugubre séjour, afin d'en arracher les victimes qui pouvaient y être enfermées. Tout fut sondé, fouillé, retourné ; on brisa ou l'on jeta dans les fossés les instruments de torture, mais on ne trouva pas un seul prisonnier. Puis, le calme ayant succédé au tumulte, Broussel et son fils s'établirent dans la forteresse.

XII

Il n'entre pas dans notre cadre de refaire l'histoire de cette époque ; nous dirons seulement que le prince de Condé, arrêté par ordre de la régente, mis en liberté sur l'insistance du parlement, avait abandonné tout à coup parlement et reine, et formé un tiers parti. Le duc d'Orléans, de son côté, cédant à l'influence de mademoiselle de Montpensier, sa fille, gardait une sorte de neutralité. Telle était la situation lorsque, le 2 juillet 1652, l'armée royale et celle du prince de Condé se rencontrèrent à l'entrée de Paris. Après un engagement assez vif, Condé fut obligé de se jeter dans le faubourg Saint-Antoine, il s'y barricada et en fit créneler les principales maisons ; mais telle était la supériorité de Turenne, commandant l'armée royale, que la défaite de Condé était imminente, lorsque mademoiselle de Montpensier, qui aimait ce prince et n'en faisait point mystère, arriva à la Bastille munie d'un ordre de son père, mandant au gouverneur d'obéir en tout point à la princesse. De Louvière qui commandait la forteresse, était certes un brave soldat ; mais il professait l'obéissance absolue envers ses supérieurs, et le duc d'Orléans était un trop grand seigneur pour qu'il eût la pensée de lui résister. Voilà donc la nouvelle héroïne commandant en maître la Bastille : elle monte sur les tours, fait tirer contre l'armée royale les canons qui garnissent les tours, et arrache la victoire à Turenne en forçant les troupes royales à se retirer.

Le peuple, toutefois, était las de ces luttes sans fin, qui n'avaient d'autre résultat que d'augmenter ses souffrances : trompé, trahi par ceux qu'il avait regardés comme ses sauveurs, il espéra meilleur avenir dans un nouveau règne, et se tourna vers le jeune roi. Grâce à ce revirement, Louis XIV, qui venait d'atteindre sa majorité, rentra dans sa capitale.

Un des premiers actes de Louis XIV fut de sommer Louvière de rendre la place. Louvière voulut d'abord résister, et la menace du roi de le faire pendre dans les fossés du château n'était pas capable de l'intimider ; mais, ayant appris que son père était malade dans l'asile où il s'était retiré, il ne put résister au désir de l'embrasser, et il rendit la Bastille à La Bachélerie, qui venait d'en être nommé gouverneur.

Le premier prisonnier de quelque importance mis à la Bastille sous Louis XIV fut Gourville, qui, de valet de chambre de M. de La Rochefoucauld, était devenu un des premiers commis du surintendant Fouquet. Cet homme, que son seul mérite avait fait arriver à une haute position, ne pouvait manquer d'avoir des ennemis parmi les courtisans, race insatiable qui ne recule devant aucune infamie pour satisfaire son avidité. Ces mouches venimeuses bourdonnèrent si fort autour du cardinal Mazarin contre Gourville, que l'Italien finit par donner l'ordre de le mettre à la Bastille, sans d'ailleurs qu'une accusation déterminée justifiât cet acte.

A l'exemple des personnages de cette époque, Gourville a laissé des Mémoires dans lesquels il raconte sa captivité :

« M. le cardinal, au commencement d'avril 1656, dit-il, donna ordre à M. La Bachélerie, gouverneur de la Bastille, de m'y conduire. Il vint le lendemain pour cela à mon appartement, accompagné de quelques gens, et ayant trouvé un laquais à la porte de ma chambre, il lui demanda si j'étais là et ce que je faisais. Ce laquais lui répondit que j'étais avec mon maître à danser. M'ayant trouvé que je répétais une courante, il me dit en riant qu'il fallait remettre la danse à un autre jour, qu'il avait ordre de M. le cardinal de me mener à la Bastille. Il m'y conduisit dans son carrosse, et comme il n'y avait aucunes personnes de considération, il me mit dans une chambre au premier, qui était la plus commode de toutes. J'y fus enfermé avec mon valet pendant huit jours sans voir personne que celui qui m'apportait à manger ; mais M. le gouverneur étant venu me voir me dit que le surintendant l'avait prié de me faire les petits plaisirs qui pourraient dépendre de lui, que je

pouvais communiquer avec les autres prisonniers. Cela me fit un grand plaisir, m'étant déjà ennuyé au delà de tout ce qu'on peut s'imaginer. Peu de temps après, un jour maigre, ayant fait venir un brochet fort raisonnable, je priai M. le gouverneur d'en vouloir bien manger sa part, ce qu'il m'accorda. Nous passâmes une partie de l'après-dînée à jouer au trictrac, et j'en fus dans la suite traité avec beaucoup d'amitié. J'avais la liberté d'écrire et de recevoir des lettres, et quelquefois une personne de mes amis venait demander à voir d'autres prisonniers, qui étaient proches de ma chambre ; ainsi j'avais l'occasion de lui pouvoir parler, mais cela n'empêchait pas que je m'ennuyasse extrêmement, surtout depuis les neuf heures du soir que l'on fermait ma porte, jusqu'à huit heures du matin. Je m'avisai pour m'amuser de me faire apporter des fèves que je fis mettre dans des paquets séparés par nombre : je me promenais dans ma chambre qui avait onze pas entre les encoignures des fenêtres, et chaque tour que je faisais, mon valet tirait une fève du papier et la mettait sur la table ; comme le nombre était fixé, quand j'avais achevé, j'avais fait deux mille pas.

« Je fis venir des livres, mais en voulant lire, mon esprit était aussitôt aux moyens que je pourrais employer pour me tirer de là. De sorte que je n'avais presque aucune application à ce que je lisais, et mes amis ne voyaient point de jour à m'en tirer. Cependant, y ayant entre autres six prisonniers raisonnables, je pensai que si j'avais les clefs de leur chambre et de la mienne je pourrais faire cacher mon valet un soir, avant qu'on fermât ma porte, et lui donner la clef pour l'ouvrir ; qu'ensuite nous irions faire sortir les autres et que nous pourrions descendre dans le fossé par un endroit que j'avais remarqué et remonter par l'autre. Pour y parvenir, étant tous six logés dans deux degrés, je trouvai moyen de gagner celui qui avait soin d'ouvrir nos portes ; je pris les mesures de chaque clef avec de la cire, je les envoyai dans une boîte à La Rochefoucauld, pour en faire faire de pareilles par un serrurier habile qui y demeurait. Mais vers le mois de septembre, sachant que M. l'abbé Fouquet était fort employé par M. le cardinal pour faire mettre des gens à la Bastille, et qu'il en faisait beaucoup sortir, je tournai mes pensées de ce côté-là. A ce propos, je me souvins d'un procureur, homme d'esprit et grand railleur, qu'il y avait fait mettre. Comme nous nous promenions un jour ensemble, il entra un homme dans la cour, qui, y trouvant un lévrier, en fut surpris et demanda pourquoi il était là. Le procureur répondit avec son air goguenard : « Monsieur, c'est qu'il a mordu le chien de M. l'abbé Fouquet. » Je fis proposer à mes amis de parler à M. le surintendant et de voir monsieur son frère, si, en parlant de temps en temps à M. le cardinal comme il avait coutume, il ne pourrait pas trouver moyen de me faire sortir. Cela réussit si bien que M. le cardinal, devant partir deux ou trois jours après pour aller à La Fère, M. l'abbé Fouquet lui porta la liste de tous les prisonniers de la Bastille, comme il faisait de temps en temps ; il ordonna la sortie de trois, dont je fus un. »

Est-il permis de se jouer ainsi de la liberté des hommes ! Et puis, que l'on s'étonne des colères du peuple contre le despotisme !

Quoique La Bachélerie, gouverneur de la Bastille, fût aussi dévoué à Mazarin qu'au roi, le cardinal n'était pas complètement satisfait du personnage ; il ne le trouvait pas assez rigoureux envers les prisonniers, et il disait à ses familiers qu'avec un tel geôlier on finirait par ne plus craindre la prison. Il décida donc de donner la place à un homme qui ne reculât devant aucune des infamies du métier, et comme La Bachélerie refusait de donner sa démission, il la lui fit acheter par le successeur qu'il lui préférait. Ce dernier, nommé Besmeaux, compta quatre-vingt-dix mille livres à La Bachélerie et acquit à ce prix le droit de se repaître des souffrances des malheureux jetés dans ce sépulcre. Ce fut lui qui reçut, en 1663, le surintendant Fouquet.

Les historiens ne sont pas d'accord sur les causes de la disgrâce du surintendant : les uns prétendent qu'il fut renversé par Colbert ; d'autres, que sa chute fut le résultat d'une rivalité d'amour, Fouquet ayant aspiré à la possession de mademoiselle de La Vallière ; d'autres encore veulent que Louis XIV n'ait été poussé à frapper le surintendant que par le désir de s'emparer de ses immenses richesses. Peut-être y eut-il un peu de tout cela dans cette affaire. Mais ce n'est pas ici le lieu d'entrer dans de longues recherches à ce sujet ; car, bien que l'histoire de la Bastille soit intimement liée à celle de la monarchie, nous nous sommes proposé plus particulièrement de raconter les faits qui se sont accomplis dans la trop célèbre prison d'Etat.

Fouquet, nous venons de le dire, possédait une fortune considérable ; il avait fait bâtir l'admirable château de Vaux que pas un prince, depuis, ne s'est trouvé assez riche pour habiter. Au mois d'août 1661, il donnait à Louis XIV, dans ce château, une fête toute royale, à la suite de laquelle il priait le monarque d'accepter le don de cette demeure qu'il n'avait faite si splendide, disait-il, que pour la rendre digne de celui à qui il se proposait de l'offrir. Le roi accepta le présent, et dix-huit jours après il faisait arrêter le surintendant. Traîné pendant près de deux ans de prison en prison, Fouquet fut enfin jeté à la Bastille, le 18 juin 1663. Son secrétaire Pélisson, son médecin, son joaillier, un valet de chambre et un imprimeur, considérés comme ses complices, étaient enfermés en même temps que lui.

Le procès du surintendant dura trois ans. On l'accusait de rébellion parce que, au temps de sa puissance, il avait fait fortifier Belle-Isle en mer, qui lui appartenait. Il avait, disait-on aussi, conspiré contre le roi. Ce qu'il y a de plus clair dans tout cela, c'est que sa perte était résolue. Certes les juges ne manquaient pas de bonne volonté pour condamner l'accusé ; le chancelier Séguier y mit tout le zèle qu'on pouvait attendre de lui ; mais une condamnation capitale eût été pour tous un stigmate ineffaçable. L'accusé, qu'on n'avait pu convaincre d'aucun crime, fut condamné au bannissement perpétuel.

Peu de jours avant sa condamnation, Fouquet avait écrit au roi une lettre touchante dans laquelle il rappelait ses services et faisait appel à la magnanimité du roi. Louis XIV y resta insensible. Il ne témoigna qu'un regret lorsqu'il apprit le résultat du procès, c'est que l'accusé eût réussi à sauver sa tête, et, sous le prétexte d'adoucir la peine, il substitua au bannissement l'emprisonnement perpétuel.

Fouquet faisait ses préparatifs pour quitter la France. Sa surprise fut grande de voir qu'au lieu de le conduire vers la porte de sortie de la forteresse, on le menait à la chapelle.

Lorsqu'il fut arrivé devant l'autel, on lui lut d'abord l'arrêt, qu'il connaissait déjà, et ensuite les lettres de commutation.

— Mais c'est affreux ! s'écria-t-il, il n'est pas possible que le roi ait voulu aggraver ma peine.

— Aussi, dit le gouverneur, n'est-ce pas une aggravation, au contraire.

— Quoi ! monsieur, répondit le prisonnier suffoqué par l'indignation, vous osez dire que je dois me trouver heureux de passer le reste de mes jours en prison ?

Le jour même, entouré d'une escorte nombreuse que commandait le capitaine des gardes d'Artagnan, Fouquet partit pour Pignerol, où il mourut seize ans après sans que, pendant ce long espace de temps, il eût été possible d'obtenir du roi quelque adoucissement à cette grande infortune.

La fin du procès du surintendant n'avait pas fait cesser la captivité de son secrétaire. On avait d'abord mis Pélisson au cachot ; dans les premiers mois, on l'en faisait sortir de temps en temps, et il lui était permis de se promener pendant une heure. Il profita de cette faveur pour se procurer des plumes, de l'encre, du papier, et il écrivit des Mémoires justificatifs qu'il remit à mademoiselle Scudéry, son amie, laquelle, à force de sollicitations, avait obtenu la permission de le visiter. Ces Mémoires, publiés sans nom d'auteur, eurent beaucoup de succès. Pélisson n'avait pas à se défendre, car on ne l'accusait de rien, et il ne fut jamais question de lui faire son procès ; mais, en homme plein de courage, il défendit son bienfaiteur. La sensation causée par la publication de ces Mémoires mit Louis XIV de mauvaise humeur ; il en fit rechercher l'auteur et finit par découvrir qu'ils étaient l'œuvre de Pélisson. Vertement réprimandé pour avoir laissé au prisonnier trop de liberté, le gouverneur de la Bastille jura qu'il le mettrait pour toujours hors d'état de recommencer, et, après l'avoir fait fouiller, il donna ordre de le transférer dans un cachot plus étroit que celui qu'il avait occupé jusqu'alors. Là, Pélisson fut mis au pain et à l'eau, et, lorsque la paille qu'on lui avait accordée fut pourrie, on lui refusa de la renouveler. Il ne se laissa pas abattre : sans autre instrument qu'un clou ramassé sur le sol, il grava des inscriptions sur les murs, et lorsque les vainqueurs de la Bastille pénétrèrent dans son cachot, le 14 juillet 1789, ils purent y lire ces vers que le temps n'avait point effacés :

> Doubles gilles à gros clous,
> Triples portes, forts verrous,
> Aux âmes vraiment méchantes
> Vous représentez l'enfer ;
> Mais aux âmes innocentes
> Vous n'êtes que du bois, des pierres et du fer.

Pélisson était parvenu à apprivoiser une araignée, son seul compagnon pendant ces longues heures de solitude ; l'insecte accourait à sa voix, se laissait prendre et courait sur la main. Pélisson lui parlait comme s'il eût pu le comprendre. Un jour, le gardien qui lui apportait sa nourriture fut surpris d'entendre du dehors une sorte de conversation ; il crut d'abord que le prisonnier était parvenu à établir une communication entre son cachot et celui du plus voisin de ses compagnons d'infortune. Pélisson sourit lorsque cet homme lui demanda d'un ton bourru avec qui il causait quelques secondes auparavant, et il lui montra l'araignée qui regagnait sa toile :

— Bah ! fit le gardien, vous croyez qu'elle vous entend ?

— Vous allez voir.

Et il appela la bestiole, qui revint aussitôt et se posa sur la main que le prisonnier lui tendait. Ce dernier la mit ensuite par terre en lui ordonnant de rentrer chez elle ; mais l'ignoble porte-clefs leva le pied, écrasa l'araignée, et répondit par un éclat de rire au cri de douleur poussé par le malheureux captif. Cet acte d'ignoble cruauté fut pourtant cause de la délivrance de Pélisson. Le stupide gardien parla en effet, dans son entourage, de cette araignée apprivoisée qu'il se vantait d'avoir tuée, les gens mis au cachot n'étant pas là, disait-il, pour s'amuser ; l'anecdote se répandit au dehors et arriva jusqu'au roi qui, voulant faire admirer sa clémence, ordonna la mise en liberté de Pélisson et le nomma son historiographe.

C'était justice. Mais pour un prisonnier qui sortait de cet enfer, dix y entraient qui devaient y trouver leur tombeau. Nous ne pouvons les mentionner tous, la nomenclature en serait trop longue ; mais il en est dont l'histoire peut servir à faire mieux connaître la Bastille comme prison d'Etat. Parmi ceux qui durent aux intrigues politiques du règne de Louis XIV leur séjour dans ce terrible lieu, et qui n'en sortirent que pour être livrés au bourreau, est Louis de Rohan, grand veneur de France, qu'on appelait le chevalier de Rohan.

Jeune, magnifiquement doué, Rohan s'était ruiné par des prodigalités inouïes. Depuis qu'il manquait d'argent, il paraissait peu à la cour, et y était d'ailleurs assez mal accueilli par le roi : Louis XIV ne voulait pas qu'on se ruinât, lui qui ruinait la France par ses fantaisies. Dans cette situation, Rohan devait être mécontent ; et, en ce temps d'agitations politiques, il était prêt à payer de sa personne, pourvu qu'il s'agît de rabaisser l'orgueil du monarque qui lui reprochait sa pauvreté, alors qu'il s'était ruiné pour contribuer à l'éclat de sa cour. Il s'élaborait alors dans l'ombre une conspiration formidable : un Hollandais, Affinius Van Den-Enden, qui avait autrefois aidé Louis XIV à l'exécution de ses projets sur la Hollande, et qui prétendait avoir été payé d'ingratitude, était venu s'établir à Paris dans la pensée de travailler, pour se venger, au démembrement de la France. L'intrigue avait été promptement nouée : le stathouder mettait à la disposition des conjurés un million, et s'engageait à envoyer, pour les seconder, une flotte sur les côtes de Normandie, avec vingt mille hommes de débarquement; toutefois, avant de rien faire, il voulait pour l'entreprise un chef dont le nom eût assez de notoriété pour que les mécontents n'hésitassent pas à se rallier à lui. Or, bien que Van Den-Enden se fût assuré du concours d'hommes énergiques, au nombre desquels était Latréaumont, officier sans fortune, et le chevalier des Préaux, son neveu, qui jouissait d'une grande influence en Normandie, ainsi que plusieurs autres personnages de condition, il n'y avait parmi eux personne qui pût servir de drapeau. Latréaumont, auquel Affinius avait confié ses perplexités, se fit fort de trouver le chef qu'il fallait; il se rendit pour cela auprès du chevalier de Rohan dont il était particulièrement connu, et qui plusieurs fois lui avait parlé des dégoûts dont on l'avait abreuvé à la cour. Après quelque préambule :

— Monseigneur, lui dit-il, j'offre de mettre sous vos yeux la preuve qu'il s'agit d'une entreprise pour l'exécution de laquelle rien ne manque qu'un homme de cœur et de haute lignée comme vous, et qui mettrait entre vos mains un million.

— Voyons tes preuves.

— Il faudrait, pour les voir, que vous voulussiez bien venir avec moi jusqu'à la rue Saint-Antoine.

— C'est là qu'est le million?

— C'est là qu'il sera dans huit jours et qu'on vous le remettra.

Latréaumont conduisit le chevalier chez Van Den-Enden. Les choses étaient trop avancées pour que ce dernier hésitât à donner tous les éclaircissements : il montra au chevalier la lettre du stathouder, qui promettait au chef de l'entreprise le protectorat de la Normandie, rendue indépendante, et des forces suffisantes pour l'occuper; il ajouta que les vaisseaux hollandais croisaient déjà depuis quelques jours dans la Manche. Le chevalier fut entraîné; mais il déclara qu'il n'agirait que lorsque la somme promise aurait été mise à sa disposition. En attendant, il consentit à écrire au gouverneur des Pays-Bas espagnols, M. de Monterey, et au stathouder.

— Maintenant, dit Affinius, Latréaumont va se rendre en Normandie, où des Préaux aide en ce moment la marquise de Villars à recruter et armer des hommes qui se tiendront prêts pour un coup de main. Quant à vous, monseigneur, il serait bon que vous parussiez à Versailles.

Tout était ainsi convenu. Mais pendant que les conjurés attendaient des réponses aux lettres du chevalier, Turenne gagnait la bataille de Senef, les équipages de M. de Monterey tombaient au pouvoir des Français, et l'on y trouvait les preuves irrécusables de la conspiration.

Cependant, le chevalier de Rohan avait reparu à Versailles. Il s'y trouvait le 11 septembre 1674, lorsque Brissac, major des gardes du roi, vint au-devant de lui et lui demanda son épée, de la part du roi. Le chevalier ne fut pas d'abord fort effrayé; il savait Latréaumont incapable de le trahir, et Van Den-Enden ne pouvait le perdre sans se perdre lui-même. Ce fut donc avec une sorte d'indifférence qu'il entra à la Bastille, où il fut logé dans une chambre ayant vue sur le fossé, du côté de la porte Saint-Antoine. Quatre jours s'écoulèrent sans qu'il entendît parler de rien. Le quatrième jour, un peu après le coucher du soleil, il s'était appuyé pensif sur les barreaux de sa fenêtre, lorsqu'il lui sembla voir quelque chose de blanc qui s'agitait de l'autre côté du fossé. Il regarda plus attentivement, l'objet blanc disparut, et, au même instant, une voix perçante fit entendre ces paroles : « Latréaumont est mort, et il n'a rien dit! » Cela fut répété trois fois le même soir, et trois fois le lendemain avant le lever du soleil.

Voici ce qui était arrivé. Après avoir conduit le chevalier de Rohan à la Bastille, Brissac s'était rendu à Rouen, où l'on savait Latréaumont. Brissac était accompagné de quatre gardes du corps, en compagnie desquels il se dirigea vers la maison où était descendu l'ami du chevalier de Rohan. Brissac et Latréaumont se connaissaient de longue date.

— Mon ami, cria Brissac en entrant dans la chambre de son ancien compagnon d'armes, rends-toi de bonne grâce, je t'en prie; autrement tu es un homme mort.

Latréaumont avait déjà sauté sur ses pistolets.

— Tu me crois donc bien facile à prendre, dit-il en ajustant Brissac.

Et il fit feu; mais Brissac évita le coup, et la balle atteignit un des gardes du corps placé derrière lui. Latréaumont allait tirer de nouveau, lorsqu'il fut frappé mortellement par un des trois autres gardes. Bien qu'il eût reçu la balle en pleine poitrine, il fit quelques pas vers son lit en disant à Brissac :

— Au moins n'auras-tu que ma peau!

Et il mourut sans avoir rien dit. Un de ses valets qui était initié au complot, profitant du trouble causé dans l'hôtellerie par l'événement, monta à cheval et revint à Paris où il apprit aux gens de Rohan l'arrestation de leur maître; c'était ce valet qui avait fait entendre, près du

Le porte-clefs répondit par un éclat de rire au cri de douleur poussé par Pélisson.

fossé de la forteresse, l'avertissement que nous rapportons plus haut. Bientôt furent amenés à la Bastille le chevalier des Préaux et la marquise de Villars, arrêtés en Normandie, enfin Affinius Van Den-Enden. L'instruction du procès commença sur-le-champ. Les preuves abondaient; car, indépendamment des pièces trouvées dans les équipages du gouverneur des Pays-Bas, une lettre avait été adressée au roi par un sieur Du Causé, qui, sous prétexte d'apprendre les langues mortes, s'était introduit chez le Hollandais pour surprendre ses secrets. Mais on voulait obtenir des aveux directs des accusés et surtout savoir les noms de leurs complices, qu'on soupçonnait être d'importance. Tous les efforts de la commission d'instruction furent d'abord vains. Ce fut le chevalier de Rohan qui perdit les autres conjurés en se perdant lui-même. Il s'était, jusque-là, renfermé dans un mutisme complet, lorsqu'il vit arriver dans sa chambre Louvois, ministre de la guerre, qui lui apportait les plus touchantes marques d'intérêt : il

ne pouvait se consoler, disait-il, de voir un Rohan en prison, et le roi lui-même en était affligé ; aussi, attribuant ce qui était arrivé à un entraînement de jeune homme, avait-il résolu de lui faire grâce, pourvu qu'il consentît à dire ce qu'il savait de la conspiration. Le chevalier donna dans le piège, et, tout en ménageant autant que possible ses coaccusés, il confessa, en ce qui le concernait, la vérité entière. Dès lors le sort de tous était fixé. Le procès fut soumis à ce que l'on appelait la chambre royale de l'Arsenal, laquelle n'était autre qu'une commission nommée par le roi : cette chambre rendit un arrêt qui déclarait Louis de Rohan, des Préaux, la marquise de Villars et Affinius Van Den Enden atteints et convaincus du crime de lèse-majesté, en punition de quoi les trois premiers étaient condamnés à avoir la tête tranchée, et le dernier à être pendu.

A la lecture de cet arrêt, Rohan entra dans une colère exaspérée. Louvois, dit-il, avait fait le métier d'espion; c'était un lâche et un traître. Quant au roi, c'était un homme sans cœur et sans foi, un assassin, un pourvoyeur du bourreau. S'animant de plus en plus, il fit mine de se jeter sur le greffier et les gens qui l'accompagnaient. Quand on l'eut reconduit à la Bastille, il fallut le lier et le garder à vue ; il ne se calma que devant le père Bourdaloue, envoyé pour lui donner les secours de la religion.

— J'ai eu tort de m'emporter, dit-il ; on pourrait croire qu'un Rohan a peur de la mort.

Des Préaux et Affinius demeurèrent impassibles en entendant la terrible sentence rendue contre eux. Quant à la jeune et belle marquise de Villars, elle leva les mains vers le ciel et, d'une voix fraîche et suave, chanta un cantique à la Vierge. En conformité de l'arrêt, des Préaux et Van Den Enden furent soumis à la question. Le vieil Hollandais, malgré ses soixante-quinze ans, montra une force d'âme et un courage surprenants : ses genoux furent broyés, les chairs de ses jambes réduites en bouillie, sans qu'il proférât une plainte.

— Le sacrifice de ma vie est fait depuis longtemps, disait-il ; que la volonté de Dieu s'accomplisse !

L'exécution des quatre condamnés eut lieu le 27 novembre 1674. On les conduisit de plain-pied à l'échafaud par une galerie dressée à la hauteur des fenêtres de la salle d'armes de l'Arsenal : le chevalier des Préaux et Affinius y furent portés ; Louis de Rohan et madame de Villars s'y rendirent à pied. Rohan fut décapité le premier ; la tête de des Préaux tomba ensuite. Puis la jeune femme s'avança en chantant ce même cantique à la Vierge qu'elle avait fait entendre à la lecture de l'arrêt : comme elle marchait lentement, le bourreau, impatient d'en finir, tendit les mains vers elle comme pour la saisir et écarter les cheveux qui lui tombaient sur les épaules.

— Arrière ! fit la marquise en se redressant fièrement ; vous n'avez commission que de me tuer.

Alors elle ôta ses coiffes, ramena ses cheveux sur sa poitrine, puis s'agenouilla. Au moment où sa tête tombait, Van Den Enden était pendu par les aides de l'exécuteur.

XIII

Ici doit trouver place l'histoire de Seldon, enfant de quinze ans, fils d'un riche Irlandais, qui l'avait mis au collège de Clermont, à Paris, pour y faire ses études. Ce collège était tenu par les jésuites, et les bons pères étaient déjà très puissants. Pour s'attirer plus encore les bonnes grâces du roi, ils s'imaginèrent de changer le nom de leur collège et de l'appeler « collège de Louis le Grand ». Ils firent donc sceller, au-dessus de la porte principale, un marbre noir sur lequel se détachaient ces trois mots latins : *Collegium Ludovici Magni.* Il n'y avait pas grand mal à cela ; mais aussi il devait être permis d'en rire un peu, et le jeune Irlandais, qui était rieur, s'avisa d'afficher au-dessous de l'inscription un distique latin dont le sens était qu'en substituant la nouvelle inscription à l'ancienne, les jésuites montraient qu'ils n'avaient d'autre religion que l'ambition, d'autre Dieu que celui qui pouvait la satisfaire. Grande rumeur parmi les saints pères : on cherche le coupable, on le trouve, il avoue. Aussitôt une députation se rend à Versailles, obtient une lettre de cachet contre ce grand criminel, et le soir même Seldon était conduit à la Bastille. Le pauvre enfant riait en entrant dans la prison, persuadé qu'on ne voulait que lui faire peur. Mais ce rire avait fait place à un tremblement convulsif lorsque, entré dans une chambre de la tour dite *du Coin*, le jeune homme entendit triples portes, triples verrous, triples serrures se refermer sur lui et l'isoler du reste du monde. La chambre n'était percée que d'étroites meurtrières non vitrées, au travers desquelles sifflait un vent glacial. Il faisait presque nuit, et on ne lui laissait pas de lumière. Il n'y avait d'autres meubles qu'un escabeau, une paillasse et une couverture. Il se coucha, mais le froid et l'inquiétude qui le dévorait l'empêchèrent de dormir : il était dans un état affreux lorsque, le lendemain, on lui apporta à déjeuner.

— Est-ce que je ne vais pas sortir d'ici ? demanda-t-il au gardien.

Il ne lui fut pas répondu, et, à partir de ce moment, les jours s'écoulèrent, pour lui, dans une épouvantable uniformité de souffrance. L'hiver avait été rigoureux ; au printemps le prisonnier tomba malade, sa vie fut en danger. On lui donna quelques soins, puis, lorsqu'il fut hors de danger, on lui annonça qu'il allait sortir de la Bastille.

—Ah ! merci ! s'écria-t-il en joignant les mains et levant les yeux au ciel ; la pénitence a été rude.

Ses préparatifs furent bientôt faits ; car on ne lui avait laissé, en entrant en prison, que les vêtements qu'il avait sur lui. A la porte extérieure une voiture attendait.

— Oh ! s'écria-t-il en l'apercevant, point de carrosse ! sentir le pavé sous mes pieds, cela me semble si bon !

— La course serait trop longue, dit un homme placé près du marchepied de la voiture.

— Quoi! ne vais-je pas retourner au collège?

— Vous venez avec moi, et moi je vais aux îles Sainte-Marguerite, où je dois vous remettre au gouverneur du château.

— Je ne suis donc pas libre!

Il s'arrêta, ses genoux fléchirent, une pâleur mortelle couvrit son visage; il serait tombé si le gardien ne l'avait soutenu. L'homme dont les paroles venaient en quelque sorte de le foudroyer le prit par l'autre bras, et Seldon fut porté plutôt que conduit jusque dans la voiture, qui partit aussitôt.

Cela se passait en 1676. Quinze ans après, en 1691, le malheureux Seldon était extrait de la prison des îles Sainte-Marguerite, où il avait passé ces quinze années, et ramené à la Bastille. Seize autres années s'écoulèrent encore sans qu'il fût question de lui rendre la liberté. Pendant ce temps, son père, sa mère étaient morts sans savoir où était leur enfant, et comme ils étaient riches, l'infortuné captif était, sans le savoir, devenu possesseur d'une grande fortune. Mais ses persécuteurs le savaient, eux. Enfin, en 1703, le gouverneur de la Bastille, alors Saint-Mars, autrefois gouverneur des îles Sainte-Marguerite, lui annonça que le roi avait résolu de lui faire grâce, pourvu qu'il donnât des garanties de sa conduite future.

— L'aumônier est chargé de vous dire cela, ajouta Saint-Mars; mais, avant tout, il faut que vous juriez de ne jamais révéler ce que vous avez pu voir ou entendre durant votre détention.

— Je suis prêt à faire ce serment.

Alors le gouverneur conduisit le prisonnier dans la chapelle; l'aumônier le fit approcher de l'autel sur lequel était ouvert le livre des saints Évangiles. Seldon, ayant le gouverneur à sa droite et l'aumônier à sa gauche, étendit la main sur le livre sacré, et, répétant le serment que le jésuite dictait :

— Je jure, dit il, sur mon salut, devant Dieu qui m'entend, de ne jamais révéler par paroles, écrits, ni de quelque manière que ce soit, ce que j'ai vu et entendu pendant tout le temps de ma captivité; de ne jamais me plaindre de la manière dont j'ai été traité, et de ne conserver ni haine ni colère contre aucune des personnes auxquelles ma garde a été confiée.

La cérémonie terminée, Saint-Mars se retira, laissant Seldon avec l'aumônier.

— Mon fils, dit celui-ci, je dois vous apprendre que, depuis plusieurs années, Dieu a rappelé à lui votre père et votre mère. Vous êtes donc possesseur d'une certaine fortune. Or

le roi, dans sa sollicitude, craignant que ce ne soit pour vous la cause de quelque nouvelle faute, a fixé l'emploi que vous en devez faire. Il a décidé que vous feriez cession de vos biens à la sainte société de Jésus, représentée par moi en cette circonstance, moyennant une rente annuelle de deux mille livres qui vous sera servie par moi ou tout autre membre de la société. J'ai fait dresser un acte en conséquence; consentez à le signer devant témoins, et vous serez immédiatement après mis en liberté.

Seldon comprit à ce moment la raison de la longue captivité qu'il avait subie : la sainte compagnie avait su qu'il serait riche un jour, elle avait convoité cette fortune, et, persévérante dans ses desseins, elle avait attendu le moment opportun pour s'en emparer. Dans l'état où il se trouvait, le malheureux aurait acheté quelques jours de liberté au prix du reste de sa vie; il consentit à tout ce que voulut le jésuite, il signa l'acte de cession, et sortit enfin de ce tombeau où il était entré trente-deux ans auparavant. Revenu en Irlande, Seldon retrouva plusieurs membres de sa famille, qui le pressèrent de raconter ce qui lui était arrivé. Il dit qu'il avait passé tout ce temps sous les verrous, raconta comment il avait acheté sa liberté; mais, pressé d'entrer dans les détails de sa captivité, il avoua qu'à ce sujet un serment l'obligeait à se taire. La violence, la spoliation étaient manifestes; on lui représenta qu'un serment ainsi arraché devait être considéré comme non avenu; de respectables ecclésiastiques qu'il consulta l'assurèrent qu'il ne le liait point. Alors il manifesta l'intention de faire un procès à la société de Jésus; mais en face de la puissance de l'ordre, l'énergie lui manqua, et les bons pères restèrent en possession de la fortune qu'ils avaient si horriblement extorquée.

XIV

De 1676 à 1768, la Bastille regorgea de prisonniers accusés d'empoisonnement. La marquise de Brinvilliers, si célèbre dans l'histoire de ce temps, avait eu de nombreux imitateurs; il n'était question que de morts subites et de fabricants de *poudre de succession*. Mais il est à remarquer qu'à l'exception de la fameuse marquise, dont la fin est trop connue pour que nous la rapportions ici, tous ceux des prisonniers qui furent condamnés de ce chef étaient ce qu'on est convenu d'appeler des gens de rien. Quant aux grands seigneurs, ils en étaient quittes à peu de frais. Parmi les personnages qui furent à cette époque arrêtés ou seulement assignés à comparaître pour cause d'empoisonnement, on cite : la princesse de Tingry, qui avait empoisonné ses enfants, dont le crime était prouvé, et qui néanmoins fut déchargée de l'accusation; le duc de Luxembourg, qui avait acheté du poison à la Voisin sans pouvoir dire ce qu'il en voulait faire, et qui en fut quitte pour un exil dans ses terres après un emprisonnement de cinq mois; le comte de Saissac, qui avait pris la fuite après avoir tenté d'empoisonner son frère, et qui revint quand il sut que ceux qui auraient pu déposer contre lui étaient morts; la comtesse de Soissons, qui avait empoisonné son mari, et à laquelle le roi se contenta de donner le choix entre la Bastille et l'exil; la duchesse de Bouillon, qui avait tenté de se débarrasser de son mari comme madame de Soissons avait fait du sien; la marquise d'Alluye, accusée du même crime sur son beau-père, et qu'on laissa passer à l'étranger; la comtesse de Polignac, la comtesse du Roure, la duchesse de Vivonne, coupables d'avoir tenté de faire mourir mademoiselle de La Vallière afin de lui succéder dans les bonnes grâces du roi, et qui furent déchargées de l'accusation.

Mais si la chambre royale de l'Arsenal, que le roi avait composée d'hommes de son choix pour juger les empoisonneurs, se montra si bénigne pour toutes ces grandes dames et ces puissants seigneurs, elle fut inflexible pour les criminels de bas étage : elle les entassa à la Bastille, elle les fit torturer, pendre, rouer, brûler, sur le moindre indice de culpabilité. Tel fut le sort du prêtre Davot, qui n'avait pas usé de poisons, n'en avait pas fait, mais avait dit des messes pour rendre plus violents ceux que d'autres composaient; du prêtre Guibourg, accusé d'avoir fabriqué une substance qui faisait mourir en riant; de Le Sage, de la Voisin, de la fille La Grange, du curé de Launay, qui faisaient métier de dire la bonne aventure et fournissaient aux grands seigneurs la « poudre de succession » dont ils avaient besoin pour rétablir leurs finances.

Après les empoisonneurs vinrent les chimistes. Cinq Siciliens qui vivaient à Paris de charités ou à peu près, furent mis à la Bastille sous l'accusation de se livrer à la composition de poudres *suspectes*. Qu'était-ce que ces poudres ? on n'en savait rien : sans prendre la peine de les analyser, on enferma les Siciliens. Avait-on besoin d'y regarder de si près ? Pourtant, après une assez longue détention, on les fit reconduire à la frontière.

C'est aussi à cette époque qu'on mit à la Bastille un Italien nommé Vinache. Celui-ci prétendait faire de l'or. Un jour il se présenta chez M. Despontis, chef d'escadre, qui était sur le point d'entrer en campagne, et lui dit que, s'il voulait l'emmener sur son vaisseau, il s'engageait à couler bas les vaisseaux ennemis qu'il rencontrerait, et cela sans qu'il fût besoin de tirer un coup de canon. M. Despontis répondit qu'il voulait se battre et ne voulait pas se damner en faisant de la magie. Vinache fut plus heureux auprès de M. de Chaulnes, des ducs d'Orléans et de Nevers, et il en obtint de grosses sommes en promettant de les initier au grand art de la transmutation des métaux. Il se livra en effet, en présence de ces personnages, à certaines opérations de chimie. Mais l'or ne se produisait guère; et comme il faisait payer ses leçons très cher, les élèves y avaient renoncé. Il fallait pourtant que Vinache eût quelque précieux talent, car il menait grand train, se montrait prodigue, et on ne lui connaissait point de revenus.

A cette même époque Samuel Bernard, ce riche juif qui força Louis XIV à venir en personne lui emprunter de l'argent, avait pour valet de chambre un nommé Tronchin, lequel pria un jour Samuel de vouloir bien lui donner de vieux louis contre des neufs qu'il avait. L'échange se fit : mais Tronchin étant revenu à la charge, Samuel Bernard s'étonna que son valet eût tant d'or et qu'il préférât les vieux louis aux neufs : il examina ces derniers, puis il demanda à Tronchin d'où lui venaient les louis qu'il lui avait changés. Le valet ne fit pas difficulté de dire qu'il les tenait de Vinache. Dès le lendemain Samuel Bernard et Vinache, qui se voyaient pour la première fois, étaient liés comme s'ils se fussent connus depuis vingt ans. A partir de ce moment aussi, chaque nuit Samuel envoyait une hottée de vieux louis chez Vinache, et il en recevait une de neufs. Ce petit commerce parut suspect à M. d'Argenson, lieutenant de police; il arrêta Vinache, qui fut conduit à la Bastille. On ne trouva d'ailleurs chez lui que des creusets, différents minéraux, rien enfin de particulier à un faux monnayeur. En arrivant à la Bastille, Vinache demanda à parler au gouverneur.

— Monsieur le gouverneur, lui dit-il, sommes-nous seuls ?

— Absolument seuls.

— Je puis donc parler sans crainte. Eh bien! monsieur, je veux vous prier de me rendre un service qui vous vaudra en échange vingt mille livres et ne vous compromettra en rien.

Le gouverneur rougit légèrement.

— Il ne s'agit pas de vous corrompre, monsieur, il s'agit tout simplement de faire savoir à M. Samuel Bernard que je suis arrêté et détenu ici, et que je le prie de remettre vingt mille livres à la personne qui lui en portera la nouvelle.

— Vous ne pouvez avoir à votre disposition, ici, une somme aussi forte : cela est contraire aux règlements.

· — Mais cette somme, vous la garderez ; elle vous appartiendra.

— Il est impossible que vous m'offriez une pareille somme sans désirer quelque chose de moi.

— Sans doute, et je vous l'ai dit : je désire que l'on fasse savoir à M. Bernard que je suis arrêté.

Le gouverneur hésita un instant, la somme méritait considération ; mais il pensa qu'il devait y avoir quelque dessous de cartes, et comme, à cette époque, le gouvernement de la Bastille ne valait pas moins de soixante mille livres par an et qu'il pouvait craindre de le perdre, il refusa. Ce refus parut vivement contrarier Vinache. En arrivant dans sa chambre il tomba accablé. Le soir, quand on vint lui apporter à souper, on le trouva mort : il s'était coupé la gorge.

A quelque temps de là, une grande rumeur éclata sur divers points de la France : les caisses publiques et particulières, les comptoirs de la bourgeoisie étaient infestés de louis qu'on appela *de fabrique*, louis parfaitement frappés et ayant le poids voulu, mais qui perdaient six francs chacun. Peut-être qu'une descente de d'Argenson chez Samuel Bernard eût amené la découverte du mystère ; mais on avait trop grand besoin de l'Israélite pour oser lui causer ce déplaisir, et l'incident n'eut pas d'autres suites.

XV

Après l'affaire des poisons, la persécution religieuse devait pourvoir de nombreuses victimes les cachots de la Bastille.

Tourmenté par des terreurs religieuses, Louis XIV était devenu la proie du père Lachaise, son confesseur, et de madame de Maintenon. Quoique confite en dévotion, madame de Maintenon ne voulait cependant pas épouser Dieu, elle voulait épouser le roi. De son côté, le père Lachaise poussait de toutes ses forces son royal pénitent à l'extermination des protestants. Louis résistait, en songeant aux stigmates ineffaçables dont la Saint-Barthélemy avait couvert Charles IX. Dans ce double but, le père Lachaise montrait au roi l'enfer ouvert pour lui s'il ne sanctifiait par le mariage ses relations avec madame de Maintenon, et celle-ci répétait à tout propos qu'elle voulait quitter le monde, afin de ne pas avoir la douleur d'assister au renversement par les huguenots du pouvoir royal contre lequel ils conspiraient incessamment.

Après avoir essayé de lutter contre cette attaque combinée, Louis XIV finit par se rendre, et l'édit de Nantes, par lequel Henri IV autorisait les protestants à exercer librement leur culte, fut révoqué. C'est alors qu'eurent lieu, dans les Cévennes, les massacres connus sous le nom de *Dragonnades*.

A peine l'ordonnance qui révoquait l'édit de Nantes eut-elle été publiée, que deux cent mille protestants quittèrent le royaume. On s'empressa de confisquer les biens de ceux qui n'avaient pas pu tout vendre avant de partir. Alors parut une autre ordonnance portant, sous les peines les plus sévères, défense aux protestants de franchir les frontières, peines qui devaient également atteindre quiconque les aiderait. Les arrestations devinrent innombrables : on ne se borna plus à jeter en prison les protestants, on y jeta leurs amis et tous ceux qui témoignaient pour eux quelque pitié.

C'est surtout à ce moment que la Bastille fut le théâtre de scènes indescriptibles : les filles séparées de leurs mères, les femmes de leurs maris, étaient exposées sans défense aux passions brutales des porte-clefs. Ces misérables laissaient mourir de faim les prisonniers qui possédaient quelque argent, afin de s'en emparer. A la moindre plainte le récalcitrant était attaché aux barreaux des fenêtres, et il restait souvent deux jours entiers dans cet état. Beaucoup devinrent fous. D'autres se révoltaient contre leurs bourreaux et se ruaient sur eux dans l'espérance de se faire tuer ou de tuer, pour être ensuite condamnés à mort. C'est ce qui arriva à un jacobin nommé du Ham, jeté à la Bastille sur la demande des supérieurs de son couvent. Du Ham avait été enfermé dans une de ces cages de pierre appelées *calottes*, situées au sommet des tours et où, pendant l'été, la chaleur était suffocante, et, pendant l'hiver, le froid insupportable. Il se montra d'abord résigné, espérant qu'à raison du peu de gravité de son cas on ne tarderait pas à le traiter avec moins de rigueur. Mais près de deux ans s'écoulèrent sans adoucissement : loin de là, à la fin de la première année on cessa de lui donner le peu de vin qui lui avait été accordé jusque-là. Du

Ham souffrait d'autant plus qu'il était jeune et robuste. Un jour que le porte-clefs, nommé Saint-Jean, qui avait coutume de lui apporter sa nourriture, avait, par méchanceté ou maladresse, répandu une partie de la soupe destinée au jacobin, celui-ci s'en plaignit amèrement. Saint-Jean lui rit au nez et lui dit qu'on faisait toujours assez pour un homme qui ne payait pas.

— Je ne payais pas davantage l'année dernière, fit observer du Ham, et l'on m'accordait du vin.

— Ah ! répliqua le gardien d'un ton goguenard, de la gourmandise ! voilà un bien vilain péché pour un saint homme.

— Ne voyez-vous pas que je meurs de faim ?

— Ah ! dame, ce n'est pas ici comme au couvent, où l'on fait pénitence avec de grasses poulardes et de bon vin.

— Misérable ! s'écria le religieux, je suis sûr que tu me voles mon vin. J'en aurai raison.

— Des menaces ! Eh bien ! oui, je bois ton vin, parce que je le gagne mieux que toi. Jusqu'à présent je l'ai bu dans l'escalier, maintenant je le boirai ici, à ta santé.

Dès ce moment la résolution du jacobin fut prise : il détacha une barre de son lit, la cacha sous sa couverture, et attendit. Le lendemain, Saint-Jean arriva à l'heure ordinaire. Cette fois, il n'apportait que du pain, la soupe était supprimée. Après avoir posé le pain sur un escabeau boiteux, seul meuble de céans avec le lit, il tira une bouteille de sa poche.

— A ta santé ! moine, dit-il en ricanant.

Et il porta le goulot de la bouteille à ses lèvres. A ce moment du Ham saisit la barre vengeresse et en asséna au porte-clefs un coup si violent que celui-ci tomba sans pousser un cri.

Après s'être assuré que son bourreau était mort, du Ham le déshabilla, se revêtit de ses habits, s'empara des clefs et, à la fin du jour, il sortit de sa cage, descendit, ouvrit successivement toutes les portes, arriva dans la cour du Puits, enfin pénétra dans l'allée qui conduisait à la grande cour. Lorsqu'il fut parvenu au pont séparant la grande cour de la première, il trouva ce pont levé : alors il se blottit dans un coin, près du corps de garde, attendant que le pont s'abaissât pour donner passage à quelque ronde. Il n'attendit pas longtemps, car la vigilance de la garnison était grande à cause de la quantité de prisonniers entassés dans la forteresse, à cause aussi de l'évasion récente d'une dame Vion, arrêtée pour avoir procuré des passeports à des protestants et qui avait disparu de la Bastille sans que l'on pût découvrir par où elle avait passé. Du Ham guettait à peine depuis un quart d'heure, lorsque le pont s'abaissa devant le major faisant sa première ronde de nuit. Le jacobin sortit de sa cachette et, faisant résonner son trousseau de clefs, il s'avança sur le pont. Déjà il était arrivé au milieu lorsque le soldat qui précédait le major s'avisa d'élever son falot à la hauteur du visage du fugitif.

— Tiens ! fit-il en s'arrêtant court, en voici un que je ne connaissais pas.

— Qu'est-ce ? dit l'officier.

Les quatre soldats qui suivaient le major s'arrêtèrent et barrèrent le pont. Du Ham sentit qu'il était perdu.

— Au moins, s'écria-t-il, je cesserai de souffrir !

Et, se jetant sur un des soldats, il lui arracha son mousquet et s'en servit comme d'une massue. Il avait déjà renversé deux hommes lorsque les cris aux *armes !* attirèrent les soldats des divers corps de garde. Atteint de deux coups de hallebarde, Du Ham tentait de se précipiter dans le fossé, quand il fut saisi par la ceinture et porté dans le poste le plus voisin. Bien que graves, ses blessures n'étaient pas mortelles ; on se contenta de les bander avec un morceau de sa chemise, et on le déposa en cet état dans le plus hideux des cachots, en attendant qu'on statuât sur son sort. Le gouverneur de Besmeaux crut devoir soumettre l'affaire au lieutenant de police, M. de La Reynie, lequel décida qu'elle ne devait pas avoir d'autres suites.

— Puisqu'il est au cachot, ajouta-t-il, qu'on l'y laisse.

Cet ordre ne fut que trop ponctuellement exécuté ; ce jour-là même, le major fit murer la porte du cabanon.

— Eh quoi ! dit ce malheureux d'une voix presque éteinte, alors que l'ouverture du caveau était déjà presque entièrement bouchée, n'aurez-vous pas la charité de m'étrangler avant de m'enterrer ?

On ne lui répondit point : les pierres continuaient à s'élever l'une sur l'autre ; on ménagea seulement au milieu un trou suffisant pour passer la nourriture.

Telle était la vigoureuse constitution de l'infortuné du Ham, qu'il resta trente-deux ans dans cette fosse. Un jour enfin, en 1720, on l'appela inutilement pour qu'il prît le pain et l'eau qu'on lui passait par le trou. D'abord on ne s'en inquiéta pas davantage ; mais l'odeur qui sortait de cette tombe devint bientôt tellement insupportable, qu'on se décida à démolir le mur élevé trente-deux ans auparavant, afin d'inhumer le cadavre putréfié de cette victime de la lettre de cachet.

Nous l'avons dit, la persécution contre les protestants avait rempli outre mesure les cachots de la Bastille : là où il y avait place pour un prisonnier seulement, on en avait mis trois ou quatre. De cet encombrement était résultée une épidémie qui avait pris des proportions inquiétantes. Le lieutenant de police La Reynie fut chargé de remédier à ce fléau. Dans cet objet, il se rendit à la Bastille, s'installa dans la salle destinée aux interrogatoires, et fit successivement comparaître devant lui les prisonniers que la fièvre dévorait, ceux qui refusaient de manger. A ces martyrs il demandait des choses insignifiantes, après quoi il les faisait transférer en tel ou tel lieu, où ces infortunés, bientôt oubliés, ne tardaient pas à mourir. Quelques-uns pourtant eurent le malheur d'avoir la vie dure. De ce nombre furent une dame Mallet et ses trois filles, dont tout le crime était d'avoir acheté des passeports afin de quitter la France. La Reynie les fit conduire dans la prison de Pont-de-l'Arche, une des plus redoutées de la province. La mère y mourut douze ans après ; ses trois filles lui survécurent peu, exténuées qu'elles étaient par les privations.

Bordier, ministre protestant à Rouen, s'était, dès les premiers jours de la persécution, réfugié en Angleterre ; mais, noble cœur qu'il était, il se reprocha d'avoir abandonné ses frères, et rentra en France pour les soutenir. Tous les efforts de la police étant alors dirigés vers les réformés, non seulement on sut qu'il était à Paris, mais on apprit qu'il faisait de fréquentes visites à un nommé Blisson, dont la sœur, Angélique, après avoir abjuré le protestantisme pour sauver sa vie, était rentrée dans le giron de l'Église luthérienne. Angélique avait pour fiancé un jeune médecin protestant nommé Bernier. Bordier avait promis de les unir, et comme cette union ne pouvait s'accomplir que secrètement, une nuit avait été choisie pour la célébration. Obligé de se dérober à tous les regards, Bordier sort de sa retraite à minuit pour se rendre chez Blisson ; mais à peine a-t-il mis le pied dans la maison qu'elle est envahie par les exempts de police. Blisson et Bernier tentent de se défendre ; Bordier adjure les assaillants de se retirer : paroles perdues ; tous sont arrêtés et conduits à la Bastille. Angélique avait été enfermée dans une chambre du deuxième étage de la tour du Puits, Bernier dans la calotte de la même tour. Ils ne se savaient pas si voisins ; mais la jeune fille, pour adoucir l'ennui de sa captivité, se mit un soir à chanter des psaumes ; Bernier

reconnut sa voix et il y répondit. Le jour où ils s'entendirent ainsi fut un jour de bonheur. Mais on ne se trouve jamais assez heureux. Bernier avait trouvé un gardien peu sévère : il se procura des plumes, de l'encre, du papier, et écrivit ; puis il attacha son épître au bout d'un fil, qu'il avait fabriqué aux dépens de ses vêtements, et la lança dans l'espace. Angélique avait deviné ce message, elle l'attendait, elle parvint à le saisir ; puis, à défaut d'encre et de plume, elle écrivit sa réponse avec la pointe d'une épingle, sur les marges d'un livre de messe placé auprès d'elle pour aider à sa conversion, et elle l'attacha au fil qui remonta sans accident. Ces infortunés, qui ne pouvaient se voir, avaient trouvé un adoucissement à leurs maux, ils étaient aussi heureux que le comportait leur déplorable position, lorsqu'un jour le gouverneur aperçut la correspondance volante et la fit saisir. Le crime était grand ; car, indépendamment de la désobéissance aux règlements qui interdisaient toute correspondance entre les prisonniers, des lettres avaient été écrites sur les marges d'un livre de messe par la main d'une protestante ! C'était là une énormité digne des plus terribles châtiments. Bernier fut mis au cachot et ensuite transporté à la prison de Guise. La jeune fille devait être traitée de même ; mais le major, qui avait remarqué sa beauté, la fit mettre dans la chambre d'où son fiancé avait été enlevé. Rien ne saurait peindre la douleur d'Angélique lorsqu'elle sut le départ de Bernier. Ce fut en vain qu'elle supplia le major de lui apprendre où il était. La vue des larmes de la jeune fille ne produisit d'autre effet que de surexciter la passion du major.

— Consolez-vous, mon enfant, lui dit-il ; Dieu merci, il n'y a pas qu'un joli garçon dans le monde.

Et il voulut la prendre dans ses bras. Angélique, effrayée, poussa un cri perçant et, se dégageant des mains du misérable, elle s'éloigna de lui autant que le permettait l'exiguïté du lieu.

— Oh ! ma poulette, fit le major, quand on écrit à un homme les belles choses que j'ai lues, on a mauvaise grâce de s'effaroucher pour si peu.

— Ne m'approchez pas ! s'écria-t-elle.

— Nous connaissons ces façons-là, ma belle, et nous en avons mis à la raison d'aussi sauvages que vous. Faisons la paix. Vous n'y aurez pas regret, je vous le jure, et il n'y aura pas de grande dame ici mieux traitée que vous... Que diable ! je suis jeune aussi, moi, et aussi bien taillé que ce freluquet de Bernier.

Il se rapprocha alors d'Angélique, qui poussa de nouveaux cris.

— La nuit porte conseil, reprit le major, je vous donne jusqu'à demain. Méditez bien ceci : vous serez à moi de gré ou de force, car je l'ai résolu. Et, suivant que vous prendrez l'une ou l'autre manière, il en résultera une grande différence pour vous : ainsi, je puis vous donner une jolie chambre d'où vous verrez tout Paris, vous permettre la promenade dans le jardin du gouverneur, et faire servir votre table comme celle d'une princesse. Je ferai cela si vous voulez être à moi. Mais je puis aussi vous donner pour demeure un cachot, pour ordinaire du pain, et de l'eau, et même vous faire mettre à la question, si vous vous montrez toujours aussi farouche.

Il sortit sur ces derniers mots.

Pendant que cela se passait, un porte-clefs entrait chez un des prisonniers du premier étage de cette même tour. Ce prisonnier était Blisson, qui ne se savait pas si près de sa sœur. Il venait d'entendre les cris d'une femme, et, bien qu'il n'eût pas encore reconnu la voix d'Angélique, ces cris lui avaient causé une vive émotion.

— Que se passe-t-il ? demanda-t-il au gardien qui lui apportait le souper.

— Ce n'est rien, répondit en riant le porte-clefs, c'est le major qui fait la cour à une poulette... Ah dame! ce qu'on ne veut pas lui donner, le major le prend.

— Le misérable ! s'écria Blisson, qui venait de deviner sa sœur, dont il n'avait pas eu de nouvelles depuis qu'on les avait séparés.

Et comme en ce moment le gardien ouvrait la porte pour sortir, Blisson se précipita sur lui, le renversa et s'élança dans l'escalier. A peine avait-il monté quelques marches qu'il rencontra le major. Ce dernier tenta de l'arrêter ; mais, dans l'état d'exaltation où il était, Blisson était indomptable : il saisit le major par les jambes et l'envoya rouler sur le gardien. Pendant ce temps, Blisson frappait à la porte de la chambre d'où les cris étaient partis.

— Sœur ! criait-il de toutes ses forces, c'est moi, Blisson, ton frère. Réponds-moi.

Il écouta ; mais le plus profond silence régnait à l'intérieur ; il frappait de nouveau lorsque le gardien et le major, qui s'étaient relevés, accoururent à lui pour le saisir. D'un bras nerveux Blisson colla le major contre la muraille ; il se retournait pour saisir le gardien de l'autre main, lorsqu'il reçut sur la tête un si furieux coup de clefs qu'il tomba sur les genoux. Il se releva pourtant et se défendit en-

core ; mais, affaibli par le sang qu'il perdait, il alla tomber sur les barreaux de la fenêtre du palier auxquels le gardien l'attacha fortement.

— Pardieu ! dit le major, je veux profiter de l'occasion pour faire voir comment on traite ici les récalcitrants.

Il ouvrit la porte, et jeta aussitôt une exclamation de surprise en même temps que Blisson poussait un cri de rage. L'infortunée jeune fille, prévoyant qu'elle ne pourrait se soustraire à la brutalité du major, s'était pendue avec son fichu aux barreaux de la fenêtre qui faisait face à celle où Blisson était attaché. Le major délia le fichu ; il était trop tard.

— Baste, dit le monstre, c'est une pie-grièche de moins.

— Angélique ! ma sœur ! criait Blisson.

Et ses efforts pour rompre ses liens étaient si violents, que les cordes lui entraient dans les chairs.

— Faisons taire ce braillard ! dit le major.

Blisson fut bâillonné avec un mouchoir, puis porté au cachot ; il y mourut le lendemain.

Cet événement passa en quelque sorte inaperçu, tant les incidents de cette nature étaient fréquents à la Bastille où, sur trois prisonniers, dit un historien, un devenait fou et l'autre se tuait. Le major prétendit que la jeune protestante était devenue folle d'amour, et qu'à cette cause devait être attribué son suicide. L'explication paraissait si naturelle que le gouverneur n'en demanda pas davantage.

Si un grand nombre de prisonniers mouraient ainsi, beaucoup aussi cherchaient à s'évader, et, bien que cela fût réputé impossible, quelques-uns y réussirent. Pour recouvrer la liberté, il n'est pas d'ingénieux moyen qui n'ait été mis en œuvre. De toutes les évasions qui eurent lieu à cette époque, il n'en est pas qui offre plus d'intérêt que celle d'un abbé nommé Dubouquoit. L'abbé devait sa détention à quelques paroles peu mesurées sur la persécution des protestants : on l'avait d'abord déposé au For-l'Evêque d'où il s'était échappé ; repris peu de temps après et enfermé dans le château de La Fère, il était encore parvenu à en sortir. Arrêté une troisième fois, on l'avait enfermé à la Bastille. L'abbé ne se découragea pas : il parut soumis, ne proféra pas une plainte ; il parlait aux gardiens avec politesse, les plaignait du rude service qu'ils avaient à faire, et disait qu'on ne prisait pas assez la fidélité de ces hommes de choix. Cette attitude eut l'effet qu'il en attendait, et les porte-clefs finirent par s'intéresser à lui, tant la flatterie est puissante, même sur les natures les plus abjectes. Sur le rapport qu'ils firent de la douceur et de la rare docilité du prisonnier, on le mit dans un cachot plus supportable, puis dans une chambre occupée déjà par trois autres captifs. Là il crut pouvoir songer à recouvrer sa liberté par les moyens qui lui avaient déjà réussi, mais il eut le tort de se confier à ses compagnons de geôle; un d'eux le dénonça : car tel est l'effet de la captivité, qu'elle pousse les hommes faibles à la délation, par l'espoir d'obtenir quelque adoucissement à leurs maux. L'abbé Dubouquoit nia énergiquement avoir eu la pensée de s'enfuir, mais on trouva dans son lit une corde qu'il avait faite avec sa chemise coupée par bandes, et, devant cette preuve, il dut se résigner à retourner dans son premier cachot. Cet échec ne le découragea pas, et il reprit ses manières toutes bienveillantes vis-à-vis des gens de la prison. Toutefois, il se passa un assez long temps avant qu'il pût obtenir un mot de ceux qui lui apportaient sa nourriture : on l'écoutait, mais on ne lui répondait pas. Enfin, après une longue persévérance dans ce rôle, et après avoir promis de ne plus songer à s'échapper, on le remit dans une chambre avec deux autres prisonniers.

Dubouquoit, cette fois, commença par étudier avec soin ses compagnons, et il ne tarda pas à reconnaître qu'il n'y avait pas à compter sur eux. Il avisa donc à se faire transférer dans un autre local. Pour y parvenir, il imagina de chanter à tue-tête la plus grande partie de la nuit; bien entendu, ses codétenus murmurèrent, c'était ce qu'il voulait. Après une deuxième nuit blanche, ils menacèrent de se plaindre au gouverneur : l'abbé se garda bien d'interrompre ses chants. Les plaintes eurent lieu. Le major menaça Dubouquoit de le réintégrer au cachot s'il continuait à troubler le repos d'autrui. L'abbé répondit qu'il chantait les louanges de Dieu, ce qui ne pouvait être chose répréhensible; qu'à la vérité il chantait un peu haut, mais qu'il en agissait ainsi pour ne point entendre la conversation de ses compagnons, de laquelle il avait été scandalisé. Ceux-ci eurent beau crier au mensonge, l'abbé n'en démordit pas : il ajouta qu'il n'avait jamais manqué de docilité; il en appela, sur ce point, au major lui-même, qui ne pouvait nier que Dubouquoit fût un vrai modèle de douceur. Ce que le major vit de plus clair dans l'affaire, c'est que ces hommes ne se plaisaient pas ensemble; en conséquence, il donna l'ordre de transférer l'abbé de la tour du Puits, où il était, à celle de la Basinière. Dubouquoit n'en demandait pas davantage. Au moyen de ces divers changements de résidence, il apprenait à

connaître les êtres, il mesurait les distances, comptait les sentinelles, renseignements dont il se proposait de tirer parti à la première occasion.

Les prisonniers en compagnie desquels on l'avait mis cette fois étaient un baron allemand protestant, et un catholique : ce dernier avait mission de convertir le baron. L'abbé reconnut en peu de temps qu'il pouvait compter sur l'Allemand. L'autre lui était suspect : il fallait donc l'éloigner. Pour y parvenir Dubouquoit commença à susciter entre le protestant et le catholique des querelles que l'irritation causée par la captivité envenima promptement. Au baron il disait qu'il aurait été mis sûrement en liberté depuis longtemps, si le catholique n'avait pris l'engagement de le convertir; au catholique il insinuait que l'entêtement du baron était la seule cause qui le faisait retenir. Des reproches violents furent échangés entre ces deux hommes; de là aux injures la transition fut courte. Ils allaient se jeter l'un sur l'autre; Dubouquoit se mit entre eux.

— Fi! s'écria-t-il, des gentilshommes se prendre aux cheveux comme des portefaix!

— Vous avez raison, dit le baron; mais je n'ai point d'autre moyen de traiter ce misérable comme il le mérite... Ah! si je le tenais au bout de mon épée...

— Tu ne m'y tiendrais pas longtemps, cria le catholique, car je te passerais auparavant la mienne au travers du corps.

— Que ne donnerais-je pas pour avoir à l'instant deux épées!

— Tout beau! dit l'abbé qui continuait à s'interposer; vous n'allez pas renouveler la folie de deux mousquetaires avec lesquels j'étais au For-l'Évêque, lesquels, n'ayant pas d'autres armes pour vider leur querelle, emmanchèrent je ne sais quels méchants bouts de fer dans des bâtons?

Et Dubouquoit, qui dès le commencement de la querelle avait tiré de sa poche une paire de ciseaux pour se couper les ongles, les jeta sur la table comme pour avoir les mains plus libres et contenir plus facilement les deux adversaires. Le baron sauta sur les ciseaux.

— Vos mousquetaires n'étaient pas des sots, dit-il, et voici des épées toutes trouvées.

Il n'avait pas achevé que déjà les deux branches des ciseaux étaient séparées. L'abbé eut l'air de se fâcher et de persister à vouloir empêcher ses compagnons d'en venir aux mains; mais il le fit si mollement, et il s'embarqua dans de si longues phrases pour démontrer combien le duel était chose répréhensible, qu'avant qu'il eût achevé son homélie, le baron avait solidement fixé chaque branche des ciseaux au bout d'un bâton pris dans le bois de chauffage qui leur était accordé, et avait jeté un de ces bâtons à son adversaire, qui le saisit. Dubouquoit alors, feignant le plus grand effroi, courut vers la porte qu'il heurta à coups redoublés en appelant au secours. Le major et deux gardiens accoururent et parvinrent à désarmer les combattants.

— Monsieur, dit l'abbé au major, vous connaissez mon amour pour la paix, et je n'ai pas besoin de vous dire que je ne suis pour rien dans cette querelle ; mais je dois rendre cette justice à M. le baron qu'il a été poussé à bout.

— Comment ! s'écria le catholique, vous osez dire...

— Mon ami, reprit doucement l'abbé, je dis la vérité comme c'est mon devoir : au lieu de discuter tranquillement avec M. le baron pour l'amener à reconnaître ses erreurs, vous vous emportez, vous avez sans cesse l'injure à la bouche. Ce n'est pas ainsi qu'on ramène les gens dans la voie de la vérité.

Le catholique ne se possédait plus.

— Vous êtes un imposteur ! criait-il.

— Vous le voyez, monsieur le major, reprit encore Dubouquoit, cet homme est vraiment atteint de folie furieuse.

Sur un signe de leur chef, les gardiens entraînèrent le catholique au cachot. Dès que l'abbé fut seul avec l'Allemand, il s'ouvrit franchement à lui sur ses projets d'évasion.

— Il y a longtemps que j'ai pensé à cela, répondit le baron, et lorsque j'étais seul dans cette chambre j'avais réussi à me mettre en communication avec les prisonniers enfermés au-dessus ; mais depuis que l'on m'a adjoint le mauvais drôle qui vient de partir, j'ai cessé ces relations, car je me défiais de lui.

— Quels sont donc vos moyens de communication ?

— Rien de plus simple : les tuyaux de cheminée de chaque tour se rejoignent vers leur extrémité ; la communication serait donc facile si, avant cette jonction, on ne rencontrait trois grilles de fer infranchissables. Mais les tuyaux devant se confondre à une certaine hauteur, le mur qui les sépare va en s'amincissant. Donc, en dérangeant quelques briques de ce mur de séparation à la hauteur de l'étage supérieur, la communication est établie.

— Et vous êtes parvenu à déranger ces briques ?

— Sans beaucoup de peine.

— Alors, s'écria l'abbé transporté de joie, nous sommes sauvés !

— Pas si vite ! Nous pouvons monter chez mes amis, et eux peuvent descendre ici, mais il n'est pas plus possible de sortir de leur chambre que de la nôtre. Il faudrait pouvoir arriver jusque sur la plate-forme, et de là, avec toutes les chances favorables, nous ne pourrions toujours descendre que dans le fossé et nous y noyer, ou y être tués par les sentinelles.

— Nous ne nous noierons pas, on ne nous tuera pas, et nous nous sauverons. Écoutez-moi ; vous devez être convaincu que je n'ai pas le moins du monde envie de vous convertir, moi qui suis ici pour avoir maudit vos persécuteurs. D'un autre côté, il est fort douteux que votre conversion, réelle ou feinte, vous fasse recouvrer la liberté ; le gouverneur tient trop à garder des pensionnaires dont on lui paie l'entretien ; il est certain cependant qu'elle adoucirait votre captivité : on vous permettrait sûrement de voir vos coreligionnaires afin de les exhorter à suivre votre exemple ; vous vous promèneriez tous les jours, et il vous serait alors facile de vous procurer peu à peu les instruments nécessaires à notre délivrance, quelques bouts de corde, des crampons, des couteaux, des morceaux de bois, etc. La besogne irait vite, car nous serions cinq à y travailler... Dites que vous vous convertissez, en songeant que votre salut et celui de vos quatre frères est entre vos mains.

Le baron eut de la peine à se rendre ; mais l'amour de la liberté donna à l'abbé une éloquence si persuasive qu'il finit par l'emporter, et l'Allemand fit son abjuration dans la chapelle de la Bastille. L'abbé, que cette conversion avait mis en grande faveur auprès du gouverneur, obtint la permission d'assister à la cérémonie, et dès ce moment il fut serré de moins près. Quant au baron, on ne manqua pas de prétextes pour le garder, mais, ainsi que l'avait prévu Dubouquoit, on lui accorda de petites faveurs. Les cinq prisonniers correspondaient tous les jours ; le baron apportait à ses amis tout ce dont il pouvait s'emparer : du linge, qu'on coupait par bandes, de vieux bouts de corde, que l'on défilait pour en faire une corde neuve, des clous, des morceaux de fer que l'abbé façonnait. L'hiver et la plus grande partie du printemps furent employés à ces préparatifs. Les travailleurs cachaient dans leurs lits, enroulaient sous leurs vêtements les fragments de corde qu'ils faisaient et qui devaient être réunis au moment d'agir.

Ce moment tant désiré arriva enfin. C'était à la fin de juin : la journée avait été orageuse ; vers le soir, la pluie tombait par torrents. Dubouquoit avait expliqué son plan à ses amis, il leur avait donné ses dernières instructions. L'heure du souper venue, un gardien avait apporté à l'abbé et au baron leur pitance ordinaire. A peine était-il sorti que Dubouquoit et le baron s'élancèrent dans la cheminée, agrandirent le trou de communication et descendirent dans la chambre de leurs amis. Bientôt on entendit venir le gardien; il venait de poser sur la table les bouteilles et les plats dont il était chargé, lorsqu'il se trouva environné des cinq conjurés, tous le couteau levé et prêts à frapper. Tout avait été si bien préparé qu'en un clin d'œil il fut bâillonné, garrotté. L'abbé s'empara de ses clefs et ouvrit la porte. Chargés de leur énorme corde à nœuds, les cinq fugitifs arrivèrent sur la plate-forme. Mais, une fois là, ils ne trouvèrent aucun objet auquel ils pussent attacher cet instrument de délivrance qui leur avait coûté tant de veilles. Heureusement la corde était plus longue qu'il ne fallait; Dubouquoit l'avait voulu ainsi, afin que non seulement elle atteignît le fossé, où il fallait que les fugitifs entrassent, mais qu'arrivés là ils pussent en couper l'excédent qui devait servir, dès que le plus agile aurait gravi le talus, à faciliter l'accession aux autres. L'abbé imagina alors de descendre dans une cheminée et d'attacher l'extrémité de la corde à la première grille qui se rencontrerait. Ainsi fixée, cette corde, garnie de gros nœuds et traversée de distance en distance par une forte cheville de bois, fut descendue jusque dans le fossé. La descente était périlleuse, particulièrement pour celui qui devait s'aventurer le premier. Ce fut Dubouquoit qui, comme chef de l'entreprise, guida ses compagnons : il descendit sans accident et se trouva avoir de l'eau jusqu'aux épaules. Il eût pu facilement atteindre le bord à la nage; mais, bien que retenue dans sa guérite par la pluie qui continuait à tomber, la sentinelle la plus voisine eût entendu le clapotement de l'eau; et puis plusieurs des prisonniers ne savaient pas nager, et il avait été convenu que tous se tiendraient par la main pour traverser le fossé.

Pendant qu'il descendait, une ronde provoqua le qui-vive de la sentinelle placée au pied de la tour. Craignant d'être aperçus, ses compagnons s'étaient alors couchés sur la plate-forme et attendaient que le bruit eût cessé. Cela dura longtemps, car plusieurs rondes se succédèrent. Ne sachant à quoi attribuer ce retard, Dubouquoit agita plusieurs fois la corde; voyant qu'on ne lui répondait point, il pensa que, effrayés, ses compagnons avaient renoncé à fuir, ou bien que, peut-être, ils avaient été découverts. Alors il traversa le fossé; arrivé au talus de l'autre côté, il tira de sa poche les fiches de

fer qu'il avait préparées, en enfonça une au niveau de l'eau, entre les pierres du revêtement, une autre aussi haut que son bras put atteindre; s'aidant ensuite de cette dernière, il put mettre le pied sur la rive. Heureusement la pluie avait redoublé de violence, et les sentinelles ne pouvaient ni voir ni entendre rien. Dubouquoit, dont l'espoir d'une délivrance prochaine décuplait les forces, parvint à escalader le dernier mur de la prison et se trouva enfin dans la cour d'une maison donnant sur la rue Saint-Antoine. Il y était à peine que des coups de feu se firent entendre; c'était sur les fugitifs qu'on tirait : deux d'entre eux furent tués, les deux autres noyés.

Cependant Dubouquoit était parvenu à gagner la rue. Le malheureux était dans un état épouvantable : ses vêtements étaient couverts de boue, le sang ruisselait de ses mains et de ses genoux, et il s'était luxé un pied. Il gagna, malgré tout, le domicile d'un de ses amis, où il demeura si bien caché que la police ne put le découvrir.

Cette heureuse évasion, qui ne fut pas la seule, comme nous le verrons tout à l'heure, aggrava la position des malheureux enfermés dans la forteresse. Tous ceux dont on redoutait l'audace furent mis au cachot, tous eurent à souffrir de la brutalité des porte-clefs, qui croyaient avoir à venger un camarade, auquel on n'avait fait d'autre mal que de lui supprimer momentanément la parole. La garde fut doublée, la promenade interdite.

Pour Dubouquoit, doué d'une constitution robuste, il avait promptement guéri de ses blessures. Dès que le bruit causé par son évasion fut un peu dissipé, il songea à quitter la France et réussit à se rendre en Suisse. De là il fit agir des protecteurs pour obtenir la permission de revenir sans avoir rien à craindre. Elle lui fut accordée; mais, au moment de repasser la frontière, il se ravisa et retourna sur ses pas, ce qui était plus prudent. Ce ne fut qu'après la mort de Louis XIV (1715) qu'il rentra en France.

XVI

A M. de Besmeaux, qui avait été pendant quarante ans gouverneur de la Bastille, avait succédé, en 1698, Saint-Mars. Ce dernier, vieillard hargneux, impitoyable, successivement gouverneur des prisons de Pignerol et des îles Sainte-Marguerite, avait passé sa vie à se repaître des souffrances des victimes du despotisme. Son neveu, nommé Corbé, qu'il fit major de la Bastille, était un autre scélérat : il laissait mourir de faim les prisonniers possesseurs de quelques objets précieux afin d'avoir leurs dépouilles, il faisait assommer à coups de clefs les malheureux assez osés pour faire entendre des plaintes ; il infligeait d'odieuses tortures aux prisonnières dont la jeunesse ou la beauté avait le tort d'allumer ses honteux désirs.

En quittant les îles Sainte-Marguerite pour la Bastille, Saint-Mars amenait avec lui plusieurs prisonniers depuis longtemps confiés à sa garde et qui étaient d'un trop bon produit pour qu'il se résolût à s'en séparer. Au nombre de ces malheureux étaient l'Irlandais Seldon, dont nous avons raconté l'histoire, et ce mystérieux captif connu sous le nom de *l'Homme au masque de fer*. On traitait ce prisonnier avec la plus grande distinction. Le gouverneur ne lui adressait la parole que chapeau bas, et Voltaire rapporte que, le marquis de Louvois étant allé voir « l'homme au masque de fer » au château de l'île Sainte-Marguerite, ne lui parla que debout.

Beaucoup d'écrivains ont cherché à découvrir l'identité de ce personnage ; il ne paraît pas qu'aucun y soit parvenu : les uns croient que c'était un frère aîné de Louis XIV ; d'autres, que c'était le comte de Vermandois, fils de Louis XIV et de mademoiselle de La Vallière, lequel, se trouvant un jour avec le dauphin, à peu près du même âge que lui, s'était emporté jusqu'à lui donner un soufflet ; qu'alors Louis XIV l'avait envoyé à l'armée et avait donné à un confident l'ordre de répandre le bruit qu'il était attaqué de la peste, puis de le conduire secrètement à la citadelle de Sainte-Marguerite, tandis qu'on lui ferait de splendides funérailles, ce qui aurait été ponctuellement exécuté. Quant à nous, nous nous contenterons de donner la relation de ce qui se passa à la Bastille le 19 novembre 1703, jour de la mort de cet énigmatique personnage, relation écrite par un témoin oculaire :

« Le 19 novembre 1703, M. le gouverneur fit mander près de lui M. Rosarges, major du château, et le sieur Beilh, chirurgien-major. « —Un grave événement vient d'arriver, leur dit-il, le prisonnier masqué est mort il y a une heure. — Voilà qui est étrange, dit le sieur Beilh, car lorsque, sur vos ordres et en votre présence, je le saignai il y a deux jours, je lui trouvai le pouls bon et toutes les apparences d'un homme en bonne santé. — Sieur de Beilh, fit M. le gouverneur en levant un peu le ton pour marquer que l'observation du chirurgien lui déplaisait, vous avez fait votre office et n'aviez charge d'autre chose. — Mais, monsieur le gouverneur, hasarda ledit sieur Beilh, qui est d'humeur tenace et peu aisé à rompre, ne serait-ce pas mon

office à cette heure de voir le décédé ? car vous savez qu'il est d'apparentes morts qui trompent les gens n'ayant métier de s'y connaître. — Vous n'avez métier ici, répliqua M. le gouverneur en levant encore le ton, que de faire selon ma volonté, et devez tenir pour être ce qu'être je dis. Ici, M. le gouverneur fit quelques pas sans parler et regarda plusieurs fois M. le major Rosarges comme s'il allait lui donner un ordre, mais ne lui en donna point, et s'étant arrêté, reprit, toujours en s'adressant audit sieur Beilh : — Ladite personne étant morte nonobstant les secours que vous lui avez portés, vous allez inscrire ce décès au registre à ce destiné avec mention desdits faits, et signerez ; et au-dessous M. le major certifiera. — Mais, fit derechef le sieur Beilh, je ne saurais dire ou écrire de quelle maladie il est mort, ne lui ayant pas trouvé, non plus que je ne puis écrire son nom, ne l'ayant jamais su. — Ne peut-on pas mourir à tout âge d'apoplexie ? demanda M. le gouverneur. — Oui bien, répondit le sieur Beilh. — Adonc, le sieur Marchiali, prisonnier en la Bastille, où il avait été amené du château Sainte-Marguerite, est mort cejourd'hui en cedit château de la Bastille, d'une apoplexie, nonobstant secours et saignée à lui faite. Voilà ce qu'il faut écrire et signer, sieur Beilh, comme c'est ma volonté qu'il soit fait et votre devoir de faire.

« Et ainsi fut fait ; car ledit sieur Beilh, encore peu accommodant qu'il fût, n'était pourtant pas en humeur de perdre sa charge. Pour ce qui est de M. le major Rosarges, il ne fit mine de surprise ni d'opposition. Lorsque tous deux eurent écrit et signé sur le registre comme il fallait, ils allèrent, toujours de l'ordre de M. le gouverneur, en l'église Saint-Paul, où ils firent écrire et signèrent les mêmes choses sur les registres extra-mortuaires de cette paroisse. Et le prisonnier au masque de fer, appelé Marchiali par M. le gouverneur, fut enterré le lendemain en ladite église de Saint-Paul. Quand on eut emporté le corps du défunt homme au masque de fer, lequel avait été enseveli, avec son masque, dans un linceul de toile neuve, M. le gouverneur et M. le major se rendirent à la chambre où le défunt était demeuré cinq années et soixante-deux jours, y compris le jour de son enterrement, laquelle chambre était la troisième de la tour Bertaudière ; là ils firent appeler plusieurs porte-clefs, et M. le gouverneur leur enjoignit de transporter dans la cour du Puits tous les meubles et effets qui avaient servi au défunt, y compris le lit tout entier avec les matelas, draps et paillasse, les chaises, tables et le reste, et de les brûler. Et la chose fut ainsi faite en présence de M. le major. Ensuite M. le gouverneur fit arracher les fenêtres et les trois portes de ladite chambre, et les fit aussi brûler comme le reste. Puis les barreaux et grilles furent ôtés, portés à la forge et remplacés par d'autres ; après quoi la chambre fut regrattée et blanchie à neuf de bout à fond. Quant à l'argenterie, cuivre et étain ayant servi à ce prisonnier défunt, on fit fondre le tout, et les choses casuelles, comme bouteilles, verres, assiettes, etc., on les brisa et les jeta dans les latrines. De ce jour à plusieurs suivants M. le gouverneur fut plus dur et plus bourru qu'il n'avait coutume d'être, montrant par là, bien encontre sa volonté, qu'il était marri d'avoir perdu un prisonnier qui sûrement lui rapportait gros ; et lui arriva un jour de dire à l'aumônier, lequel paraissait fâché de n'avoir pas été appelé à donner les derniers sacrements au défunt : — Monsieur, il a été fait comme il fallait, et vous n'êtes pas en ceci le plus lésé... Le roi me l'avait donné, *le roi me l'a ôté* ; il n'appartient à personne ni à moi d'y trouver à redire. »

Ici se termine ce singulier document. Contre quoi, contre qui fut pris ce luxe de précautions qui va jusqu'à brûler portes et fenêtres? Il fallait, pour agir ainsi, avoir à redouter de bien terribles révélations.

Au nombre des prisonniers de la Bastille qui souffrirent les plus longs et les plus cruels tourments, sous Louis XIV, doit être compris un nommé Cardel de Tours. Il était protestant. Sorti de France en 1674, onze ans avant la révocation de l'édit de Nantes, il était allé s'établir en Allemagne. Il semblait donc qu'on ne devait pas avoir à s'occuper de lui ; mais on savait qu'il avait en France des amis auxquels il écrivait pour les encourager à demeurer fermes dans leur croyance. Un jour Cardel vit arriver chez lui un messager qui lui annonça que sa mère était très malade et désirait le voir. Cardel part ; mais à peine a-t-il mis le pied sur le territoire français, qu'il est arrêté et conduit à Vincennes. Il y passa cinq ans. On l'accusait d'avoir trempé dans un complot contre la vie du roi ; puis, comme cette accusation n'était appuyée sur rien, on lui déclara qu'étant protestant et ayant quitté la France sans autorisation, il était passible des peines portées par l'édit de révocation. Cardel prouva que son émigration remontait bien au delà de la promulgation de l'édit, nonobstant on le transféra à la Bastille. Là on lui signifia qu'une conversion pourrait seule lui faire recouvrer la liberté ; il refusa. Alors commencèrent pour lui les tortures : on le mit dans un cachot où la lumière ne pénétrait en aucun temps, et, dans ce cachot,

où, seul, il respirait à peine, on plaça un fou furieux qui commença par se jeter sur lui pour l'étrangler. Cardel, qui était vigoureux, parvint à le contenir. Alors le fou feignit de s'endormir. Cardel lui-même s'était laissé aller au sommeil, lorsqu'il fut réveillé par une violente douleur : c'était le fou qui, armé d'un de ses sabots, le frappait sur la tête. Cardel se mit en défense ; mais l'obscurité étant complète, il se passa longtemps avant qu'il parvînt à saisir l'aliéné, qui poussait des hurlements effroyables, et à le rendre inoffensif. Lorsque le gardien vint apporter à manger aux prisonniers, Cardel se plaignit qu'on lui eût donné un compagnon si dangereux.

— Baste ! fit le porte-clefs, il est moins fou que vous.

Ce fut toute la satisfaction qu'il obtint. Cette horrible vie durait depuis un mois, lorsqu'un jour, en apportant le maigre ordinaire, le gardien s'aperçut que l'eau avait envahi la galerie souterraine ; on en avait jusqu'aux genoux. On fit sortir le fou du cachot, mais on y laissa Cardel, qui, l'eau continuant à monter, en eut bientôt jusqu'aux épaules. Soit qu'on le crût mort ou qu'on voulût le faire mourir, on le laissa dans cette situation pendant trois jours entiers ; ce ne fut que lorsque l'eau eut commencé à se retirer qu'on le fit sortir : le malheureux était tellement engourdi qu'il pouvait à peine se mouvoir. En sortant de cette fosse, qu'il avait cru devoir être son tombeau, il reçut des vêtements d'hiver et fut placé dans une chambre avec deux autres détenus. On espérait sans doute que la comparaison de ce paradis relatif avec l'enfer passé l'amènerait à l'abjuration ; il n'en fut rien : Cardel avait fait le sacrifice de sa vie. Trois mois après, il retournait au cachot. Cette fois on l'enchaîna par les jambes, les reins et le cou avec des chaînes dont les derniers anneaux étaient scellés dans le mur, de sorte qu'il ne pouvait se baisser qu'autant qu'il le fallait pour prendre sa nourriture posée sur le sol, sans pouvoir ni se coucher ni s'asseoir. Il y avait trente ans qu'il était prisonnier lorsque, après la mort de Louis XIV, le régent ordonna de rendre la liberté à tous les détenus pour cause de religion. Quand cet ordre arriva, Cardel était mort, à moitié enterré dans la vase du cachot.

XVII

Nous avons dit plus haut que souvent les prisonniers de la Bastille y étaient retenus longtemps après l'ordre de leur élargissement ; c'est ce qui arrivait surtout pour ceux qui rapportaient au gouverneur. D'après le tarif, il était payé par jour à ce geôlier : pour un prince, cinquante livres ; pour un maréchal de France, trente-six livres ; pour un lieutenant-général, seize livres ; pour un conseiller au parlement, quinze livres ; pour un prêtre, un juge, dix livres ; pour un procureur ou un avocat, cinq livres ; pour un bourgeois, quatre livres ; pour gens du peuple, valets, etc., trois livres. Mais il arrivait parfois qu'un personnage de condition moyenne était tarifé comme un conseiller au parlement ; alors malheur à lui ! On n'aurait pas osé retenir un maréchal, un prince, on ne se gênait pas à l'égard d'un bourgeois, et ceux qui avaient eu l'avantage d'être tarifés à douze ou quinze livres couraient risque de s'éterniser à la Bastille. C'est ce qui advint à un nommé César : il avait abjuré la religion protestante sous la promesse qu'aussitôt après on le relâcherait ; à dix ans de là, il était encore sous les verrous. Un autre prisonnier, nommé Lamas, ne sortit que vingt-quatre ans après sa mise en liberté ordonnée. Un gentilhomme nommé Armet d'Avoisotte demeura à la Bastille pendant cinquante-quatre ans six mois et vingt jours, sans qu'aucun jugement eût jamais été prononcé contre lui. Il était venu à Paris pour solliciter la grâce d'un de ses neveux, accusé d'avoir tué d'un coup de fusil un sergent de la ville d'Autun. Pendant qu'il faisait les démarches nécessaires, le lieutenant de police apprit que la famille d'Armet d'Avoisotte avait autrefois professé la religion protestante, et que d'Avoisotte lui-même n'avait abjuré que depuis la révocation de l'édit de Nantes. Il n'en fallut pas davantage : on l'arrêta, et il fut conduit à la Bastille le 27 février 1693. Quarante ans se passèrent sans qu'on l'interrogeât. En vain avait-il mis tout en œuvre pour connaître la cause de sa détention ; on éludait ses questions, et quand elles devenaient importunes, on le mettait au cachot. Enfin, vers la quarantième année de sa captivité, comme il n'y avait pas la moindre charge contre lui, on le mit en liberté. Mais de quelle utilité pouvait être pour lui cette justice tardive ? Ses parents, qui l'avaient cru mort, s'étaient emparés de ses biens et étaient morts eux-mêmes depuis longtemps ; personne ne le reconnaissait dans son pays, et il n'y connaissait plus personne. Cet isolement et la misère qui vint l'assaillir lui firent regretter sa captivité : il obtint la *faveur* de rentrer dans sa prison, mais on refusa de lui donner une chambre, et, pendant quatorze nouvelles années, il passa le jour dans la grande cour, quelque temps qu'il fît, et les nuits dans le corps de garde, où les soldats lui permettaient quelquefois de se coucher sur le lit de camp. Armet d'Avoisotte avait quatre-vingt-dix ans lorsqu'on le transféra à Charenton.

XVIII

Pendant les dernières années du règne de Louis XIV, la Bastille eut pour ardente pourvoyeuse madame de Maintenon. Ce fut à cette bigote que le duc de Fronsac dut son premier séjour dans la forteresse. Il avait à peine seize ans, et son crime était grand : on avait vu une princesse du sang, la duchesse de Bourgogne, lui donner un baiser pendant qu'il dormait ; et pour le punir de cette énormité, on l'avait obligé d'épouser mademoiselle de Noailles. La punition eût paru douce à tout autre, car mademoiselle de Noailles était jeune et jolie ; mais Richelieu voulait protester contre la violence qu'on lui avait faite, et immédiatement après la bénédiction nuptiale il partit seul pour une de ses terres. Tout éplorée, la duchesse courut se plaindre à madame de Maintenon : l'affaire fut portée à la connaissance du roi. Ordre est alors envoyé à Fronsac de réintégrer le domicile conjugal. Le jeune entêté revient, mais il s'enferme dans son appartement et refuse d'y recevoir sa femme. Nouvelles plaintes à madame de Maintenon, nouveau recours à l'autorité du roi, qui fait appeler l'époux récalcitrant.

— Monsieur, lui dit Louis XIV, j'espère que vous voudrez bien m'apprendre le motif de l'outrage que vous faites à la famille de Noailles, en la personne de madame la duchesse votre femme ?

— Sire, je puis affirmer à Votre Majesté que j'ai toujours tenu les Noailles en grande estime. Quant à la duchesse ma femme, je ne comprendrais pas qu'elle se plaignît de moi, car, depuis notre mariage, je ne l'ai pas aperçue un instant.

— Et c'est justement en cela que vous êtes répréhensible... La duchesse est charmante...

— Sire, c'est une justice que vous lui rendez.

— Je sais de bonne part qu'elle vous aime éperdument.

— Sire, cette assurance me flatte.

— Mais alors pourquoi...?

Ici le vieux roi s'arrêta court ; le duc ne put s'empêcher de sourire.

— Monsieur, reprit Louis XIV, nous vous connaissons assez pour être certain que vous n'ignorez pas les devoirs qu'impose le mariage.

— Votre Majesté peut être convaincue de cela.

Le roi était à bout. Ne sachant plus comment se tirer de là, il prit le parti de se mettre en colère.

— Ainsi, duc, s'écria-t-il, vous osez me braver!…

— Ah! sire, à Dieu ne plaise que je cesse jamais d'avoir le plus grand respect pour Votre Majesté : j'aimerais mieux mourir mille fois.

— Monsieur, vous me bravez et vous me désobéissez en ne traitant point la duchesse comme un mari doit traiter sa femme..... Eh bien! puisque la solitude vous plaît si fort, vous serez servi à souhait, car ce soir vous coucherez à la Bastille.

Fronsac s'inclina respectueusement et sortit. Le roi lui tint parole; peu d'heures après, le duc était conduit à la Bastille. Mais cela ne changeait rien à la position de la jeune duchesse, qui revint, plus éplorée que jamais, à madame de Maintenon. Cette dernière promit d'en conférer de nouveau avec le roi. Après mûr examen, on décida que le duc serait laissé à la Bastille pendant quelques jours, et qu'on l'y traiterait sévèrement afin de l'assouplir; qu'ensuite on lui enverrait sa femme, laquelle se présenterait en libératrice, lui annonçant sa mise en liberté pour le lendemain, avec l'autorisation de passer près de lui les dernières heures de captivité. Fronsac s'ennuyait horriblement, car on lui avait interdit la promenade, on lui refusait des livres, et il n'avait pu obtenir qu'un de ses valets demeurât près de lui; peut-être commençait-il à se repentir un peu d'avoir dédaigné mademoiselle de Noailles, qui n'était duchesse de Fronsac que de nom, lorsque, un soir, au moment où il allait se mettre au lit, le gouverneur entra dans sa chambre.

— Monsieur le duc, lui dit-il, combien vous devez aimer le roi !

— Parlez, mon cher gouverneur! vous venez sans doute m'annoncer ma mise en liberté.

— Mieux que cela.

— C'est impossible ; car je ne désire rien plus ardemment que de sortir d'ici.

— Eh bien! vous en sortirez demain.

— Pourquoi pas sur-le-champ?

— Je n'en sais rien ; madame la duchesse de Fronsac, dont je viens vous annoncer la visite, vous en instruira sûrement.

Le duc flaira le complot.

— Madame la duchesse est ici? demanda-t-il.

— Oui, monsieur le duc, et impatiente de se jeter dans vos bras.

— Prenez garde, monsieur le gouverneur, le roi a voulu que je fusse seul.

— La duchesse est munie d'autorisation suffisante.

— Ah! le roi a autorisé la duchesse à... Sa Majesté a le droit de faire ce qui lui plaît; mais la duchesse est tenue de respecter ma volonté, et elle n'entrera pas ici, par la raison que je ne le veux pas.

Ces paroles étaient un arrêt; mademoiselle de Noailles, — car elle était restée demoiselle, — se retira désespérée. Des affaires de ce genre devenaient graves quand le roi s'en mêlait ; mais celle-ci était empreinte d'un tel ridicule que Louis XIV comprit qu'en la poussant plus loin il compromettrait sa dignité, et Fronsac fut mis en liberté.

XIX

La mort du vieux roi, survenue en 1715, avait été regardée comme un bienfait; c'est le sort des despotes. Triste et bigote pendant les dernières années de ce long règne, la cour s'élança ardente vers les jouissances sans frein qu'inaugurait le régent. Les grands avaient à se dédommager de l'hypocrisie de leur conduite : chacun eut alors sa petite maison, c'est-à-dire son lieu de débauche, et la licence devint effroyable. Un jour que le prince de Soubise avait donné à dîner dans son hôtel à quelques seigneurs de ses amis et à plusieurs grandes dames, tous, étant ivres, se livrèrent, au dessert, à des actes révoltants de dépravation. Richelieu et madame de Matignon étaient au nombre des convives ; cette dernière, ne trouvant pas suffisants les hommages rendus à ses charmes par ses compagnons de débauche, en avait été chercher parmi les valets de l'antichambre, ivres comme leurs maîtres. On s'était promis un secret inviolable, mais un secret su de tant de personnes fut bientôt celui de la comédie. Richelieu fut le plus indiscret : soit excès de légèreté, soit qu'il eût à se venger de quelque perfidie de madame de Matignon, il raconta les exploits de cette dame et comment elle s'était livrée aux laquais du prince de Soubise. L'aventure fit grand bruit ; M. de Matignon jura qu'il tuerait Richelieu, et, l'ayant rencontré au bal de l'Opéra en compagnie d'une dame, il dit tout haut à celle-ci :

— Ne l'écoutez pas, madame, c'est un menteur.

— Comte, dit Richelieu, auriez-vous donc, comme votre femme, appris à vivre dans la compagnie des laquais?

Matignon leva la main ; Richelieu s'élança vers la porte en lui disant de le suivre. Presque tous les gentilshommes qui se trouvaient au bal sortirent en même temps. Les valets arrivèrent avec des torches, et l'on forma le cercle autour des combattants. Richelieu, le premier, atteignit Matignon à l'épaule. Quoique assez gravement blessé, le comte continua à charger son adversaire avec fureur ; un second coup qu'il reçut ne l'arrêta point. Richelieu, voyant le sang couler, ménageait Matignon, mais au même instant il tomba frappé d'un coup terrible en pleine poitrine. Cette affaire fit grand bruit, le parlement s'en émut, et le régent fit porter les deux blessés à la Bastille. Six mois après, ils en sortaient guéris et réconciliés.

Richelieu vit s'ouvrir une troisième fois pour lui les portes de la Bastille. Cette fois encore s'agissait d'une affaire de cœur. « On eût dit, raconte un écrivain de ce temps, que le duc avait ensorcelé toutes les princesses du sang, à ce point que, n'ayant encore que vingt ans, il en avait trois pour maîtresses, dont une était mademoiselle de Valois, fille du régent, laquelle épousa ensuite le duc de Modène. Sachant bien qu'il ne pouvait punir plus sévèrement sa fille qu'en la mettant dans l'impossibilité de voir son amant, le régent donna l'ordre d'enfermer Richelieu. Mais il n'est grilles ni verrous dont l'amour ne se joue. Mademoiselle de Valois, informée de l'arrestation de Richelieu, parvint non seulement à entrer dans la Bastille, mais à pénétrer dans la chambre du duc. Ses visites valurent, dit-on, cent mille livres au gouverneur, qui était alors de Launay. Mis au courant de l'intrigue, le régent jura qu'il ferait couper la tête à Richelieu. Et peu s'en fallut qu'il tînt parole : on venait de découvrir la conspiration de Cellamare, or parmi les papiers saisis étaient des lettres de Richelieu à la duchesse du Maine, constatant que le duc était du complot. Il était perdu si le régent, qui ne savait rien refuser à sa fille, n'eût pas étouffé l'affaire.

Il faut dire toutefois, à l'honneur du régent, que, sous son administration, il ne se commit pas à la Bastille de ces crimes comme nous en avons tant raconté et comme nous aurons à en raconter encore.

Le premier prisonnier envoyé à la Bastille par le régent fut Voltaire. La cause de son emprisonnement fut, paraît-il, une pièce de vers intitulée *J'ai vu*, satire dans laquelle étaient énumérés toutes les fautes de Louis XIV, ses actes de despotisme, de prodigalité, etc. Cette satire, qui commença la réputation de l'auteur, déplut au régent, qui exila le rimeur à Sully-sur-Loire, où il avait des parents. Cet exil n'était pas une punition bien terrible. Voltaire ne laissa pas d'en être très irrité : du lieu de sa retraite il lança force épigrammes qui ne manquèrent pas d'ar-

river à leur adresse, et comme un jour on lui demandait ce que lui avait fait le régent pour qu'il fût si animé contre lui, il répondit :

— Il s'est fâché contre moi parce que j'ai mis en vers les belles choses que fait en plein jour sa fille, la duchesse de Berri.

Le propos fut rapporté au régent, qui donna l'ordre d'embastiller le jeune fou. Sa captivité dura depuis le 17 mai 1717 jusqu'au 11 avril 1718.

On l'avait enfermé avec un certain abbé Lenglet du Fresnoy. Cet abbé ne faisait pas de vers, mais il composait de gros mémoires où il exposait les dilapidations des ministres. Il fut mis cinq fois à la Bastille dans l'espace de trente-deux ans. Quand on l'avait emprisonné pour un de ses livres, il en faisait, durant sa détention, un autre, qu'il publiait dès qu'il avait recouvré la liberté ; si bien qu'à peine sorti de prison, il y rentrait. Il en avait pris l'habitude, tellement que, dès qu'il apercevait l'exempt chargé de l'arrêter, il n'attendait pas que cet homme lui notifiât l'objet de sa visite.

— Bien, je sais, disait-il ; deux minutes seulement, le temps de prendre du linge et du tabac.

Puis, ils sortaient tous deux et se rendaient à la Bastille en causant comme de bons amis. Pendant que l'abbé griffonnait ses gros livres, Voltaire commençait la *Henriade*. Quoique assez bien traité, il lui tardait de quitter ces noires murailles, et il comptait que les premiers chants de son poème lui vaudraient sa grâce. C'est en effet ce qui arriva : le régent, malgré ses vices, savait apprécier le mérite ; il crut être assez vengé par onze mois de captivité, et non-seulement il rendit la liberté au jeune écrivain, mais il lui accorda une pension de deux mille livres. Voltaire alla le remercier.

— Monseigneur, lui dit-il, je rends grâce à Votre Altesse de ce qu'elle veut bien se charger de mon entretien et de ma nourriture, mais je la supplie de ne plus s'occuper du logement.

Il se promettait d'ailleurs d'éviter désormais ce qui eût pu lui faire reprendre le chemin de la prison. Il y retourna pourtant à huit ans de là : c'était à propos d'une épigramme contre le chevalier de Rohan-Chabot. Pensant qu'il n'y avait pas à se gêner avec un vilain, ce dernier chargea six de ses gens d'aller guetter Voltaire à sa porte et de le bâtonner. Le poète esquiva le guet-apens et adressa un cartel à Rohan. Mais celui-ci, qui ne se souciait pas de se trouver face à face avec les gens qu'il préférait faire assommer, porta le cartel au ministre, et Voltaire dut, pour la seconde fois,

Évasion de Latude.

entrer à la Bastille. Il se hâta de rédiger un mémoire. « Je remontre très humblement, y disait-il, que j'ai été assassiné par le brave chevalier de Rohan, assisté de six coupe-jarrets, derrière lesquels il s'était hardiment posté. J'ai toujours cherché, depuis ce temps-là, à réparer, non mon honneur, mais le sien, ce qui était trop difficile. » Cette prose eut le même effet que les vers de la *Henriade*, et Voltaire fut élargi après une captivité de trente-deux jours.

Nous avons dit, en racontant le troisième embastillement du duc de Richelieu, comment il s'était trouvé compromis dans la conspiration de Cellamare, et comment mademoiselle de Valois l'avait tiré d'affaire. Cette conspiration, qui avait pour but d'investir de la régence le roi d'Espagne, était l'œuvre de la duchesse du Maine. Il y eut dans cette affaire cent quarante-huit accusés; vingt furent condamnés à mort, quatre portèrent leur tête sur l'échafaud, on en exécuta seize en effigie; les autres expièrent à la Bastille les en-nuis que ce complot avait causés au régent. Toutefois, leur captivité ne fut pas cruelle : chacun d'eux recevait des visites, et il se faisait, tantôt dans une chambre, tantôt dans une autre, de petits soupers qui duraient souvent jusqu'à l'aube. C'est ainsi qu'un jour le lieutenant de police d'Argenson, arrivant de grand matin pour interroger l'abbé Brigault, un des conspirateurs, le trouva à table en compagnie d'une charmante personne venue pour lui donner des consolations.

— Ah ! l'abbé, s'écria d'Argenson en voyant les débris d'un chapon rôti, un vendredi !...

— Je vous jure que le chapon était mangé avant minuit.

— Ce qui veut dire que vous avez passé la nuit à table.

— La captivité est chose si cruelle, qu'il doit être permis de l'adoucir un peu.

Ce n'était plus là, comme on voit, la Bastille du grand roi. Pourtant elle n'était pas également clémente pour tout le monde; il y avait encore des victimes qui usaient leur vie

5

dans les angoisses du désespoir. Parmi elles, nous citerons un écolier de l'université de Paris, arrêté et enfermé en 1727, et qui ne sortit qu'en 1774 ; il avait passé près de quarante-huit ans dans la *calotte* d'une des tours. De même que l'infortuné d'Armet, dont nous avons raconté l'histoire, il trouva ses parents morts, ses biens passés en d'autres mains ; comme lui aussi, il dut demander à rentrer dans la prison afin de ne pas mourir de misère. Un nommé Raimond Fournier, chirurgien-apothicaire de la Bastille, fut enfermé treize mois *pour avoir*, d'après le registre d'écrou, *montré trop d'humanité pour les prisonniers*.

XIX

A cette époque, des hôtes d'espèce nouvelle vinrent peupler la Bastille. C'étaient des fous assez inoffensifs, qu'on eût dû envoyer dans des maisons d'aliénés, et dont on exaspéra le mal par la persécution. Voici l'histoire de ces pauvres gens. En 1727 mourait à Paris un diacre nommé Pâris, fils d'un conseiller au parlement dont l'austère dévotion était notoire : ce diacre avait passé dix années entières sans communier, ne se trouvant pas assez digne de recevoir son Dieu, et par le même motif il avait refusé de recevoir l'ordre de prêtrise. La veille de sa mort il se confessa et communia. Le lendemain, sa maison fut envahie par une foule de dévots qui voulaient absolument avoir quelque chose qui eût touché le corps de ce saint homme. Le surlendemain, comme on le portait à l'église Saint-Médard, une vieille femme, qui prétendait être, depuis vingt ans, privée de l'usage d'un bras, s'approcha de la bière : ce bras n'eut pas plus tôt touché la bière, qu'il reprit toute sa vigueur. Plus de doute ! Pâris était un saint et faisait des miracles. Dès ce jour, le cimetière de Saint-Médard, où on avait enterré Pâris, ne désemplit pas. Plusieurs filles ayant été prises de violentes convulsions en touchant la terre qui recouvrait le corps du saint, le mal devint contagieux et le nombre des « convulsionnaires » innombrable ; il y en avait de tout âge et de tout sexe, mais les filles dominaient. Parmi ces malheureuses illuminées, certaines se faisaient marcher sur le ventre, ou déchirer les mamelles avec des tenailles, ou enfoncer des clous dans toutes les parties du corps ; plusieurs même se firent crucifier. Et pendant qu'elles subissaient ces épreuves, elles chantaient des cantiques, le tout pour prouver que Pâris était un saint. L'autorité voulant faire cesser ces désordres,

ferma le cimetière. Mais, loin de diminuer, le nombre des convulsionnaires augmenta. Alors on les jeta par fournées à la Bastille. Les arrestations se faisaient en masse : quand une maison était réputée recéler des convulsionnaires, on prenait tout ce qui s'y trouvait, jusqu'aux enfants : on voit figurer sur les registres d'écrou une petite fille de sept ans.

Ce n'était pas d'ailleurs les convulsionnaires seulement qu'on entassait à la Bastille : les publicistes, les poètes, les imprimeurs qui s'avisaient d'écrire, d'imprimer, de vendre autre chose que les louanges du roi, étaient embastillés sans merci. S'ils n'avaient médit que du roi, ils pouvaient espérer un terme à leur captivité ; mais s'ils avaient déplu aux maîtresses du roi, ils devaient s'attendre à mourir en prison. C'est ainsi que La Beaumelle, qui avait écrit une réfutation des éloges prodigués au roi par Voltaire dans son *Histoire du siècle de Louis XIV*, ne resta que six mois pour ce fait à la Bastille, mais qu'ayant publié plus tard une histoire de madame de Maintenon dont s'offensa la marquise de Pompadour, il ne recouvra la liberté qu'après la mort de la favorite.

Les victimes de la marquise sont nombreuses ; mais aucune n'est plus intéressante que le chevalier Henri-Mazers de Latude, qui expia par trente-cinq années de tortures une espiéglerie méritant à peine une correction d'écolier.

Latude était né près de Montagnac en Languedoc. Il reçut une bonne éducation et montra une grande aptitude pour les mathématiques. Après avoir travaillé quelque temps sous les ordres d'un ingénieur à Berg-op-Zoom, il vint à Paris pour y achever ses études. Il avait alors vingt-trois ans.

Avec la conscience de sa valeur, le jeune Latude s'indigna de n'être rien, de ne voir ouverte devant lui aucune carrière où il pût espérer d'arriver. L'idée lui vint d'écrire au roi, puis il songea à la marquise de Pompadour, bien autrement puissante ; il se dit qu'avec une telle protectrice il lui serait aisé de vaincre tous les obstacles. Son jeune cerveau s'enflammant, il résolut d'acquérir à tout prix cette protection puissante, et voici ce qu'il s'imagina : « La marquise est généralement détestée, se dit-il, mais il n'est pas impossible qu'elle vaille mieux que sa réputation ; et quand il en serait autrement, par la raison même qu'elle a peu d'amis, elle doit être portée à récompenser ceux qui désirent la servir. Si, par exemple, on lui révélait quelque complot contre sa vie ?... »

Latude réfléchit quelques instants, puis il fait un paquet de plusieurs poudres fort bénignes, telles que : tabac d'Espagne, alun calciné, chaux, gypse, etc. Le tout étant soigneusement ficelé, cacheté, il écrit de sa plus belle écriture sur le paquet l'adresse de madame de Pompadour, et il jette le paquet à la poste. Il court alors à Versailles, se présente à la porte de la marquise et insiste pour lui parler, disant qu'il vient lui sauver la vie. Il est introduit.

— Madame, dit-il avec une émotion qui n'était pas feinte, car le cœur lui battait bien fort, Dieu m'a choisi pour vous sauver...

— Serais-je donc menacée de quelque danger ? demanda la marquise.

— D'un affreux danger. Écoutez, madame ; ce matin, étant dans le jardin des Tuileries, j'allai m'asseoir dans un massif ; deux hommes qui ne pouvaient me voir causaient avec vivacité. Je n'avais certes pas l'intention de surprendre leurs secrets, mais j'entendis presque malgré moi leur conversation. — Oui ! disait l'un, je me charge de la mission méritoire d'en débarrasser la terre. — Mais es tu sûr du succès ? demanda l'autre. — Ce paquet est pour elle, répondit le premier ; je vais le jeter à la poste, et quand elle l'ouvrira l'infâme tombera morte... Pardon, madame la marquise, je ne fais que reproduire les paroles de ces misérables. Ils se levèrent alors, j'ai suivi celui qui était porteur du paquet, et je le lui ai vu mettre à la poste. Sans doute vous le recevrez ce soir ; ne l'ouvrez pas, au nom du ciel !

La marquise, vivement émue, se leva et présenta à Latude une bourse pleine d'or.

— Madame, dit le chevalier en repoussant la bourse, je suis fils de gentilhomme ; ma main ne peut s'ouvrir pour recevoir une récompense de cette nature ; mais mon cœur n'est pas fermé à la reconnaissance, et si madame la marquise daignait servir d'appui à ma jeunesse, elle n'aurait pas de serviteur plus dévoué.

Les femmes ont mille fois plus de finesse qu'on ne leur en suppose. La marquise eut à peine entendu ces paroles qu'elle soupçonna la fraude.

— Je serai toujours prête à vous servir, répondit-elle. Écrivez votre nom et votre adresse, afin que je sache où vous retrouver.

L'écolier tomba dans le piège ; il écrivit de sa plus belle main, puis il prit congé de la favorite, tout glorieux de l'habileté dont il venait de faire preuve.

Madame de Pompadour, de son côté, attendait avec impatience le paquet qui lui avait été si singulièrement annoncé. Il arriva enfin : son premier soin fut de comparer l'adresse que portait le paquet avec celle qu'elle venait de faire écrire à Latude, et un coup d'œil suffit pour la convaincre que toutes deux étaient de la même main ; car ce grand coupable n'avait pas songé à déguiser son écriture. Elle fit ensuite ouvrir le paquet, analyser les poudres qu'il contenait, et acquit la certitude qu'il n'y avait au fond de tout cela qu'une mystification...

Latude venait de rentrer chez lui, cul-de-sac du Coq, où il demeurait ; fatigué du voyage, il était à se mettre au lit, lorsque la maison fut tout à coup envahie par des exempts et des soldats. On entre dans sa chambre, on s'empare de sa personne, on le jette dans un fiacre sans qu'il ait le temps de se reconnaître. Le fiacre roule et arrive à la Bastille. Là le prisonnier est dépouillé des vêtements qu'il porte ; on les remplace par de sordides guenilles qui ont couvert la nudité d'une foule de malheureux ; on ne lui laisse ni argent ni bijoux, puis, en cet état, on l'enferme dans une des chambres de la tour dite du Coin. Le lendemain, il est conduit en présence de M. Berryer, alors lieutenant de police, venu pour l'interroger. Le jeune homme fit les aveux les plus complets ; il confessa son crime, qui était d'avoir voulu se faire une protectrice de madame de Pompadour. Berryer était un honnête magistrat ; il dit au jeune homme qu'il avait bien mérité qu'on lui infligeât une pénitence, mais que, puisqu'il reconnaissait sa faute, il lui serait sans doute bientôt permis d'aller continuer ses études. Quand il disait cela, Berryer comptait sans implacable marquise. Quelques jours après, il revint voir le jeune étourdi.

— La marquise est furieuse contre vous, lui dit-il ; mais cette colère de femme se calmera, je l'espère.

Il le croyait ; Latude aussi le crut, mais un matin Berryer lui dit :

— La marquise est inflexible ; avec le temps seulement sa colère s'apaisera. Quant à présent, résignez-vous. En attendant, je m'efforcerai d'adoucir votre captivité : vous êtes seul, je vais vous faire donner un compagnon ; vous pourrez vous promener tous les jours, et comme je vous ai fait taxer à dix livres, vous ne manquerez de rien.

Le compagnon que l'on donna à Latude était un juif nommé Abuzaglo, qui avait été, à Paris, un des agents du gouvernement anglais. On le traitait assez bien, mais toute communication avec le dehors lui était interdite, il ne pouvait pas même avoir de nouvelles de sa famille. Jeunes tous deux, d'humeur facile, Latude et lui devinrent promptement amis. Quatre mois s'étaient écoulés lorsque, tout à coup, on vint dire au chevalier qu'il eût à faire ses préparatifs pour sortir.

— Enfin! pensa-t-il, la colère de la marquise s'est apaisée!

Les deux amis s'embrassèrent; Latude jura de faire tous ses efforts pour obtenir la mise en liberté d'Abuzaglo, et il descendit tout joyeux avec le porte-clefs. Mais, arrivé à la porte extérieure, il trouva des exempts et une voiture qui attendaient pour le conduire à Vincennes. Là, comme à la Bastille, il eut la permission de se promener deux heures chaque jour, mais seul, toute communication avec les autres prisonniers lui étant interdite. Un jour que le porte-clefs venait le chercher pour la promenade, Latude descend rapidement l'escalier, pousse la porte qui le fermait, tire le verrou, s'élance dans la cour et demande à la première sentinelle qu'il rencontre s'il n'a pas vu passer l'abbé Saint-Sauveur.

— Non, répond le soldat.

— Il faut pourtant que je le trouve, l'aumônier l'attend au jardin.

Et il passe outre. A la seconde sentinelle il fait la même demande, obtient la même réponse et arrive ainsi au pont-levis, le franchit sans qu'on songe à l'en empêcher, et s'enfuit dans le bois. Le soir même il était à Paris, libre et joyeux. Mais qu'allait-il faire? Après avoir réfléchi longtemps, le candide jeune homme finit par s'arrêter au parti le plus incroyable : il adressa au roi un mémoire dans lequel il témoignait du sincère repentir qu'il éprouvait d'avoir offensé madame de Pompadour; il implorait la clémence du monarque pour une faute qu'il avait expiée par quatorze mois de captivité, et finissait par indiquer l'endroit où il s'était retiré, ne doutant pas qu'on lui tînt compte de cette confiance. Le mémoire partit le matin; le soir Latude était arrêté et entrait pour la seconde fois à la Bastille. Il fut reçu par le lieutenant qui, le voyant se désespérer, lui dit qu'on ne l'avait arrêté que pour l'obliger à dire les moyens qu'il avait employés pour sortir de Vincennes, cette évasion ayant éveillé des soupçons sur la fidélité des employés.

— Ma liberté est-elle à ce prix? demanda Latude.

— Nul doute.

Il raconta alors comment, par un simple coup d'audace, il était parvenu à sortir du château. Ce récit fait, il crut qu'on allait le laisser sortir : mais, sur un signe du lieutenant, deux porte-clefs saisirent le trop naïf jeune homme et le conduisirent au cachot. L'ordre venait de trop haut pour que le lieutenant de police pût le révoquer, mais il assura Latude qu'il lui ferait donner tous les soulagements possibles : il eut donc la même nourriture que les prisonniers les plus favorisés, et, comme il venait assez de jour dans le cachot par la meurtrière qui tenait lieu de fenêtre, on lui donna des livres. Dix-huit mois se passèrent ainsi. Au bout de ce temps, la santé du prisonnier étant gravement altérée, Berryer crut pouvoir prendre sur lui de le faire transporter dans une chambre, et il lui fut même permis de prendre un domestique. Le domestique qui entrait au service d'un prisonnier à la Bastille était désormais prisonnier lui-même, il ne recouvrait la liberté que lorsqu'elle était rendue à son maître.

En même temps, et comme distraction salutaire, le lieutenant de police lui accorda un compagnon de captivité. Ce dernier, nommé d'Alègre, était un maître de pension de Marseille, qui, ayant entendu dire que beaucoup de gens conspiraient la perte de madame de Pompadour, avait écrit à cette dernière pour lui donner avis de ce qu'il croyait une intéressante découverte. La marquise s'était offensée qu'un homme de rien eût pris tant de liberté, et d'Alègre, arrêté par son ordre, avait été traîné de prison en prison jusqu'à la Bastille, où il était depuis trois ans.

D'Alègre et Latude devinrent promptement amis. N'ayant ni l'un ni l'autre aucune espérance d'être mis en liberté, toutes leurs pensées furent concentrées sur les moyens de la prendre. Ici nous laisserons Latude raconter lui-même sa miraculeuse évasion.

« Quand on est dans la peine, les jours paraissent plus longs que des années, et le malheur des infortunés, c'est qu'ils mettent toujours les choses au pis. Nous connaissions l'ascendant que la marquise de Pompadour avait sur l'esprit du roi, et nous ne manquions pas de dire : Si cette femme reste encore quatre, six, dix, quinze, vingt ans à la cour, hélas! nous passerons toute notre jeunesse dans la captivité et nous périrons ici. Voyons si nous ne pourrions pas nous évader. Mais en jetant les yeux sur les murs de la Bastille, qui ont plus de dix pieds d'épaisseur, quatre grilles aux fenêtres et autant dans la cheminée; en considérant par combien de gens armés cette prison est gardée, la hauteur des murs qui entouraient le fossé souvent plein d'eau, il semblait moralement impossible à deux prisonniers enfermés dans une chambre, privés de toutes sortes de secours humains, de pouvoir échapper. Cependant, avec un peu de génie, on vient à bout de tout. Je vais vous démontrer tout ce qu'on peut attendre du courage, de la patience et de la ressource que l'on trouve dans les mathématiques.

« Nous étions deux dans une chambre. Vous remarquerez qu'à la Bastille on ne donnait aux prisonniers ni ciseaux, ni couteaux, ni aucun instrument tranchant, et, pour cent louis, votre porte-clefs, c'est-à-dire le garçon qui vous porte à manger, ne vous donnerait point un quarteron de fil ; et, bien calculé, il fallait quatorze cents pieds de corde. Il nous fallait deux échelles, une de bois de vingt à vingt-cinq pieds, et une échelle de corde de cent quatre-vingts pieds de longueur ; il nous fallait arracher quatre grilles de fer dans la cheminée, percer dans une seule nuit un mur de quatre pieds et demi d'épaisseur, traverser dans l'eau à la glace jusqu'au cou, à la distance de quinze à dix-huit pieds d'une sentinelle. Et, pour faire tout ce que je viens de dire, nous n'avions que nos deux mains. Ce n'était pas là le pis : il nous fallait cacher l'échelle de bois et celle de corde, avec deux cent cinquante échelons d'un pied de long et d'un pouce d'épaisseur, ainsi qu'une infinité de choses prohibées dans la chambre d'un prisonnier. Les officiers, accompagnés de plusieurs porte-clefs, venaient nous visiter et fouiller plusieurs fois par semaine.

Cependant j'étais sans cesse préoccupé de ce projet ; j'en avais plusieurs fois parlé à mon compagnon, qui avait beaucoup d'esprit, mais il me répondait toujours que la chose était impossible, qu'il y avait de la folie à y penser. Ses raisons, au lieu de me rebuter, ne faisaient qu'animer mon imagination et mon courage.

« Il faut avoir été prisonnier à la Bastille pour savoir comme on est traité dans cette prison. Imaginez-vous que vous passeriez dix ans dans une chambre sans voir ni parler au prisonnier qui est au-dessus ou au-dessous de vous. On ne vous apprend jamais aucune nouvelle. Que le roi meure, qu'il y ait du changement dans le ministère, on ne vous instruit jamais de rien ; les officiers, le chirurgien, les porte-clefs ne vous disent que bonjour, bonsoir, avez-vous besoin de quelque chose ? Et voilà tout. Il y a une chapelle où, tous les jours, on dit une messe, et les fêtes et dimanches trois. Dans cette chapelle il y a quatre petits cabinets, où l'on met les prisonniers à qui le magistrat accorde la permission d'entendre la messe ; tous ne l'ont pas. Dans ces cabinets est un vitrage avec des rideaux ; on

ne les ouvre qu'à l'élévation, de sorte qu'aucun prêtre n'a vu le visage d'aucun prisonnier, et ceux-ci ne voient que le dos du prêtre.

« M. Berryer avait eu la bonté de m'accorder la permission, ainsi qu'à mon compagnon d'infortune, d'entendre la messe les dimanches et les mercredis. Il avait accordé la même permission au prisonnier qui était au-dessous de nous, c'est-à-dire au numéro 3 de la tour nommée *la Comté :* cette tour était la première à droite en entrant de la Bastille. J'avais déjà occupé plusieurs autres chambres, et de temps à autre j'entendais quelque bruit des prisonniers qui étaient au-dessus ou au-dessous de moi ; et depuis que j'étais dans la chambre de quatrième Comté, j'entendais du bruit au-dessus et jamais rien au-dessous. J'étais certain pourtant qu'elle était occupée : le *manque* d'entendre du bruit comme dans les autres faisait une impression extraordinaire sur moi, je ne savais à quoi attribuer ce mystère. Mon esprit toujours occupé de mon projet d'évasion, je dis à mon compère qu'au retour de la messe j'avais envie de voir la chambre de notre voisin, je le priai de m'en faciliter le moyen. Pour cet effet, je lui dis de mettre son étui dans son mouchoir, et, au retour de la messe, quand il serait au second étage, de faire en sorte qu'il tombât le long des degrés en sortant son mouchoir, et de dire ensuite au porte-clefs d'aller le ramasser. Ce qui fut dit fut fait. Pendant que le porte-clefs courait après l'étui, je monte vite, je tire le verrou, j'ouvre la porte du n° 3, je regarde la hauteur du plancher, je remarque qu'il n'a pas plus de dix pieds et demi de hauteur, je referme la porte au verrou, et de cette chambre à la nôtre je compte trente-deux degrés ; je mesure la hauteur d'un ; je calcule, je trouve qu'il y avait une différence de cinq pieds et demi. Comme cela n'était pas une voûte de pierre, je tirai cette conséquence, que ce plancher ne pouvait pas avoir cinq pieds et demi d'épaisseur, cela aurait fait un poids énorme ; que par conséquent il devait y avoir un tambour, c'est-à-dire deux planchers à la distance de quatre pieds l'un de l'autre. Je dis alors à mon compère d'un air joyeux : — Ne désespérons point ; avec un peu de patience et de courage, nous sortirons d'ici. Voilà mon calcul. Il y a assurément un tambour entre la troisième chambre et la nôtre. Sans regarder, il me dit : — Eh ! quand il y aurait tous les tambours du régiment des gardes-françaises, comment diable voulez-vous que ces tambours puissent nous faire évader ? Je repris : — S'il est vrai, comme je le crois, qu'il y ait deux planchers entre le n° 3 et le n° 4, pour cacher nos cordes et tous les autres matériaux dont nous avons besoin, je vous réponds que nous échapperons. Il me répliqua : — Mais pour cacher nos cordes, il faudrait en avoir. — Pour des cordes, lui dis-je, n'en soyez point en peine, car dans la malle de ma chaise de poste, que voilà devant vous, il y en a plus de mille pieds. Comme j'étais transporté de joie en lui parlant, il me regarda fixement et me dit : — Je crois, par ma foi, qu'aujourd'hui vous avez perdu l'esprit. Je sais aussi bien que vous tout ce que vous avez dans votre portemanteau ; je vous défie de me faire voir un seul pied de corde. — Oui, repris-je, dans cette malle il y a treize douzaines et demie de chemises, deux douzaines de paires de bas, trois douzaines de serviettes, etc. Or, en défilant mes chemises, mes bas, mes mouchoirs, etc., nous aurons de quoi faire plus de mille pieds de corde. — Cela est vrai, me dit-il, mais avec quoi pourrons-nous arracher toutes ces grilles de fer qui sont dans notre cheminée? Nous n'avons que nos mains, nous ne pouvons pas créer des outils pour venir à bout d'un aussi grand ouvrage. — Mon ami, lui dis-je, la main est l'instrument de tous les instruments, c'est elle qui les forme tous, et les hommes qui savent faire travailler leur tête y trouvent toutes sortes de ressources. Voyez-vous ces deux fiches de fer qui soutiennent notre table pliante, je leur ferai un manche à chacune et je leur ferai un taillant en les repassant sur un carreau de notre plancher. Nous avons un briquet, en le cassant de telle manière, en moins de deux heures j'en ferai un bon canif, avec lequel je ferai ces deux manches. Ainsi, avec ces deux fiches, je vous réponds que je viendrai à bout d'arracher toutes les grilles de fer.

« Toute la journée, nous conférâmes de cela. Dès que nous eûmes soupé, nous arrachâmes une fiche de fer de notre table : avec cette fiche nous levâmes un carreau de notre plancher, et nous nous mîmes à creuser de telle sorte qu'en moins de six heures de temps nous l'eûmes percé, et, à notre grande satisfaction, nous trouvâmes qu'il y avait deux planchers à quatre pieds l'un de l'autre. De cet instant nous regardâmes notre évasion comme certaine. Nous remîmes le carreau, qui ne paraissait pas avoir été levé. Le lendemain je cassai le briquet, j'en fis un petit couteau. Avec cet instrument nous fîmes des manches aux fiches de notre table ; nous donnâmes un taillant à chacune. Après nous défilâmes deux de nos chemises, c'est-à-dire qu'après les avoir décousues et leurs ourlets aussi, nous tirâmes un fil l'un après l'autre, nous nouâmes tous ces fils, et nous en fîmes un

certain nombre de pelotons. Etant finis, nous les partageâmes en deux, nous en fîmes alors deux grosses pelotes : il y avait cinquante filets à chacune, de soixante pieds de longueur. Ensuite nous les tressâmes, ce qui nous donna une corde de cinquante-cinq pieds de longueur, avec laquelle nous fîmes une échelle de vingt pieds de long. Cette échelle faite, nous commençâmes à faire le plus difficile, c'est-à-dire à arracher les barres de fer de notre cheminée : pour cet effet, nous attachâmes dans la nuit notre échelle de corde à ces barres ; par le moyen des échelons, nous nous soutenions en l'air dans le temps que nous dégradions les extrémités de ces barres de fer. En moins de six mois, nous vînmes à bout de les dégrader toutes, c'est-à-dire de les arracher. Nous les remîmes de manière à pouvoir les arracher toutes dans un instant. Cet ouvrage nous coûta bien de la peine. Bon Dieu! jamais nous ne descendions sans avoir nos mains ensanglantées. Nos corps étaient dans une situation si pénible dans cette cheminée, qu'il nous était impossible de travailler une heure entière sans nous relever : à tout instant il nous fallait souffler de l'eau avec notre bouche dans les trous pour ramollir le ciment qui était autour de ces barres de fer, et nous étions très satisfaits quand, dans une nuit entière, nous avions enlevé l'épaisseur d'une ligne de ciment.

« Cet ouvrage fini, nous fîmes une échelle de bois de vingt à vingt-cinq pieds de longueur, pour monter du fossé sur le parapet, et de ce parapet dans le jardin du gouverneur. On nous donnait tous les jours plusieurs morceaux de bûches pour nous chauffer, qui avaient dix-huit à vingt pouces de long. Ils nous servirent à faire une échelle avec vingt échelons. Nous avions encore besoin de moufles et de beaucoup d'autres choses; nos deux fiches n'étaient pas propres à faire cet ouvrage, et encore bien moins à scier du bois. En moins de deux heures de temps, d'un chandelier de fer que nous avions, avec l'autre morceau de briquet, j'en fis une excellente scie avec laquelle, en moins d'un quart d'heure, je me serais vanté de scier une bûche aussi grosse que ma cuisse. Avec ce morceau de briquet, cette scie et les fiches, nous dégrossîmes nos bûches, nous les polîmes, nous leur fîmes des charnières et des tenons pour les emboîter les unes dans les autres, avec deux trous à chaque charnière et à son tenon pour y passer un échelon, et deux chevilles pour l'empêcher de vaciller. A mesure que nous avions achevé et perfectionné un morceau de notre échelle, nous le cachions entre les deux planchers. C'est avec ces outils que nous fîmes un compas, une équerre, une règle, un dévidoir, des moufles, etc.

« L'échelle de bois que nous fîmes n'avait qu'un bras et vingt à vingt-cinq pieds de longueur ; elle avait vingt échelons de quinze pouces de diamètre, par conséquent chaque échelon excédait ce bras de six pouces de chaque côté. A chaque morceau de cette échelle nous avions attaché son échelon et sa cheville avec une ficelle, de manière qu'il ne fût pas possible de se tromper en la montant dans la nuit. Nous travaillâmes ensuite à faire les cordes de la grande échelle, qui avait cent quatre-vingts pieds de longueur. Nous défilâmes nos chemises, nos serviettes, nos coiffes de bonnet, nos bas, nos chaussettes, nos caleçons, nos mouchoirs, etc. A mesure que nous avions fait un peloton d'une étendue décidée, de peur de surprise nous le cachions entre les planchers. Quand nous eûmes fait le nombre suffisant de pelotons, dans la nuit nous tressâmes cette magnifique corde ; elle était blanche comme la neige, et j'ose dire qu'un cordier ne l'aurait pas mieux faite.

« Autour de la Bastille était un bord qui excédait en dehors de trois ou quatre pieds. Nous ne doutions pas qu'à chaque échelon que nous descendrions de cette échelle de corde elle ne flottât de côté et d'autre ; ce sont des instants où la meilleure tête peut manquer. Pour prévenir qu'un de nous deux ne tombât et ne s'écrasât, nous fîmes une seconde corde d'environ trois cent soixante pieds de longueur. Cette corde devait être passée dans une moufle que nous avions faite, c'est-à-dire une poulie sans roue, pour éviter que cette corde ne s'engrenât entre la roue et les côtés de la poulie, et qu'un de nous deux ne se trouvât suspendu en l'air, sans pouvoir descendre davantage. Après ces deux cordes, nous en fîmes plusieurs autres de moindre longueur, pour attacher notre échelle de corde à une pièce de canon, et pour d'autres besoins imprévus. Quand toutes ces cordes furent faites, nous les mesurâmes : il y en avait quatorze cents pieds. Ensuite nous fîmes deux cent huit échelons, tant pour l'échelle de corde que pour celle de bois ; et pour empêcher que les échelons de l'échelle de corde, en descendant, ne fissent du bruit en heurtant contre la muraille, nous fîmes à chacun un fourreau avec les doublures de nos robes de chambre, de nos vestes et de nos gilets.

« On vient de voir tout ce qu'il fallait pour monter, par notre cheminée, sur les tours de la Bastille, pour descendre dans les fossés, pour monter sur le parapet et de ce parapet dans le jardin du gouverneur, et de ce jardin descendre dans le grand fossé de la porte Saint-Antoine, lieu où nous devions être en liberté. Nous devions choisir une nuit qui fût orageuse, qu'il tombât de la pluie et qu'il n'y eût pas de lune ; mais nous avions un malheur terrible à redouter : il pouvait pleuvoir depuis cinq heures du soir jusqu'à neuf ou dix heures, et puis le temps se mettre au beau. Alors toutes les sentinelles se promènent autour de la Bastille, c'est-à-dire d'un poste à l'autre : dans ce cas, toutes nos peines, tous nos matériaux étaient perdus, et nous eussions été resserrés d'une étrange manière. Cette appréhension nous inquiétait beaucoup. Je trouvai moyen d'éviter ce malheur ; je fis aisément concevoir à d'Alègre, mon compagnon d'infortune, que depuis le temps que la muraille qui est entre le gouvernement et le jardin était faite, la Seine avait débordé au moins plus de trois cents fois ; qu'à chaque fois l'eau avait dissous le sel contenu dans le mortier ou le plâtre, au moins d'une ligne d'épaisseur ; que par conséquent il serait facile d'y faire un trou pour sortir sans aucun risque. Je lui fis comprendre que nous viendrions à bout de tout cela, en arrachant une fiche de nos lits, à laquelle nous mettrions un bon manche en croix, qui nous servirait de virole, par le moyen de laquelle nous ferions des trous dans le plâtre qui lie la pierre de cette muraille pour engrener les deux pointes des deux barres de fer que nous prendrions dans notre cheminée ; qu'il était évident qu'entre nous deux, avec ces deux barres de fer, nous ferions un effort de plus de cent quintaux, par la raison du levier, et par conséquent venir très aisément à bout de percer cette muraille, qui fait la séparation du fossé de la Bastille et de celui de la porte Saint-Antoine ; qu'il y avait un million de fois moins de danger de sortir par ce dernier moyen que par l'autre. D'Alègre convint de cela en me disant que, si ce dernier moyen manquait, nous aurions recours à l'autre. En conséquence, nous fîmes des fourreaux à ces deux barres de fer, nous tirâmes une fiche de fer d'un de nos lits et nous en fîmes une virole. Quand tout notre appareil fut fait, nous résolûmes de partir le lendemain, qui était un mercredi, 25 février 1756, la veille du jeudi gras. Alors la rivière était débordée ; il y avait trois ou quatre pieds d'eau dans le fossé de la Bastille.

« Avec ma malle, j'avais encore un portemanteau de cuir : ne doutant pas que les hardes que nous avions sur nos corps ne fussent mouillées, nous mîmes dans ce grand portemanteau un habillement complet pour chacun, avec tout ce qui nous restait de meilleur. Le lendemain, à peine nous eût-on servi notre dîner que nous montâmes notre grande échelle de corde, c'est-à-dire que nous y mîmes des échelons ; nous la cachâmes ensuite sous nos lits, afin que le porte-clefs ne pût l'apercevoir en nous apportant à souper. Nous accommodâmes après notre échelle de bois en trois morceaux, puis nous mîmes le restant des autres choses nécessaires en plusieurs paquets, bien certains que, selon la coutume, on ne viendrait pas, l'après-dînée, faire des fouillades avant cinq heures. Nous eûmes soin de prendre une bouteille de scubac pour nous réchauffer et nous donner de la force, si nous étions réduits à travailler dans l'eau. Ce secours nous fut bien nécessaire: sans cette liqueur, nous n'eussions jamais pu tenir pendant plus de neuf heures dans l'eau de dégel jusqu'au cou.

« Nous voici arrivés au moment le plus périlleux. A peine eut-on porté notre souper que, malgré un rhumatisme que j'avais au bras gauche, je me mis à grimper dans la cheminée. J'eus toutes les peines du monde pour arriver au faîte. Je faillis étouffer par la poussière de la suie, car j'ignorais les précautions que prennent les ramoneurs. Je n'avais pas mis de défensives de cuir ni à mes coudes ni à mes genoux; mes coudes furent écorchés ; le sang coulait sur mes mains, et celui de mes genoux le long de mes jambes. Enfin, arrivé en haut de la cheminée, je me mis à califourchon ; alors je fis couler dans la cheminée une pelote de ficelle que j'avais prise dans ma poche, en en retenant un bout. Mon compagnon attacha à cette ficelle le bout d'une corde où mon portemanteau était attaché. Ayant saisi le bout de cette corde, je le tirai à moi, je le déliai, puis je fis couler de nouveau cette corde dans la cheminée ; mon compagnon y attacha l'échelle de bois. Ensuite je tirai de même les deux barres de fer et tous les autres paquets dont nous avions besoin. Après que tout fut monté, je jetai de nouveau ma corde pour monter l'échelle de corde ; j'en tirai le superflu et ne laissai en dedans de la cheminée que ce qu'il en fallait pour monter. Alors, avec une grosse cheville que nous avions préparée exprès, que je fis passer dans la corde et posai en croix sur le tuyau de la cheminée, mon compère étant monté très aisément, nous achevâmes de retirer tout à fait cette échelle, nous jetâmes le dernier bout du côté opposé de la cheminée, et nous descendîmes tous les deux à la fois sur la plate-forme de la Bastille.

« Deux chevaux n'auraient pu porter notre attirail. Nous commençâmes par faire un rouleau de notre échelle de corde, ce qui fit une meule de quatre pieds de hauteur et un pied d'épaisseur ; nous fîmes rouler cette meule sur la tour nommée du *Trésor*, qui nous avait paru la plus favorable pour faire notre descente. Nous attachâmes solidement cette échelle à une pièce de canon, puis nous la fîmes couler dans le fossé ; après, nous attachâmes notre moufle, et nous y passâmes la corde qui avait trois cent soixante pieds de long.

« Après avoir porté tous nos paquets sur la tour du *Trésor*, je m'attachai bien au milieu du corps, avec la corde que nous avions passée dans la moufle, je me mis sur l'échelle de corde, et, à mesure que je descendais dans le fossé, mon compère lâchait la corde. Malgré cette précaution, à chaque échelon que je descendais, mon corps semblait être un cerf-volant qui voltigeait en l'air. Si ce fût arrivé en plein jour, je crois que de mille personnes qui m'auraient vu flotter de la sorte, il n'y en aurait pas eu une seule qui n'eût fait des vœux au ciel pour que je ne m'écrasasse point en tombant. Enfin, je descendis sain et sauf dans le fossé. Sur-le-champ mon compagnon me descendit mon portemanteau, que je mis au pied de la tour, parce qu'il y avait une petite éminence en dos d'âne qui dominait l'eau du fossé. Après il me descendit les deux barres de fer, l'échelle de bois et tout le reste. Ensuite il s'attacha lui-même au milieu du corps avec la corde de la moufle, qui avait deux fois en longueur la hauteur de la tour. Lorsqu'il se mit sur l'échelle, j'eus le soin de passer une de mes cuisses entre deux échelons, pour l'empêcher de flotter, jusqu'à ce qu'il fût en bas.

« Pendant ce temps-là, comme il ne pleuvait pas, la sentinelle se promenait sur le parapet, tout au plus à six toises de nous ; ce qui nous empêcha de monter sur ce parapet, pour de là monter dans le jardin : ainsi nous nous vîmes forcés de nous servir de nos barres de fer ; c'était le parti le plus sûr. J'en pris une sur mon épaule, avec la virole, et mon compagnon l'autre. Je n'oubliai pas de mettre la bouteille de scubac dans ma poche. Nous allâmes droit à la muraille qui sépare le fossé de la Bastille de celui de la porte Saint-Antoine. Dans cet endroit était anciennement un petit fossé d'une toise de largeur et d'un à deux pieds de profondeur. Comme la rivière était débordée précisément à cet endroit, à cause de ce petit fossé nous avions de l'eau jusque sous les aisselles. Dans le moment qu'avec la virole j'allais faire un trou dans le plâtre entre deux pierres, pour engrener nos barres de fer, la ronde major passa avec son grand falot à dix ou douze pieds tout au plus au-dessus de nos têtes : pour l'empêcher de nous découvrir, nous nous croupîmes dans l'eau jusqu'au menton. Quand cette ronde fut passée, avec ma virole j'eus bientôt fait deux trous dans le plâtre pour engrener nos deux barres de fer. Nous enlevâmes aussitôt la grosse pierre que nous avions attaquée : dès l'instant, j'assurai mon compère de la réussite. Étant dans l'eau de la fonte des glaces jusqu'au cou, nous n'avions pas chaud : pour nous réchauffer, nous bûmes un bon coup de scubac ; ensuite nous attaquâmes une seconde pierre qui céda à nos efforts avec la même facilité. Dans le moment que nous allions attaquer la troisième, une seconde ronde vint à passer ; nous nous mîmes encore dans l'eau jusqu'au menton : il nous fallut faire régulièrement cette cérémonie toutes les fois que la ronde venait à passer. Avant minuit, nous avions déjà dégradé plus de deux tombereaux de pierres. Enfin, en moins de huit heures et demie de temps, nous perçâmes cette muraille qui a quatre pieds et demi d'épaisseur. A l'instant je dis à d'Alègre de sortir par ce trou ; que si malheureusement il m'arrivait quelque chose en allant chercher le portemanteau que j'avais laissé au pied de la tour du Trésor, de s'enfuir au moindre bruit. Heureusement il n'arriva rien.

« Étant tous deux dans le grand fossé de la porte Saint-Antoine, nous crûmes que nous étions hors de tout péril. Je pris un bout de mon portemanteau et d'Alègre l'autre, pour traverser le fossé et gagner le chemin de Bercy. A peine eûmes-nous fait vingt pas que nous tombâmes tous les deux à la fois dans l'aqueduc qui est au milieu du grand fossé : nous avions trouvé au moins dix pieds d'eau au-dessus de nos têtes. Mon compagnon, au lieu de gagner l'autre bord, car cet aqueduc n'a que six pieds de large, quitte le portemanteau pour s'accrocher à moi, qui avais de la bourbe jusqu'aux genoux : me sentant saisir, je lui donnai un grand coup de poing qui lui fit lâcher prise, et en même temps je me cramponnai de l'autre côté de l'aqueduc. J'enfonce mon bras dans l'eau, je saisis d'Alègre par les cheveux, et le tirai de mon côté. L'ayant placé de manière que sa tête était au-dessus de l'eau, il pouvait respirer sans en avaler. Je lui dis de rester là, ferme, sans branler. Je fus prendre mon portemanteau qui surnageait sur l'eau. C'est précisément à cet endroit que nous fûmes hors de danger. C'est là, dis-je, où cette terrible nuit fut finie. A trente pas de là, comme ce fossé fait une pente, nous fûmes tous les deux à pied sec : nous nous embrassâmes alors, nous nous mîmes à genoux pour remercier Dieu de la grâce qu'il venait de nous faire.

Toutes les hardes que nous avions sur le corps étaient mouillées : j'avais prévu ce malheur, comme je l'ai dit, en mettant des hardes dans mon portemanteau de cuir, avec des chemises sales à l'entrée : le tout était si bien arrangé que l'eau n'avait pu y pénétrer.

« A force d'avoir ébranlé et tiré des pierres du trou que nous venions de faire, nos mains étaient écorchées. Chose que l'on aura peut-être de la peine à croire, c'est que nous avions moins froid, étant dans de l'eau de glace fondue jusqu'au cou, que quand nous en fûmes tout à fait dehors : le tremblement nous saisit alors dans tous les membres, et nos mains s'engourdirent. Il fallut que je servisse de valet de chambre à mon compère pour le déshabiller et l'habiller. Ensuite il m'en servit à moi-même. Cinq heures sonnaient comme nous montions le revers du fossé pour entrer dans le grand chemin. »

Ils étaient libres ! Latude monta dans une voiture avec son compagnon et se fit conduire chez Silhouette, chancelier du duc d'Orléans et ami de son père. Par malheur, le chancelier était à Versailles. Un tailleur, nommé Rouit, consentit à donner asile aux fugitifs. Ils restèrent cachés un mois chez ce brave homme, après quoi les deux amis songèrent à passer en Hollande. D'Alègre partit d'abord. On convint de se rejoindre à Bruxelles, où d'Alègre devait écrire une lettre signée d'un faux nom et ne contenant que des choses insignifiantes, au milieu desquelles se trouverait intercalée l'adresse de l'hôtellerie où il se serait logé. La lettre arriva, Latude partit ; mais déjà d'Alègre avait été découvert et arrêté, et le chevalier, en arrivant à Bruxelles, n'échappa au même sort que par miracle. Il partit alors pour Amsterdam, où il eût pu vivre tranquille si une lettre, dans laquelle son père lui envoyait un mandat sur un banquier, ne l'eût fait découvrir. D'habiles agents furent envoyés en Hollande ; ils firent passer Latude pour condamné au dernier supplice en France, obtinrent qu'il leur fût livré, et le ramenèrent à la Bastille. Cette fois, on lui mit les fers aux pieds et aux mains, et on le jeta dans un des plus affreux cachots. Les souffrances qu'il y endura sont impossibles à décrire : on pourra se l'imaginer en lisant le rapport suivant fait par un médecin nommé Déjean, que le lieutenant de police avait chargé de visiter le prisonnier.

« Monsieur, après avoir examiné ses yeux, et bien réfléchi sur ce que ce prisonnier m'a dit, je ne trouve point extraordinaire qu'il ait perdu une partie de la vue. Voilà nombre d'années qu'il est privé de l'air et des influences du soleil. Il a été pendant quarante mois les fers aux pieds et aux mains. Dans de pareilles situations, la nature souffre. Il est impossible de pouvoir éviter de pleurer dans de si grands maux : si une trop grande salivation altère la poitrine, il n'est point douteux qu'une trop grande abondance de larmes n'ait contribué à épuiser la vue de ce prisonnier. L'hiver de 1757 a 1756 fut extrêmement rude, la Seine fut gelée : précisément dans ce temps-là ce prisonnier était au cachot, les fers aux pieds et aux mains, couché sur de la paille, sans couverture. Dans son cachot il y avait deux meurtrières de cinq pouces de large et d'environ cinq pieds de hauteur, sans vitres ni panneaux pour les fermer. Jour et nuit le froid et le vent lui donnaient sur le visage. Il n'y a rien de si nuisible à la vue qu'un vent glacé, et surtout quand on dort. La roupie lui fit fendre la lèvre supérieure jusqu'au nez, alors ses dents se trouvèrent découvertes ; le froid les fit fendre toutes ; la racine des poils de sa moustache fut brûlée ; il devint tout chauve. J'ai examiné ces quatre parties avec beaucoup d'attention. Or, le froid lui ayant fendu les dents et la lèvre supérieure jusqu'au-dessous du nez, brûlé la racine des poils de sa moustache et rendu chauve, il n'est point douteux que ses yeux, qui sont infiniment plus délicats et plus susceptibles d'impression que les quatre autres parties dont j'ai fait ci-dessus mention, n'aient souffert de plus grands maux.

« Ce prisonnier, ne pouvant supporter ses maux, résolut de se faire mourir ; pour cet effet, il resta cent trente-trois heures sans manger ni boire ; on lui ouvrit la bouche avec des clefs, et on lui fit avaler de la nourriture de force. Se voyant rappelé à la vie malgré lui, il prit un morceau de verre et se coupa les quatre veines ; pendant la nuit, il perdit tout son sang : il n'en resta peut-être pas six onces dans tout son corps. Il resta plusieurs jours sans connaissance. Cette grande perte de sang a épuisé toutes ses forces, énervé tous ses esprits. Monsieur, j'ai cru qu'il était nécessaire de vous donner cette relation, parce qu'il est inutile de faire dépenser de l'argent au roi pour des remèdes et pour mes visites, parce qu'il n'y a uniquement que la cessation des maux, le plein air et un grand exercice qui puissent conserver le peu de vue qui reste à ce prisonnier. »

Nonobstant le rapport du médecin, Latude fut laissé au cachot. N'ayant pu mourir, l'infortuné tenta d'adoucir ses maux en occupant son esprit inventif, et il songea à faire quelque découverte qui pût lui acquérir la bienveillance du gouvernement. Sa pensée se tourna vers l'armée ; il se dit que les sous-officiers, n'étant alors armés que d'une hallebarde, devaient être dans l'impossibilité de prendre part au combat, bien qu'ils fussent aussi exposés que les soldats, et que si, au lieu d'une hallebarde, on donnait à chacun d'eux un mousquet, l'armée se trouverait tout à coup augmentée de plus de vingt mille hommes d'élite. Cela était fort simple : mais il en est ainsi de toutes les bonnes idées. Il s'agissait maintenant d'écrire un mémoire sur ce sujet, ce qui était assez difficile à un captif privé de tout. Latude ne se laissa pas rebuter. Il avait trouvé dans sa paille une arête de carpe, il s'en fit une plume, puis il fabriqua du papier avec de la mie de pain qu'il pétrit, aplatit et laissa sécher. Il ne lui manquait plus que de l'encre : avec quelques fils tirés de sa chemise, il se lia l'extrémité des doigts de la main gauche, et en les piquant l'un après l'autre avec l'ardillon de la boucle de sa culotte il eut du sang ; ce fut son encre. Mais ce sang était tellement appauvri qu'il lui fallait recommencer souvent les piqûres, ce qui, à la longue, lui causait des douleurs intolérables. Pour remédier à cela, il recueillit tout ce qu'il put de sang dans son gobelet, il le délaya avec un peu d'eau, et il eut une encre rose, donnant sur son papier de pain une écriture très lisible. Le mémoire était presque achevé, lorsque le cachot fut envahi par les eaux, qui vinrent anéantir son travail. C'était le coup de grâce : le malheureux allait mourir, lorsque les gardiens s'étant plaints d'être obligés de se mouiller les pieds pour lui apporter son pain, on le tira enfin de ce tombeau pour le transférer dans une chambre sans cheminée. Là, ayant demandé à se confesser, il parvint à se faire un ami de l'aumônier, qui se trouvait être un homme de bien. Cet ecclésiastique obtint qu'on lui donnât des plumes, de l'encre et du papier. Latude put donc rédiger son mémoire, que l'aumônier s'engagea à faire parvenir au roi. Il tint parole. Louis XV reçut le mémoire, approuva le projet, fit donner des mousquets aux sous-officiers ; mais Latude n'obtint rien.

D'autres Mémoires eurent le même sort, et la position de Latude ne se modifiait pas, lorsque, en 1761, le gouverneur Jérôme Dabadie mourut, et fut remplacé par le comte de Jumilhac. Ce nouveau gouverneur voulut voir le prisonnier dont la miraculeuse évasion avait fait tant de bruit, et, après avoir écouté le récit des douloureuses aventures du chevalier, il promit de lui faire obtenir une audience de M. de Sartine, lequel vint en effet à la Bastille et s'entretint avec Latude : mais il n'en résulta pour lui aucun soulagement. Alors le chevalier, hors de lui, tonna contre l'ingratitude du roi et contre la cruauté du lieutenant de police. Sartine, en revanche, lui fit ôter encre, plumes et papier, et, cela ne le rassurant pas suffisamment à cause du génie inventif du chevalier, il songea à s'en débarrasser en le transférant à Vincennes, où, disait-il dans un Mémoire adressé au ministre Saint-Florentin, « on finirait par l'oublier. »

En attendant que le ministre eût pris une décision, Latude, de son côté, cherchait les moyens d'établir une correspondance avec le dehors. La première condition pour cela était d'écrire, ce qui n'était plus possible, le lieutenant de police ayant défendu qu'on laissât au prisonnier même une tête d'épingle. La difficulté fut cependant vaincue. Latude avait la permission de se promener chaque jour pendant une heure sur la plate-forme de la tour; un gardien l'y conduisait, le laissait à la garde d'un sergent, et, l'heure expirée, venait le reprendre. Or, le sergent fumait. Un jour, Latude, feignant un violent mal de dents, le prie de le laisser fumer avec sa pipe. Le sergent la lui prête ; mais Latude, qui joue l'inexpérience, la laisse éteindre et demande au sergent son briquet pour la rallumer. En battant le briquet, il escamote un morceau d'amadou. Rentré dans sa chambre, il se plaint de violentes coliques; on lui accorde de l'huile pour se soulager. Il fait alors un archet avec un bâton de chaise et une ficelle, et, avec cet archet, fait tourner rapidement une cheville de bois bien sec dans un trou pratiqué au milieu d'un autre morceau de bois détaché par lui de l'affût d'un canon. Le bois prend feu, l'amadou est allumée et placée dans un morceau de charpie. Le chevalier souffle, la charpie s'enflamme; une mèche, faite d'un fragment de chemise, est placée dans l'huile : voilà une lampe. En plaçant une assiette au-dessus de cette lampe, Latude se procure du noir de fumée qu'il recueille précieusement et délaie avec un peu de sirop et d'eau : voilà de l'encre. Puis, avec une pierre, il aplatit une pièce de deux liards, l'use sur le carreau et parvient à en faire une plume. On lui avait laissé quelques livres, il en détache autant de feuillets qu'il lui en faut, et il écrit entre les lignes un mémoire dans lequel il dévoile les atrocités dont madame de Pompadour s'est rendue coupable. Ce mémoire, il se proposait de le faire passer à La Beaumelle, qu'il avait connu à la Bastille, et d'en envoyer le double à la marquise en lui faisant savoir que l'original était déposé en mains sûres, et qu'il allait être

publié si elle ne le faisait pas mettre en liberté, lui, Latude. Cela fait, il s'agissait de remettre les écrits à leur adresse. En se promenant sur la plate-forme, Latude avait remarqué deux jeunes femmes travaillant dans une maison voisine de la Bastille : chaque jour il les saluait; elles l'avaient aussi remarqué et lui rendaient ses saluts; bientôt il avait pu s'entretenir par signes avec elles. Ce fut sur elles qu'il jeta les yeux pour faire parvenir ses Mémoires. Il en fit deux paquets, un pour La Beaumelle, un pour la marquise, les mit dans un sac avec une lettre explicative, cacha le sac sous son habit, puis, l'heure de la promenade venue, fit signe à ses voisines, et, profitant d'un moment où le sergent regardait d'un autre côté, leur lança le sac avec tant d'adresse, qu'il tomba à leurs pieds. Trois mois s'écoulèrent sans que le chevalier entendît parler de rien. Enfin un jour il put lire à la fenêtre amie une pancarte où étaient tracés en gros caractères ces mots : « La marquise de Pompadour est morte hier, 17 avril 1764. »

Il serait difficile de dire la joie qu'éprouva Latude. Ses maux allaient enfin finir! Hélas! le malheureux comptait sans le lieutenant de police. Surpris de n'être pas mis en liberté, le chevalier écrit à M. de Sartine pour lui reprocher de mettre tant de lenteur à accomplir un acte de justice. Pour toute réponse, Sartine donne l'ordre de le mettre au cachot. Il y passa trois semaines, après lesquelles on le transféra à Vincennes, afin de *l'y oublier*. Mis encore au cachot en arrivant dans cette nouvelle prison, il tomba malade. Le gouverneur eut pitié de lui et lui permit la promenade. Plus d'un an se passa ainsi : le chevalier se rétablit. Un jour, revenant de la promenade, il renverse ses deux gardiens qui, pris à l'improviste, tombent l'un sur l'autre ; il prend son élan et passe devant deux sentinelles qui tentent vainement de l'arrêter; arrivé au pont-levis, le soldat de faction croise la baïonnette. Latude fait mine de se rendre, puis tout à coup saisit la baïonnette, arrache le fusil des mains du soldat, le lance dans le fossé, continue sa course et sort enfin du château. Comme la première fois, il se réfugia dans le bois et parvint à gagner Paris; mais, chose incroyable de la part d'un homme de si haute intelligence, comme la première fois aussi, comptant sur la générosité de ses persécuteurs, il se livra au ministre Choiseul, qui le fit reconduire à Vincennes et de là à Bicêtre, où on le plaça au milieu des fous.

A Bicêtre, le hasard lui donna pour gardien un homme que la misère avait forcé à accepter cet emploi, et qui ne s'était pas encore dépravé au contact de ses pareils. Latude parvient à intéresser cet homme à son sort en lui racontant ses malheurs. Le gardien lui donne de l'encre, des plumes, du papier, et voilà le prisonnier rédigeant un nouveau mémoire que le gardien promet de porter à son adresse, au premier jour de congé qu'il obtiendra. Ce jour arrive; le gardien se charge du mémoire; mais, en arrivant à Paris, il le perd. Informé du contre-temps, Latude, avec cette persévérance qui ne l'abandonne jamais, veut se remettre à l'écrire. Par malheur, le gardien, esprit faible, a pris l'accident pour un avertissement du ciel, et déclare que, de peur de perdre son emploi, il ne prêtera plus ni plume ni papier. Accoutumé aux coups de la fortune, Latude supporta ce dernier avec le même sang-froid que les autres; il songeait même déjà à quelque nouveau stratagème pouvant le rendre libre, lorsqu'on le fit demander au greffe où, lui dit-on, une dame l'attendait. Voici ce qui était arrivé : son mémoire perdu par le gardien avait été trouvé par une jeune femme, madame Legros; elle l'avait lu, l'avait fait lire à son mari, et tous deux, émus au récit de tant d'infortunes, avaient juré de s'employer à lui faire rendre justice. C'est dans ce but que, à force d'instances, madame Legros était parvenue jusqu'à Latude. Disons que leurs efforts ne furent pas stériles et aboutirent à la mise en liberté de leur protégé. Mais notre cadre ne nous permet pas de les suivre.

<h2 style="text-align:center">XX</h2>

Ce n'est qu'exceptionnellement que l'échafaud se dressait pour les prisonniers enfermés à la Bastille. Les persécuteurs craignaient trop qu'un semblant de légalité ne mît en lumière leurs iniquités. A quoi bon, d'ailleurs, la mort violente, quand les cachots se chargeaient de l'office du bourreau.

Le comte Lally-Tollendal fut toutefois un de ceux que les intrigants de cour crurent devoir livrer à la justice en expiation de leur incapacité politique.

Le comte de Lally, baron de Tollendal, né à Romans en Dauphiné de parents irlandais venus en France à la suite du roi Jacques II, avait embrassé de bonne heure la carrière des armes. D'un caractère aventureux et entreprenant, il avait suivi le prince Charles-Edouard lors de son expédition en Ecosse. Depuis, à plusieurs reprises, il avait présenté au ministère français des plans de campagne de nature à attirer sur lui l'attention. Or, on venait d'apprendre que les Anglais avaient, en pleine paix, saisi des vaisseaux français sur le banc de Terre-Neuve. Cette agression avait secoué la torpeur du cabinet de Versailles, et à cette occasion le nom de Lally avait été prononcé. Il fut mandé à la cour, et, consulté sur les mesures à prendre dans les circonstances présentes, il répondit : « Il y en a trois : descendre en Angleterre à la suite du prince Edouard, battre en brèche la puissance des Anglais dans l'Inde, ou bien attaquer leurs colonies d'Amérique. » L'un ou l'autre plan était trop hardi pour les ministres de Louis XV; ils reculèrent devant son exécution. Toutefois, les événements pressant, on résolut d'envoyer Lally comme commandant général des établissements français aux Indes orientales : on parlait de mettre à sa disposition six vaisseaux, six bataillons commandés par l'élite de la noblesse française et six millions. Mais cette belle ardeur ne tarda pas à se calmer. L'embarquement attendit six mois, au bout desquels le ministère retrancha de l'expédition deux vaisseaux, deux bataillons et deux millions. Pendant ce temps, les Anglais, qu'il était important de devancer, purent à leur aise occuper les meilleures positions stratégiques. Aussi, lorsque, après une traversée difficile, Lally atteignit les côtes indiennes, l'expédition n'avait plus guère de raison d'être, et la partie d'avance était perdue.

Cependant Lally prit les dispositions les mieux entendues pour repousser les Anglais. Il remporta sur eux plusieurs avantages, et, à la faveur d'une marche aussi bien combinée que hardie, il vint mettre le siège devant Madras, capitale des possessions britanniques dans l'Indoustan. Mais, mal secondé par ses lieutenants, manquant d'argent et de vivres, il fut, après trois mois, forcé de battre en retraite. Dégoûté des hommes et des choses, il écrivait au comte d'Argenson, son protecteur et son ami : « Je n'ai pas vu ici l'ombre d'un honnête homme. Au nom de Dieu, retirez-moi d'un pays pour lequel je ne suis point fait... L'enfer m'a vomi dans ce pays d'iniquité, et j'attends, comme Jonas, la baleine qui me recevra dans son ventre. » Mais Lally devait suivre, jusqu'au bout, sa fatale destinée. Après des succès suivis bientôt de revers, le plus éclatant désastre l'attendait. Le 17 mars 1760, deux escadres et deux armées anglaises bloquèrent Pondichéry. Après avoir enduré toutes les horreurs de la famine, après une lutte de près de dix mois, après avoir été menacé d'assassinat par ses subordonnés et atteint de poison, après avoir poussé l'héroïsme jusqu'à se faire porter malade sur

les remparts en feu, Lally rendit la ville au général Coote, qui commandait une armée de
quinze mille soldats bien équipés, avec une
réserve de sept mille hommes. Lally fut transporté à Madras, puis embarqué sur un bâtiment marchand qui le conduisit prisonnier de
guerre à Londres.

Pendant sa captivité, ses ennemis, qui étaient
puissants, mirent à sa charge tous les malheurs
de l'Inde, et déployèrent contre lui une activité haineuse. Cette haine allait si loin, qu'ils
disaient partout et tout haut qu'il fallait que la
tête de Lally tombât. Instruit à Londres de cet
état des esprits, Lally obtint du ministère bri-
tannique de venir en France, prisonnier sur
parole. Le 1er novembre, le ministre de la
guerre signait contre lui une lettre de cachet.
Ses amis, témoins de l'animosité de certains
personnages, l'en firent prévenir et lui con-
seillèrent de quitter la France, sauf à se faire
rendre justice plus tard. « Moi ! s'écria-t-il, que
je fuie, taché du soupçon d'une trahison infâme ! j'y perdrai plutôt la vie ! » Fort du sentiment d'un cœur droit, Lally écrivit au duc de
Choiseul ces paroles célèbres : « J'apporte ici
ma tête et mon innocence. » Le 5 il se constitua prisonnier à la Bastille. Dès ce moment il
était perdu.

Il était depuis dix-neuf mois en prison, sans
avoir été interrogé, et sans que le ministère
eût osé prendre un parti, lorsqu'un incident
amena la tragique solution que nous allons raconter. Le jésuite Lavaur, qui avait été une
puissance à Pondichéry, mourait à Paris en
1763. En faisant l'inventaire de ses papiers, on
trouva un Mémoire contre Lally. Des témoins
dignes de foi prétendent qu'il y en avait deux,
un pour, un contre le général. Ce qui donnerait de la consistance à cette opinion, c'est qu'il
s'agissait plutôt d'un libelle que d'un Mémoire
en forme, libelle dans lequel le jésuite recueil-
lait tous les cancans débités contre le général,
avec lequel il s'était cependant cotisé plusieurs
fois pour le paiement de la solde des troupes.
Rien d'impossible en effet à ce que le père Lavaur, suivant, sans se compromettre, les détails
de la lutte qui n'avait cessé d'exister à Pondichéry entre Lally et les représentants de la
Compagnie des Indes, ait rédigé pour son utilité
deux factums : l'un contenant le récit des faits
accusant le général, et l'autre des faits qui lui
étaient favorables. Toujours est-il que le procureur général, prenant à son compte l'opinion
de Lavaur, accusa Lally de concussion et de
haute trahison. Le parlement, jaloux du droit
qu'il avait de connaître des crimes et des at-
tentats, ordonna au Châtelet d'instruire.

Le lieutenant criminel Lenoir commença la
procédure. Le ministère, au lieu de nommer
une commission militaire, seule capable de juger une cause dans laquelle se présenteraient
à discuter les questions les plus ardues de stra-
tégie, fit signer au roi des lettres patentes attribuant à la grand'chambre de Paris la connaissance des crimes commis dans l'Inde, tant
avant que depuis l'envoi du comte de Lally. Le
conseiller Pasquier, nommé rapporteur, recueillit les témoignages les moins autorisés. Des
marchands, des valets d'écurie vinrent discuter devant un magistrat étranger au métier des
armes, et critiquer sans les comprendre les
opérations du général. Trois fois Lally présenta requête afin d'être autorisé à prendre un
conseil, elle fut toujours rejetée. Ses récrimi-
nations à ce propos, justes au fond, lui alié-
nèrent l'esprit de conseillers mal disposés.
Lorsqu'il fut introduit dans la salle des interrogatoires, à l'aspect de cette sellette sur laquelle s'étaient assis de grands criminels et qu'il
allait occuper, il ne put retenir son indignation, et, découvrant sa tête blanchie par l'âge
et les chagrins : « Voilà donc, s'écria-t-il, la
récompense de cinquante-cinq ans de services ! »

Cette scène attendrissante fut suivie d'autres
plus violentes, dans lesquelles le malheureux
accusé, livré à lui-même, sans appui, en présence de ses seuls accusateurs, se compromet-
tait tout en ne disant que la vérité, par la seule
manière de la dire.

Entouré d'ennemis ayant juré sa perte et
qui étaient devenus ses juges, Lally commença
à regretter de ne s'être pas fait tuer à la tête de
ses soldats, qui jamais n'avaient cessé d'admirer son courage et ses talents militaires ; il se
sentit atteint d'un tel dégoût de la vie, que la
pensée lui vint de se soustraire par la mort aux
tortures morales qu'il endurait. Un jour, au retour de la salle du conseil, où l'on venait de
l'interroger de nouveau, il trouva dans sa
chambre le praticien qui l'attendait pour lui
faire la barbe.

— Vos rasoirs sont-ils bien préparés ? demanda-t-il au barbier.

— Comme toujours, monsieur le comte.

Étendant alors la main sans affectation,
Lally prend un des rasoirs posés sur une table,
l'ouvre, et, détachant brusquement le col de
sa chemise, lève l'arme pour s'en frapper.
Mais, quelque rapide qu'ait été le mouvement,
il n'a pas échappé au barbier, qui saisit le bras
de Lally en s'écriant :

— Voulez-vous donc me faire perdre mon
emploi ?

— Les enragés ! dit à son tour le gardien, ils ne cherchent qu'à nous causer de la peine.

Les deux hommes s'efforcent de désarmer le comte ; doué d'une force physique peu commune, celui-ci leur oppose une vigoureuse résistance. Le porte-clefs crie : Aux armes ! la cloche d'alarme se fait entendre ; en un instant la garnison est sur pied, des soldats arrivent, et Lally est désarmé. Paraît alors le gouverneur, Jumilhac de Cubsac.

— Monsieur le comte, dit-il, c'est répondre mal aux égards que l'on a pour votre personne.

— Point de phrases, monsieur, répond Lally. Mieux qu'un autre vous devez voir, à la manière dont les choses sont menées, que ma perte est résolue ; si vous aviez quelque humanité, vous me feriez rendre ce rasoir, afin que je ne reçoive pas la mort des mains du bourreau.

— Comte, vous offensez le roi.

— Ah ! oui, le roi !... Voilà leur grand mot à tous !... Le roi, qui laisserait égorger ses plus fidèles serviteurs pour plaire à.....

Jumilhac se retira comme un homme indigné, et, dès lors, aux ennuis de la captivité s'ajoutèrent pour Lally toutes sortes de persécutions : on ne le rasa plus, on supprima sur sa table les couteaux et les fourchettes, un soldat fut placé près de lui, chargé de le surveiller incessamment.

Cependant, après deux ans d'une instruction secrète, le rapport de l'affaire fut enfin présenté. Lally ayant demandé qu'on lui accordât huit jours pour l'examiner et préparer sa défense, on lui refusa encore ce délai.

— Eh quoi, s'écria-t-il, mes ennemis ont passé deux ans à forger les armes dont ils cherchent à me frapper, et je ne pourrai me prémunir contre eux !

Le doyen des substituts, l'honnête Pierron, chargé de faire le rapport au parquet, avait, malgré les conclusions de l'acte d'accusation, opiné pour l'acquittement de Lally sur tous les chefs étrangers aux opérations militaires de l'Inde, réservant à un conseil de guerre le soin de se prononcer sur ceux-là. Le premier avocat général Séguier avait émis un avis conforme à celui de Pierron. Mais le procureur général signa des conclusions tendant à une condamnation capitale ; et, malgré la plaidoirie de Danjon, avocat de Lally, qui proclama hautement l'absence de toute espèce de preuve à l'appui de l'accusation portée contre son client, ainsi que la partialité avec laquelle avait été conduite toute l'affaire, le parlement rendit l'arrêt suivant : « Ouï le rapport de M. Denis-Louis Pasquier, conseiller ; tout considéré, la cour, la grand'chambre assemblée, sans s'arrêter aux requête et demande de Lally, dont il est débouté, ni aux reproches fournis par lui contre les témoins, lesquels sont déclarés non pertinents et inadmissibles, déclare ledit Thomas-Arthur de Lally dûment atteint et convaincu d'avoir trahi les intérêts du roi, de son État et de la Compagnie des Indes ; d'abus d'autorité, vexations et exactions envers les sujets du roi et étrangers habitants de Pondichéry, pour réparation de quoi et autres résultants du procès, l'a privé de ses états, honneurs et dignités, l'a condamné et le condamne à avoir la tête tranchée par l'exécuteur de la haute justice sur un échafaud qui, pour cet effet, sera dressé en place de Grève ; déclare tous ses biens acquis et confisqués au roi, sur iceux préalablement prise la somme de dix mille livres d'amende, applicable au pain des prisonniers de la Conciergerie du Palais, et trois cents livres applicables aux pauvres habitants de Pondichéry, ainsi qu'il en sera ordonné par le roi. »

L'arrêt excitant une réprobation presque générale, le premier président, malgré son mauvais vouloir, n'osa pas refuser aux amis du général un sursis de trois jours. De son côté, le maréchal de Soubise alla à Choisy, où se trouvait le roi, et se jeta à ses pieds. Le ministre de la guerre, qui était présent, en fit autant : tous demandèrent, au nom de l'armée, la grâce de Lally. Le roi répondit avec une indécision mêlée de regrets : « C'est vous qui l'avez fait arrêter. Il est trop tard !... »

Cependant, Lally, qui attendait dans son cachot le résultat des démarches de ses amis, vit entrer le geôlier qui, d'une voix pleine de tristesse, le pria de le suivre à la chapelle de la Conciergerie. Il suivit sans mot dire. A la vue des gardes, du greffier et d'un ecclésiastique, il comprit que son sort était décidé. Le greffier lut l'arrêt d'une voix émue. Lorsque le général entendit ces mots : « Avoir trahi les intérêts du roi, » — « Cela n'est pas vrai, reprit-il d'une voix tonnante ; jamais ! jamais !... » La lecture finie, il se répandit en imprécations contre les juges et contre le ministre, qu'il accusait de sa perte. Puis, peu à peu, il parut se recueillir en lui-même, mit la main sur son cœur, s'agenouilla devant l'autel, et tomba baigné dans son sang. Il venait de s'enfoncer dans la poitrine un compas qui n'atteignit pas le cœur. Son confesseur lui prit le compas des mains et lui prodigua les consolations de la religion. A peine avait-il terminé qu'intervint un personnage à figure sinistre. C'était le bourreau, qui venait, par ordres supérieurs, lui attacher un bâillon. Exhorté par l'ecclésiastique, le général surmonta son indignation et se laissa faire.

Comme on craignait l'effervescence populaire, on avait avancé l'heure de l'exécution. Le prêtre qui l'assistait avait obtenu de l'autorité que le condamné sortirait de la Conciergerie dans son carrosse, suivi d'un corbillard et de plusieurs voitures d'amis, qui consentaient à lui rendre ces derniers et pénibles devoirs. On lui manqua de parole : au lieu du carrosse qu'il attendait, on vit s'avancer un tombereau dans lequel on fit monter le général. Alors, et malgré le bâillon qu'on n'avait pas eu honte de lui mettre, il s'écria : « J'étais payé pour m'attendre à tout de la part des hommes ! Mais vous, monsieur l'abbé, vous, me tromper ! » L'abbé répondit de manière à être entendu des assistants : « Monsieur le comte, ne dites pas que je vous ai trompé ; dites qu'on nous a trompés tous deux. » Le cortège funèbre se mit en marche au milieu d'un concours de spectateurs, touchés jusqu'aux larmes à la vue de ce vieillard, contre lequel on déployait une cruauté sans exemple. Arrivé sur la place de Grève, au pied de l'échafaud, deux commissaires du parlement lui firent demander s'il n'avait rien à leur déclarer. Il répondit : « Qu'on leur dise que Dieu m'a fait la grâce de leur pardonner dans ce moment, et que si je les voyais une fois de plus, je n'en aurais peut-être pas le courage. » A ces mots, il gravit d'un pas assuré les degrés de l'échafaud, se fit couvrir les yeux avec un bandeau, et attendit à genoux le coup fatal.

Tant de résignation, la vue de cette tête vénérable émurent le bourreau lui-même ; il frappa d'un bras mal assuré. Ce ne fut qu'au quatrième coup qu'au milieu des imprécations de la foule il parvint à séparer la tête du corps.

XXI

L'infortuné Lally avait eu pendant quelque temps pour voisine, à la Bastille, une maîtresse du roi, mademoiselle Tiercelin, fille du comte Tiercelin de La Roche du Maine. Tandis que, par un excès de rigueur, on poussait le brave général au désespoir, la jolie courtisane était l'objet de prévenances de toutes sortes ; le gouverneur était son esclave très humble. La belle captive n'avait que seize ans ; elle pouvait avoir un retour de fortune, et Jumilhac prenait cette éventualité en considération. Au surplus, qu'avait donc fait cette belle enfant ? Presque rien ; on va le voir. Mademoiselle Tiercelin touchait à sa quatorzième année lorsque Lebel,

valet de chambre du roi, et grand traqueur de beautés, jeta les yeux sur elle et offrit au père de la jeune personne de la présenter à Louis XV, ce que le gentilhomme accepta, comprenant la faveur dont il était appelé à jouir si les choses tournaient bien. Elles tournèrent d'abord au gré de ses désirs ; car la petite personne était trop bien stylée pour ne pas tirer de ses quatorze printemps le parti convenable. Tout était donc pour le mieux, lorsque mademoiselle Tiercelin s'avisa, un jour que son confesseur, jeune et galant abbé, l'était venue voir, de trouver que le roi était bien vieux. L'abbé, de son côté, manœuvra de manière à faire agréer ses hommages. Toutefois, ce n'était pas là le compte de M. de La Roche du Maine. Un roi, à la bonne heure, cela paie bien, cela donne pensions, cordons, emplois ; mais un abbé qui ne paie que de sa personne, fi donc ! Tout bien considéré, M. le comte déclara à sa fille sa résolution de ne pas souffrir les assiduités d'un homme de rien.

— Me priver de mon confesseur, mais c'est une affreuse tyrannie !

— Ayez, mon enfant, tous les confesseurs que vous voudrez, repartit ce père avisé, pourvu que ce ne soient pas gens à entreprendre sur les droits du roi.

— Je n'en veux pas plusieurs ; il ne m'en faut qu'un ; je l'ai, je le garde.

— Et moi je vous dis que vous ne le garderez pas.

— Monsieur mon père, si vous essayez de me faire violence, je me plaindrai au roi.

— Si vous l'osiez, s'écria le comte en colère, je dirais à Sa Majesté pourquoi j'exige l'éloignement de l'abbé. Pensez-y...

Le père sorti, l'abbé, qui était caché dans le cabinet de toilette, vint se mettre aux genoux de sa pénitente.

— Mon ange, lui dit-il, aurez-vous le courage de sacrifier un homme qui vous aime plus que la vie ?...

— Non, je ne céderai pas.

— Me condamner à ne plus vous voir !... Autant vaudrait me mettre à mort.

— Ne vous affligez pas, mon ami ; cherchons plutôt à parer le coup qui nous menace.

— Il y a un moyen sûr... Écoutez-moi. M. le comte est âgé, son humeur irritable ne peut manquer d'augmenter de jour en jour. C'est un homme qui a le plus grand besoin de repos.

— Mais je ne vois pas quel rapport il y a...

— Je vais vous le montrer. Le comte, dis-je, a besoin de repos ; il ne veut pas en prendre, il faut l'y obliger. Les ministres n'ont rien à vous refuser, M. de la Vrillière particulièrement. Dites-lui que la tyrannie du comte vous met au désespoir, qu'il veut vous empêcher de servir, près du roi, vos amis, dont lui, La Vrillière, est le meilleur, et demandez-lui une lettre de cachet.

— Vous voulez que je fasse emprisonner mon père !...

— Mon Dieu, je ne veux rien, sinon vous adorer toute ma vie. Après tout, il ne faut pas se laisser effrayer par certains mots : une prison peut être un séjour supportable, on peut y être confortablement logé, y jouir du plaisir de la promenade, y avoir son cuisinier.

— Il y a des prisons où l'on est traité ainsi ?...

— Oui, quand on est riche et recommandé.

— Vous en êtes sûr ?... Eh bien ! je vais chez La Vrillière.

Ainsi que le disait l'abbé, les ministres n'avaient rien à refuser à une jolie femme qui avait le bonheur de plaire au maître. M. de La Vrillière, s'associant à la piété filiale de cette charmante enfant, donna la lettre de cachet. Le lendemain, le comte était arrêté et conduit à la prison de Saint-Lot, l'abbé ayant demandé qu'il en fût ainsi, afin que le prisonnier n'eût aucune communication avec ses amis. La vertueuse jeune fille ne s'en tint pas là. Le comte était traité dans sa prison avec tant de rigueur qu'il avait résolu de se faire tuer ou de recouvrer sa liberté ; dans ce but, il avait réuni dans un complot presque tous ses compagnons de captivité, lesquels étaient parvenus à fabriquer des armes et se disposaient à s'évader à force ouverte, quand une émeute éclata dans la ville à propos de la cherté des grains. Comme il arrivait presque toujours en pareil cas, les prisons furent attaquées et les prisonniers mis en liberté. Mademoiselle Tiercelin fit rechercher son père, qui s'était réfugié chez un de ses amis ; il fut repris, emprisonné à Saint-Lazare en vertu d'une seconde lettre de cachet, et de là transféré à Vincennes, où il mourut.

L'abbé plut quelque temps encore à la favorite ; mais un jour l'idée prit à celle-ci de quitter la soutane pour l'épée, et le confesseur fut supplanté par un officier des chevau-légers. L'abbé se plaignit ; l'officier menaça de couper les oreilles à l'abbé. Celui-ci parut se résigner, mais il agit. A quelques jours de là, le lieutenant de police se présentait chez mademoiselle Tiercelin, et, d'un air assez embarrassé, il la priait de se préparer à le suivre.

— Et où prétendez-vous me conduire ? monsieur le lieutenant.

— Mademoiselle, je suis désespéré d'être dans la nécessité de... La colère du roi s'apaisera...

Aussi ai-je voulu que la chose se fît le plus secrètement possible...

— Mon Dieu ! seriez-vous malade ?... En vérité on jurerait que vous n'êtes pas dans votre assiette.

— Je souffre en effet... d'être obligé de conduire une si charmante personne dans cette vilaine maison de la porte Saint-Antoine.

— A la Bastille !... moi !... Si c'est une plaisanterie, je vous préviens qu'elle n'est pas de mon goût, et le roi pourrait bien être du même sentiment.

— Mademoiselle, c'est d'ordre du roi que je suis ici.

— Il n'y a pas deux heures que j'étais encore dans la chambre de Sa Majesté.

— Voici l'ordre.

Et le lieutenant de police montra une lettre de cachet que le roi avait, la veille, signée en blanc. Il fallut se soumettre, et la favorite vit se refermer sur elle les portes de la forteresse. Elle y fut reçue avec les marques de la plus haute considération : elle était à la fois si jeune et si jolie, qu'il paraissait probable que le roi ne tarderait pas à la rappeler auprès de lui. En apprenant qu'on l'accusait d'avoir entretenu une correspondance coupable avec la Prusse, mademoiselle Tiercelin devina que le coup partait de l'abbé ; mais ils s'entendaient trop bien pour demeurer longtemps ennemis, et, lorsque cette fille sans cœur eut recouvré sa liberté après avoir démontré l'absurdité de l'accusation portée contre elle, loin de se venger elle renoua avec son directeur.

C'était alors la mode d'accuser les gens qu'on voulait perdre de correspondre avec l'étranger. Au nombre des prisonniers de cette catégorie nous mentionnerons le malheureux Héron, ingénieur-géographe, qui avait rédigé des plans de toutes sortes, parmi lesquels étaient quatorze plans de guerre dite souterraine, qu'il proposa au duc de Choiseul, ministre de Louis XV. L'ingénieur était pauvre, personne ne le recommandait ; Choiseul rejeta les plans sans les regarder. Repoussé par ceux qui auraient dû l'encourager, et après avoir épuisé ses dernières ressources, Héron s'adressa au roi de Prusse et lui offrit ses plans. Frédéric n'était pas homme à repousser, les yeux fermés, une offre de cette nature : il envoya tout exprès à Paris un officier chargé de voir le travail et d'en faire rapport. De retour en Prusse, l'officier écrivit à Héron que le roi donnerait de ses plans le prix qu'il en demanderait, à la condition que lui, Héron, déterminerait deux officiers du corps royal des mineurs de France à se rendre auprès de Frédéric. Cette correspondance fut

Le Masque de Fer amené à la Bastille.

saisie, on arrêta Héron, on trouva chez lui d'autres lettres établissant qu'il avait vendu au roi de Danemark le modèle d'un affût de canon de son invention, et qu'il avait été en pourparlers avec la Hollande et l'Autriche. Peu s'en fallut que cette affaire lui coûtât la vie, ainsi que le prouve la lettre suivante, interceptée sans doute et trouvée au greffe de la Bastille, lors de la prise de cette forteresse en 1789 : « Dites à M. de La Vauguyon qu'il engage le duc de Berri à se jeter aux pieds du roi et à me réclamer comme étant son ingénieur, et que cela se fasse à l'insu du duc de Choiseul, homme cruel, qui veut me faire périr pour avoir voulu porter mes plans hors de France, ce qui n'est dû qu'à son ignorance et à sa morgue..... Lundi on fera, je crois, mon procès, et je serai certainement condamné à perdre la vie ; une fois livré au parlement, je n'ai plus rien à espérer..... S'il n'est pas possible d'obtenir ma grâce, vous crierez par quatre ou cinq fois *adieu!* et, deux jours après, vous irez à mon enterrement à Saint-Paul. »

Héron échappa à la mort. Au lieu de le juger, on le transféra à Bicêtre, d'où il ne sortit que dix-neuf ans après.

Un nommé Camille de Mercourt, arrêté sous une inculpation du même genre, fut encore plus maltraité que Héron. La vie de Mercourt avait été excessivement orageuse ; nous en donnerons un aperçu d'après son dossier, trouvé à la Bastille. Né à Besançon, Mercourt, après d'assez bonnes études, entrait comme novice chez les Petits-Pères de la place des Victoires. Six mois ne s'étaient pas écoulés, qu'une jolie fille du voisinage le détournait de la sainte voie. Epris de la donzelle, Mercourt jette le froc aux orties, se rend chez un sien beau-frère, et, ne le trouvant point, lui fait un emprunt forcé de cinquante louis. Tant que l'argent dura, la jolie fille fut fidèle ; mais, avec le dernier écu, l'amour et la fille s'envolèrent. Mercourt alors retourna à Besançon, s'adressa à l'évêque et lui vanta si fort la manière dont il avait sauvé l'âme d'une pauvre pécheresse, et la courageuse résolution avec laquelle il avait

6

tout abandonné pour parfaire cette œuvre pie, que l'archevêque, presque aveugle, un peu sourd, très crédule de sa nature, lui donna la tonsure, avec un bénéfice de six cents livres. Le protégé de l'archevêque s'était mis en pension chez un apothicaire ; ce dernier était père d'une jolie personne qu'il songeait à marier ; mais il se trouva, au moment des fiançailles, que la belle enfant avait plus besoin d'une sage-femme que d'un mari. Pendant qu'on cherchait l'explication de ce mystère, Mercourt s'engageait dans le régiment de Limousin. Là il se fit remarquer du marquis de Bissy, qui l'emmena en Bourgogne. Au bout d'un mois il enlève au marquis sa maîtresse, tue en duel un officier, et vient se cacher à Paris. Il se met en pension chez un traiteur, et peut-être, faute de pouvoir payer, eût-il été très embarrassé d'en sortir, lorsque, à la suite d'un déjeuner offert à des amis, et après lequel l'argenterie avait disparu, on arrête Mercourt. La chose tourna mal ; notre aventurier passa quatre ans en prison ; et il courait grand risque de n'en sortir que pour aller aux galères, lorsqu'il parvint à faire un trou au plafond de sa cellule et à s'évader. Jeune et bien taillé, Mercourt avait toujours trouvé, dans les moments difficiles, quelque femme au cœur tendre pour lui venir en aide ; cette fois ce fut la marquise de Beaufremont qui le garda pendant un mois dans une cachette où elle lui prodiguait toutes sortes de consolations. Toutefois, on ne peut pas demeurer éternellement entre quatre murailles, quelque agréable régime qu'on y suive ; et puis il était question du prochain retour du marquis de Beaufremont, alors à l'armée. La compatissante marquise dut donc se résoudre à voir partir son protégé, qui se dirigea vers l'Allemagne et s'engagea dans un régiment prussien. Trois mois après, le roi de Prusse, qui l'avait remarqué dans une parade à cause de la régularité et de l'aplomb qu'il mettait dans la manœuvre, le fit lieutenant. Son avancement fut des plus rapides ; au bout de deux ans, il était conseiller de guerre.

Mais si les femmes lui venaient souvent en aide, il arrivait aussi qu'elles l'embarquaient parfois dans de mauvaises affaires. Mercourt s'était fait aimer de la nièce du chancelier du roi, laquelle était fiancée à un officier supérieur. L'ex-novice provoqua son rival, lui passa son épée au travers du corps, et enleva la jeune personne. Il allait franchir la frontière lorsqu'on l'arrêta. On le ramenait à Berlin, où le roi, furieux de l'esclandre, avait juré de le faire fusiller ; arrivé à quelques lieues de cette capitale, Mercourt désarme un de ses gardiens et prend la fuite. De retour à Paris, il fait la connaissance de Le Normand, mari de madame de Pompadour, qui le charge d'une mission auprès de sa femme. Notre aventurier avait bon air, l'habitude de braver le danger, la confiance en soi-même. C'en était assez pour être bien accueilli ; il obtint, pour le mari de la marquise, ce que ce dernier demandait, et pour lui-même tout ce qu'il voulut. Comme il fallait qu'il eût l'air de faire autre chose que de longues visites à la favorite, on lui donna un emploi dans les fermes. La fortune de Mercourt était considérable lorsque la marquise mourut. A ce moment on le destitua. On ne s'en tint pas là : on voulait avoir sa bourse, et l'on eut recours au grand moyen, c'est-à-dire qu'on l'accusa de correspondre avec le roi de Prusse. Il fut donc arrêté et enfermé à la Bastille.

Il aurait pu s'y faire traiter convenablement ; mais, puisqu'il s'agissait de s'emparer de son avoir, on ne devait pas souffrir qu'il se ruinât, et on le tarifa à trois livres par jour, ce qui lui assurait du pain, de l'eau et une soupe à l'eau grasse deux fois par jour. En vain écrivit-il tous les mémoires possibles pour obtenir qu'on lui donnât des juges, on ne lui répondit pas ; seulement, on lui insinuait de temps en temps que sa fortune était scandaleuse, et que le roi s'était ému de cela dans un temps où les finances étaient en piteux état. Le prisonnier comprenait bien ; mais, en vieillissant, il était devenu avare, et il résistait. Comme d'ailleurs il se montrait très docile, on n'avait pas de motif pour le mettre au cachot. On eut recours à un expédient, et, sous prétexte que la place manquait à la Bastille, on le transféra à Vincennes : il y mourut dix ans après.

Mercourt n'était certes pas un homme recommandable ; sa mort n'en est pas moins, pourtant, un véritable assassinat.

L'affaire des intendants et administrateurs du Canada date aussi de cette époque. L'intendant des possessions françaises au Canada était un sieur François Bigot. Il avait volé l'Etat si audacieusement, qu'il se vantait d'être plus riche que le roi et de pouvoir acheter un royaume si cela lui plaisait. Sans doute il aurait pu continuer à s'engraisser pendant longtemps, mais sa jactance le perdit : on flaira un riche butin, et Bigot fut arrêté vers la fin de l'année 1761, en même temps que vingt-deux administrateurs plus ou moins sous ses ordres. Tous furent mis à la Bastille. Leur procès dura deux ans : il n'y eut point de condamnation capitale, on se contenta du bannissement pour les plus coupables, mais les condamnations pécuniaires s'élevèrent à vingt millions. Joseph Cadet, munitionnaire général des vivres au Canada, dut restituer, pour sa part seulement, six millions. Lorsqu'on lui donna lecture de l'arrêt, il interrompit le greffier en s'écriant : « C'était bien la peine de faire tant de bruit ! » Il paya, quitta la France, et vécut en prince à l'étranger. Il en fut de même des autres. On le voit, si ces riches oiseaux parvinrent à s'envoler, ce ne fut pas sans avoir laissé des plumes. Quand il fut question de faire le partage de ces dépouilles opimes, la guerre éclata entre les prétendants. On s'entendit pourtant, et chacun eut sa part : tant pour le conseiller qui n'avait ni vu ni entendu ; tant pour les officiers instructeurs qui avaient, de leur mieux, embrouillé l'affaire. Le gouverneur de la Bastille alléguant que sans lui on n'eût rien découvert, on le bâillonna de la même manière ; le major et l'aide-major eurent aussi part au gâteau.

Sous le gouvernement corrompu de Louis XV, on ne saurait trop le répéter, toutes les questions, même les plus importantes, celles qui touchaient à la politique, à l'influence du pays au dehors, étaient résolues selon les intérêts particuliers ou les passions des gens en place. Témoin le procès de La Chalotais, que nous ne pouvons passer sous silence.

En 1764, la Bretagne gémissait sous l'administration du duc d'Aiguillon, qui, tout gonflé de son pouvoir, en usait avec une tyrannie insupportable. Le parlement de Bretagne avait alors pour procureur général Caradeuc de La Chalotais. C'était un homme plein d'honneur et de loyauté ; il osa faire des remontrances au gouverneur, qui les reçut fort mal et résolut de se débarrasser de l'incommode censeur. Afin d'en venir à ses fins, d'Aiguillon se fit le protecteur des jésuites, que le parlement attaquait. La lutte fut ardente ; mais le parlement de Bretagne ne fléchit pas, et, sur le réquisitoire de La Chalotais qui avait mûrement examiné les doctrines de la compagnie de Jésus, il ordonna que les membres de cette compagnie sortiraient de la province et que leurs écoles seraient fermées. Peu de temps après, toujours sur le réquisitoire de son procureur général, ce même parlement refusa d'enregistrer les édits bursaux. D'Aiguillon eut recours à la force pour lever les impôts. Le parlement ayant vainement protesté contre cette violence, presque tous les membres de cette compagnie donnèrent leur démission. La Chalotais, son fils qui avait obtenu la survivance de la charge, et dix conseillers se montrèrent résolus à faire tête à l'orage.

D'Aiguillon écrit aussitôt à la cour pour dé-noncer un prétendu complot tendant à soulever la Bretagne, et ayant pour chefs La Chalotais et son fils. Les ordres qu'il sollicite pour parer au danger lui sont envoyés, et, dans la nuit du 11 novembre 1765, l'hôtel de La Chalotais est envahi par des soldats, le père et le fils sont arrêtés, et on les conduit au château du Toro, à trois lieues en mer, où, dit La Chalotais, « on ne reléguait que des gens de sac et de corde. » Un mois après, les prisonniers sont transférés au château de Saint-Malo. La Chalotais demande en vain qu'il lui soit permis d'écrire ; on lui refuse plumes, encre et papier. Il ne se décourage pas : il amasse le papier dont le sucre ou le chocolat qu'on lui apporte est enveloppé ; d'un cure-dent il fait une plume, il fabrique de l'encre en délayant de la suie avec du vinaigre et du sucre, et, sans autres ressources, il écrit successivement deux longs mémoires, qui sont restés comme des monuments d'éloquence et d'énergie. « Croyez, écrivait peu de temps après Voltaire, que le sang m'a bouilli en lisant ces mémoires écrits avec un cure-dent. Ce cure-dent grave pour l'immortalité. Malheur à qui, en lisant cet écrit, n'aura pas eu la fièvre ! »

Rien n'avait été précisé dans l'accusation portée contre La Chalotais, car ce n'était pas une accusation sérieuse que de lui imputer d'avoir cherché à soulever la Bretagne contre l'autorité du roi, attendu qu'aucun témoignage, aucune pièce ne venaient la corroborer. Les divers mémoires qu'avait rédigés La Chalotais avec une persévérance, une ténacité toutes bretonnes, avaient d'ailleurs été imprimés et se trouvaient dans les mains de tout le monde : une condamnation était devenue impossible. Alors les ennemis de La Chalotais changèrent de batterie. Madame du Barry, qui avait succédé à la Pompadour, était toute-puissante, et le duc d'Aiguillon était un de ses favoris. Poussée par le duc, la courtisane obtint du monarque une déclaration portant que « Sa Majesté jugeait à « propos de se réserver la connaissance, en son « conseil, du procès de La Chalotais et de ses « coaccusés. » Aussitôt le ministre Saint-Florentin donne l'ordre de transférer le procureur général, son fils et ses autres accusés de Saint-Malo à Paris, et de les mettre à la Bastille. Ils y furent écroués le 18 novembre 1766. La Chalotais était gravement malade lorsqu'il arriva dans la forteresse ; nonobstant il demeura plusieurs jours sans soins d'aucune espèce.

D'Aiguillon, Saint-Florentin et les jésuites espéraient qu'en l'évoquant à Paris l'affaire se prolongerait indéfiniment, et qu'on finirait par oublier les La Chalotais. Mais l'opinion publique et la presse se prononcèrent avec une telle énergie, que les conjurés durent renoncer à leurs projets. Au surplus, le roi était fatigué d'entendre à tout propos parler des magistrats du parlement de Bretagne ; il voulut en finir, et, le 22 décembre 1766, il fit à son conseil cette déclaration que nous reproduisons textuellement : « Messieurs, je suis très content de vos services. Le compte que vous venez de me rendre me confirme dans le parti que j'avais déjà pris ; je ne veux point qu'il intervienne de jugement, je veux éteindre tout délit. Monsieur le vice-chancelier, faites expédier les lettres nécessaires, et faites-les publier au sceau. Je me réserve de pourvoir au reste. »

Le même jour, La Chalotais et son fils furent exilés à Saintes ; ce ne fut que huit ans après, sous le règne de Louis XVI, qu'ils furent rétablis dans leurs charges.

XXII

Le scandale que donnait Louis XV ne pouvait manquer d'être imité par ses ministres ; chacun d'eux avait une maîtresse en titre, et ces prostituées vendaient comptant toutes sortes de grâces et de faveurs qu'elles obtenaient on sait comment. Entre toutes, la maîtresse du comte de Saint-Florentin, qu'on appelait madame de Langheac, faisait le plus effrontément cet honnête commerce. Elle avait pour ami de cœur, et pour courtier tout à la fois, une sorte d'aventurier se faisant appeler le chevalier d'Arcq, qui l'aidait à extorquer l'argent et aussi à le dépenser. Un jour ce d'Arcq présenta à madame de Langheac l'intendant de la dauphine, un nommé La Porte, lequel désirait faire obtenir à un de ses amis le privilège pour l'épuration des eaux de la Seine.

— Madame, lui dit-il, voici un gentilhomme qui a conçu l'heureuse idée de se faire un très beau revenu avec les brouillards de la rivière. Son projet est excellent ; mais, pour l'exécuter, M. de La Porte a besoin d'être appuyé, et il est homme à ne pas regarder pour cela à une trentaine de mille livres.

— Trente mille livres, fait dédaigneusement madame de Langheac, il ne s'agit donc que d'une bagatelle ?

— Madame, dit à son tour La Porte, on pourrait bien aller un peu plus loin.

Et il lui expliqua ce dont il s'agissait. Après quoi l'impudente courtisane demanda quarante mille livres, qui lui furent promises. Le lendemain, elle en faisait demander cinquante mille, dont moitié sur-le-champ. La Porte en

dassa par là. Mais elle revint encore à la charge et parvint à se faire donner cinquante-sept mille livres pour ce privilège, qu'un indigne ministre accorda à sa sollicitation.

Dans le même temps que cette affaire se négociait, La Porte avait confié au chevalier d'Arcq que des fermiers généraux le poursuivaient pour une somme de trois cent mille livres dont ils se prétendaient créanciers contre lui, bien que la chose fût jusqu'à un certain point contestable. Lorsque les cinquante-sept mille livres eurent été dissipées, ce qui n'avait demandé que peu de temps, le chevalier se rappela la confidence de La Porte.

— Ces coquins de fermiers généraux, lui dit-il, ont fait des leurs depuis quelque temps, au point que le ministre est furieux contre eux. Tremblant dans leur peau, ils sont venus trouver madame de Langheac, et, tout d'abord, elle a songé à profiter de la circonstance pour les obliger à vous faire remise des trois cent mille livres, car je lui avais conté votre affaire.

— Ah ! s'écria La Porte transporté de joie, que cette belle dame me rende ce service, et ma reconnaissance n'aura pas de bornes !

— Elle ne demande pas mieux ; seulement, elle a besoin en ce moment de la somme que ces gens lui offrent pour désarmer la colère du ministre.

— Et cette somme ?...

— Une centaine de mille livres, je crois.

— C'est que je ne l'ai pas à ma disposition.

— Eh ! cher ami, n'est-il pas avec le ciel des accommodements ? Si vous pouviez seulement avancer un acompte...

— J'ai en caisse quarante-six mille livres environ.

— C'est peu ; cependant je parlerai pour vous, et il faudra bien que la tigresse s'humanise.

— Vous croyez que madame de Langheac consentira...

— Est-ce qu'elle ne fait pas tout ce que je veux ? Prenez avec vous la somme, et partons.

La Porte ne doutait pas du succès. Il avait vu avec quelle facilité la maîtresse du ministre avait obtenu le privilège du filtrage des eaux, et il était assez initié aux affaires du temps pour savoir de quoi tous les gens en place étaient capables. Il n'hésita donc pas à se rendre auprès de la dame. Mais il la trouva beaucoup plus exigeante que n'avait dit le chevalier. Sans doute elle voulait bien accorder la préférence à un ami du chevalier d'Arcq, mais il fallait au moins qu'elle n'eût pas à y perdre, et qu'à défaut d'argent on lui donnât des sûretés.

— Mon Dieu! s'écria le chevalier, voilà beaucoup de bruit pour rien; je vais vous mettre d'accord. D'abord, madame, vous allez, pour le présent, s'il vous plaît, vous contenter des quarante-six mille livres que mon ami vous apporte; et vous, La Porte, vous donnerez les sûretés qu'on vous demande.

Là était la difficulté : l'intendant n'avait pas une fortune bien liquide, et il se trouva qu'examen fait, son actif se composait presque entièrement de sa charge, qui pouvait valoir deux cent mille livres. Le chevalier d'Arcq, heureusement, était un homme de ressources.

— Mon ami La Porte, dit-il, n'a guère de bien net que sa charge, laquelle n'est susceptible d'aucune hypothèque. Voilà une grande difficulté, n'est-ce pas? .. Enfants!... La Porte va vous faire ici une obligation de cent mille livres, et, en même temps, écrire sa démission de sa charge, afin qu'en cas de non-paiement on puisse la vendre... Il est bien entendu que tout cela n'est que pour la forme; mais, en affaires, il faut être régulier.

La Porte faisait une assez triste figure, car, de cette manière, ce n'était plus cent mille livres qu'on lui demandait, mais bien cent quarante-six mille. Cependant, comme il s'agissait d'éteindre une dette de cent mille écus, et qu'il y avait encore plus de cent pour cent à gagner, il en passa par où l'on voulut. Mais voilà que, cette fois, les fermiers généraux firent leur paix en dehors de madame de Langheac. Elle n'en rabattit rien de ses prétentions vis-à-vis La Porte; il lui fallait quand même ses cent mille livres. Le malheureux La Porte ne pouvant payer, elle le fit emprisonner, puis elle essaya de vendre sa charge. Mais alors, tout prisonnier qu'il était, La Porte parvint à faire imprimer un mémoire où étaient dévoilés les vols et les dilapidations du ministre et de sa maîtresse. La brochure fit un bruit terrible. Le ministre jura qu'il ferait pourrir au cachot les imprimeurs qui avaient trempé dans cette publication. Ils furent en effet arrêtés avec leurs protes : c'étaient les nommés Jarry et Moreau, maîtres imprimeurs Rainville et Millet, protes. Amenés devant le ministre, Jarry et Moreau dirent qu'ils étaient absents de chez eux lors de l'impression de la brochure.

— Alors, s'écria Saint-Florentin, vos protes sont des voleurs, puisqu'ils se servent de vos caractères, de vos presses, sans vous tenir compte du produit qu'ils en tirent.... C'est un vol domestique : vous allez écrire et signer une plainte contre eux. Je veux que ces coquins aillent aux galères.

Moreau et Jarry étaient d'honnêtes gens; ils refusèrent de porter plainte. Malgré toute sa fureur, le ministre n'osa sévir contre eux.

— Allez-vous-en, leur dit-il; je me contenterai de faire traiter vos protes comme ils le méritent. Qu'on les mène à la Bastille!

L'ordre fut exécuté. Plus tard, quand ils crurent que la colère du ministre avait eu le loisir de se calmer, Moreau et Jarry firent des démarches pour obtenir la mise en liberté de leurs employés; mais le ministre refusa de les entendre, et le lieutenant de police leur répondit que les deux mauvais sujets pour lesquels ils réclamaient étaient libres depuis longtemps. On ne put jamais découvrir ce qu'ils étaient devenus. N'est-ce pas le cas de se rappeler qu'il y avait des oubliettes à la Bastille?

Quant à madame de Langheac, cause première de cette aventure, elle continua à retenir La Porte au For-l'Evêque, où il mourut.

XXIII

Nous venons de parler des oubliettes. C'est du même procédé qu'on usa envers un colonel suisse au service du roi de Prusse. Il se nommait Rapin; c'était un homme intrépide, audacieux. Pendant la guerre il avait fait sur nos frontières les entreprises les plus hardies, et des soldats en grand nombre avaient déserté pour aller servir sous ses ordres, séduits par la grande réputation de cet officier, dont, disait-on, tous les soldats avaient de l'or en poche. Une première fois déjà le maréchal de Soubise était parvenu à s'emparer de la personne de Rapin, mais le colonel s'était évadé de la prison de Vezel, et il se tenait sur le territoire de Liège, où il devait se croire en sûreté. On lui dépêcha d'adroits agents qui lui dirent être chargés de lui offrir un régiment en France avec toutes sortes d'avantages; on lui montra des lettres du ministre de la guerre et un sauf-conduit en bonne forme. On fit si bien, que le colonel partit; il arriva à Paris le 13 novembre 1765. Le même jour, on l'arrêtait à sa sortie de chez le ministre, qui avait dit ne pouvoir le recevoir ce jour-là.

— Vous faites erreur, objecta-t-il aux estafiers.

— N'êtes-vous pas le colonel Rapin?

— Sans doute; mais je suis venu à Paris à la sollicitation du ministre de la guerre; je suis d'ailleurs pourvu d'un sauf-conduit.

— Il faudrait le prouver.

Le colonel tire le sauf-conduit et le montre; on le lui déchire.

Rapin tente alors de se défendre; on le terrasse, on le porte dans une voiture, et, une heure après, il était écroué à la Bastille. On comprend qu'il était absolument impossible de lui donner des juges, et pourtant sa perte était résolue. On lui avait d'abord donné une chambre à peu près convenable ; un mois après, on le transféra dans l'une de ces horribles *calottes* où l'on gelait en hiver et où l'on cuisait en été. Doué d'une forte constitution, le colonel ne se laissa pas abattre ; il saisit toutes les occasions de faire retentir ses plaintes contre le traitement dont il était victime ; cela n'amenant aucun changement dans sa position, il se mit à crier vingt fois par jour, de sa voix de stentor, à travers la meurtrière de sa cage : « Je suis le colonel Rapin, attiré en France par trahison, pour être assassiné. » Alors, sous prétexte d'indiscipline, on le mit au cachot. Au bout de deux ans de captivité, le malheureux colonel, naguère si vigoureux, était mourant. Le médecin, selon l'usage en pareil cas, déclarant que le prisonnier avait besoin de changer d'air, on le transféra à Vincennes. Là, son agonie dura encore cinq ans ! ce ne fut que le 8 janvier 1772 qu'il expira, après sept ans de tortures.

XXIV

Ce n'était pas seulement le roi, ses ministres et les favorites qui usaient de la Bastille pour satisfaire leurs passions ; des pères, des mères de tout rang étaient admis, moyennant finance, à y séquestrer leurs enfants, car en ce temps de corruption, beaucoup de belles dames avaient à dissimuler les suites d'une faiblesse ou à se débarrasser d'un témoin importun. Au nombre des femmes qui usèrent de ce procédé, nous citerons la marquise de Flavacourt. Pendant une absence du marquis son mari, cette dame avait donné le jour à un enfant. A son retour, M. de Flavacourt ne voulut pas faire d'esclandre, mais il exigea que ce fils, qui lui était venu si miraculeusement, fût élevé loin de chez lui. Plus tard, le marquis étant mort, on détermina ce fils, à force de promesses, à s'engager, sous le nom de Pierre de Roger, dans le régiment de Dauphiné, infanterie. Après deux années, le jeune homme, voyant qu'on ne tenait pas les promesses qu'on lui avait faites, pensa à revendiquer son nom et ses droits. Il obtint un congé, vint à Paris, et, ne pouvant parvenir à se faire recevoir par sa mère, il lui écrivit qu'il était décidé à se faire rendre justice par tous les moyens possibles. Le jour même, Pierre de Roger fut arrêté et jeté à la Bastille. Comment y fut-il traité ? une note ajoutée à son écrou peut le faire deviner ; il y

est dit que, « comme c'était un sujet incor « rigible, on prit le parti de le transférer à « Bicêtre, où il entra le 20 janvier 1769, et « mourut le 1er avril 1773. » Loin d'être méchant et incorrigible, tout semble prouver, au contraire, que ce jeune homme ne manquait ni d'esprit ni de cœur. On en pourra juger par l'extrait suivant d'un mémoire qu'il adressait au lieutenant de police en 1772 : « On me fait entendre qu'il ne tient qu'à moi d'adoucir mon sort, et même de le changer tout à fait ; il ne s'agit, de ma part, que de reconnaître que je ne suis point le fils de madame de Flavacourt. Je ne puis vous dissimuler que toutes les peines que j'ai essuyées dans cette captivité n'ont pu m'inspirer l'idée de consentir à rien, et je serais encore tel, si je n'avais rencontré une personne qui, par la force de ses conseils, m'a déterminé à une démarche dont jamais je ne me serais cru capable. Je suis donc prêt à consentir à tout ce que l'on voudra ; je promets de garder le silence sur le nom que je porte, et auquel je ne puis renoncer sans blesser la raison. En effet, j'ai été baptisé, élevé, gratifié de brevets de la cour sous ce nom ; on ne m'en connaît point d'autre ; il y a vingt-trois ans que je le porte ; pourquoi aujourd'hui veut-on m'en dépouiller ? Si le nom que je porte ne m'appartient pas, pourquoi m'a-t-on laissé vivre dans cette erreur ? Pourquoi tromper un enfant et abuser sa jeunesse ?... Le respect que je dois à madame la marquise de Flavacourt ne me permet pas de m'expliquer davantage et de caractériser les procédés dont elle use à l'égard de son fils ; j'espère qu'elle voudra bien faire attention au jugement que le public fera sur une contestation aussi singulière. »

Voici l'histoire, non moins édifiante que la précédente, d'une autre de ces bonnes mères. Celle-ci se nommait Pasdeloup ; elle était libraire, rue Saint-Jacques, à Paris : elle avait un fils âgé de vingt-deux ans, et une fille un peu plus jeune. La mère et la fille s'entendaient parfaitement : elles se livraient au libertinage. Le jeune Pasdeloup, qui avait pris la direction de la librairie à la mort de son père, avait souvent reproché à sa mère et à sa sœur leur mauvaise conduite, et comme il tenait la caisse, il s'était vu plusieurs fois dans l'obligation de leur refuser de l'argent. Aux yeux de madame Pasdeloup, c'était là autant de crimes irrémissibles. La digne femme va se jeter aux pieds de M. de Sartines, et lui dit en pleurant qu'elle a le malheur d'avoir un fils qui déshonore le nom qu'il porte en se livrant à la propagation des libelles qu'on imprime clandestinement ; que bien des fois elle lui a fait des représentations à ce sujet, et qu'elle n'a pas pu obtenir qu'il cessât. « Sans doute, ajouta-t-elle, il m'en coûte d'accuser mon enfant ; mais l'intérêt du roi doit dominer, et je pense qu'une correction sévère est seule capable de ramener le jeune homme dans la bonne voie. »

Un peu surpris de cette dénonciation, M. de Sartines ne s'empressa pas moins de faire droit à la requête, et le jeune Pasdeloup alla grossir le nombre des captifs de la prison de la rue Saint-Antoine. Il y passa quatre ans sans feu, sans lit, sans changer de linge. Au bout de ce temps, on vint lui dire qu'on lui rendrait la liberté s'il consentait à prendre un engagement pour servir dans les colonies. Le pauvre garçon consentit à tout ce qu'on voulut ; mais, quand il s'agit de remplir l'engagement qu'il avait pris, on reconnut qu'il était devenu presque aveugle, et qu'il ne pouvait qu'à grand'peine se tenir debout. Une fois libre, Pasdeloup songea à se traîner jusque chez lui ; mais il n'avait plus de chez lui, sa mère et sa sœur avaient tout dilapidé ; elles étaient elles-mêmes à la Bastille depuis plusieurs mois, pour avoir fait ce commerce de libelles dont Pasdeloup avait été injustement accusé. Il mourut peu de temps après à l'hôpital.

Telles étaient les mœurs et pratiques de ce bon vieux temps, que certaines gens vantent encore aujourd'hui. Il est vrai qu'alors on faisait assez aisément fortune, quand on n'avait ni cœur, ni conscience. C'est ce qui arriva, entre beaucoup d'autres, à un sieur Thibault de Chanvalon, lequel était pauvre lorsqu'on le nomma, en 1763, intendant des colonies de Cayenne et de la Guyane, et qui, quatre ans après, était riche à millions. Chanvalon avait commencé par accaparer les vivres de toute nature venant de France. La disette devint telle dans les pays dont l'administration lui était confiée, qu'il en résulta une mortalité effroyable. Lorsqu'on trouva la sangsue assez gorgée, on songea à lui demander compte de sa conduite. Chanvalon fut arrêté, amené à Paris et mis à la Bastille. Il fut plusieurs fois interrogé, et la minute d'un des interrogatoires qu'il subit n'a pas moins de quatre cents pages. La vérité était donc parfaitement connue. On ne le mit cependant pas en jugement, lui qui avait fait mourir de misère et de faim des familles entières. C'est qu'il pouvait produire les instructions qui lui avaient été données ; qu'il était en mesure de prouver que sa conduite avait été connue et approuvée du ministère. On se contenta de rendre des lettres patentes portant que ses biens seraient séquestrés pendant vingt ans ; que, sur les revenus de ces biens, il serait fondé une messe à perpétuité pour le repos de l'âme des malheureux qui étaient morts de faim sous son administration, ainsi qu'un hôpital pour les malades de la colonie ; le reste devant faire retour à l'Etat.

Une messe et un hôpital ! voilà la réparation qu'on accordait aux infortunés colons ; mais on remplissait les coffres du roi. Les lettres patentes sont datées du 13 septembre 1767. Le lendemain Chanvalon fut transféré au Mont-Saint-Michel ; il y demeura jusqu'en 1776, époque à laquelle il parvint à faire remettre un mémoire au roi. Louis XVI voulut éclaircir cette affaire ; il la trouva si monstrueuse que le dégoût le prit, et qu'il fit mettre l'ex-intendant en liberté, afin de n'avoir plus à entendre parler de ces turpitudes.

XXV

Ce n'était d'ailleurs pas seulement aux colonies que l'on faisait mourir de faim le peuple ; en France, les ministres, autorisés par le roi, avaient organisé le monopole des grains, organisation connue plus tard sous le nom de *pacte de famine*, et dont nous aurons bientôt à parler.

En 1767, on se préoccupait beaucoup d'énormes envois de blé faits à l'étranger par des hommes connus pour approcher les ministres. Le mécontentement, qui était alors très grand, fut encore augmenté par l'établissement d'un nouvel impôt sur diverses professions, et on commença à crier hautement contre le contrôleur général. Un jour, un professeur au collège de Cambrai, nommé Billoté de Vauxvilliers, passant à la place Maubert, entendit des femmes du peuple dire que le contrôleur était un scélérat, et que bon nombre de gens avaient résolu de le tuer, dussent-ils pour cela l'attaquer dans son carrosse. Voilà le professeur s'imaginant qu'il a découvert une grande conspiration ; il croit sa fortune faite, et, rentré chez lui, de sa plus belle écriture il fait une lettre à l'adresse du contrôleur général. Celui-ci fut peu effrayé ; il savait, par expérience, combien est grande la patience du peuple. Cependant comme, selon lui, le donneur d'avis s'exprimait d'une manière peu respectueuse, il envoya la lettre au lieutenant de police, avec invitation de donner à son auteur une leçon de savoir-vivre. La chose se fit si promptement, que notre professeur était encore plein de son sujet, lorsqu'il vit entrer chez lui un commissaire et des exempts qui, sans autre explication, le traînèrent jusqu'à la voiture qui les avait amenés, laquelle se dirigea ensuite vers la Bastille.

Un passage de la lettre de Billoté avait particulièrement frappé le lieutenant de police ; il y était parlé de « trésors immenses entassés par d'insatiables vautours. » Quelle aubaine, si, en effet, le professeur avait réellement fait pareille découverte !... Il fallait absolument savoir à quoi s'en tenir. Il y avait vingt-quatre heures que Billoté était à la Bastille, lorsqu'on vint le prendre pour le conduire à la salle du conseil, où le lieutenant de police voulait l'interroger.

— Vous avez grandement offensé le ministre, lui dit ce magistrat, par les insinuations calomnieuses de votre lettre ; vous n'avez qu'un moyen de désarmer sa colère, c'est de dire la vérité tout entière.

— Eh ! monsieur, fit l'honnête professeur dont l'indignation commençait à diminuer la frayeur, que voulez-vous que j'ose dire, aujourd'hui que je suis emprisonné pour avoir voulu servir le gouvernement.

— On ne sert pas le gouvernement en écrivant qu'on le croit coupable des faits dont l'accusent des artisans de révolte. Mais, encore une fois, vous pouvez en partie réparer vos torts. Vous dites avoir connaissance de trésors immenses entassés par d'insatiables vautours : expliquez-vous clairement.

— Qui me répond que le ministre ne m'en traitera pas plus mal ?

— Voilà que vous persistez dans vos insinuations malsonnantes.

— Je ne veux offenser personne, mais j'ai ouï dire que, dans la situation où je me trouve, le mieux est de se taire.

— Ne savez-vous pas que nous avons ici de quoi faire parler les plus récalcitrants, et que la question a justement été inventée pour les endurcis de votre espèce ?

— Eh ! monsieur, que faites-vous des lois ? Pour mettre un homme à la question, il faut qu'il soit accusé de quelque crime, et qu'il y ait arrêt portant qu'il sera soumis à ce supplice.

— Toutes choses sont bonnes et suffisamment régulières quand elles sont faites avec l'agrément du roi. Croyez-vous, par exemple, qu'on eut recours à tant de formalités pour obliger Damiens à faire connaître ses complices, lorsque, il y a dix ans, ce scélérat tenta d'assassiner le roi ? Point du tout ; on le mena directement dans la salle des gardes, on le plaça devant un grand feu, et l'on fit rougir des pinces de fer avec lesquelles on lui arracha les chairs et les muscles des jambes ; puis on lui lia les jambes entre des planches comme celles-ci, on enfonça entre ces planches jus-

qu'à cinq coins comme ceux que vous voyez : au deuxième coin, les chairs crevèrent, au cinquième les genoux étaient broyés.

Et en faisant l'énumération des tortures infligées à Damiens, le lieutenant de police appuyait avec complaisance. Ce fut le coup de grâce pour le malheureux professeur ; la velléité d'énergie qui s'était manifestée en lui disparut.

— Ah ! s'écria-t-il, est-il possible qu'un honnête homme soit menacé de si horribles tourments !

— N'est pas honnête homme, répliqua sévèrement le magistrat, celui qui, possédant des secrets qu'il importe à l'Etat de connaître, refuse de les lui livrer.

— Vous allez être bien surpris, monsieur, si je vous dis que ces secrets sont choses à la connaissance de quiconque est doué de quelque esprit d'observation. Ces *vautours insatiables*, ce sont les ordres religieux : je sais, pour ma part, telle abbaye où sont enfouies plus de richesses que le roi de France n'en a jamais eu dans son trésor.

— C'est-à-dire que vous proposez de mettre au pillage les biens de l'Eglise !...

— Monsieur, de grâce, entendez-moi : je n'ai pas dit un mot de cela ; je pense seulement qu'on pourrait obliger ces richards à concourir aux charges de l'Etat, ce qui serait un grand soulagement pour le peuple.

— Peuh ! fit le lieutenant de police en se retirant ; j'avais cru cet animal dangereux ; ce n'est qu'un imbécile.

On reconduisit Billoté dans sa chambre, et ce jour-là même le lieutenant de police écrivait au ministre : « Billoté de Vauxvilliers est un mauvais drôle qui veut faire l'entendu et ne sait rien, j'en ai maintenant la certitude. C'est un vrai gibier de Bicêtre, et je n'attends, pour l'y faire conduire, qu'un ordre que je supplie monsieur le comte de Saint-Florentin de faire expédier. » L'ordre ne se fit pas attendre, et l'inoffensif professeur fut transféré à Bicêtre. En est-il sorti vivant, y est-il mort ? c'est ce que personne ne saurait dire.

Dans la catégorie des prisonniers de cette époque, nous devons mentionner aussi un avocat au parlement de Provence, nommé Subé. Il avait lu à quelques-uns de ses amis, ou les croyant tels, un ouvrage de sa composition ayant pour titre : *Tableau fidèle de la décadence de l'Etat français et de son horrible administration depuis les faiblesses de Louis XV, orné d'anecdotes curieuses tirées des révolutions romaines.* On ne savait trop comment atteindre cet homme, car on n'avait aucune pièce accusatrice. On imagina de lui imputer des fraudes, malversations, prévarications dans l'exercice des fonctions d'intendant du bureau des vins de Marseille, fonctions qu'il remplissait depuis de longues années. Soupçonnant la cause de l'orage qu'il voyait se former contre lui, Subé donna sa démission d'intendant. Mais cela ne le sauva pas : on l'arrêta ; il fut traîné de prison en prison jusqu'à la Bastille, où il arriva dans un état de santé déplorable. On eut beau soumettre ses papiers à la plus minutieuse investigation, on n'y trouva rien de ce qu'on cherchait. L'innocence de Subé constatée, on croirait peut-être qu'on s'empressa de le mettre en liberté ? Point du tout. L'installation d'un prisonnier à la Bastille imposait des charges au gouverneur : si donc ce prisonnier était élargi après quelques jours seulement de captivité, il lui avait coûté plus que rapporté. Pour obvier à cette éventualité fâcheuse, entre la justice et ses suppôts existait un accord touchant, et l'ordre d'élargissement n'était signé que lorsque M. le gouverneur avait couvert ses frais et même fait quelques bénéfices. Arrivait-il que cet ordre fût donné trop tôt au gré des intérêts de ce fonctionnaire, il en était quitte pour en changer la date. Cela explique comment Subé, quoiqu'on n'eût trouvé aucune charge contre lui, passa plus d'un an sous les verrous.

Nous raconterons encore l'aventure d'un pauvre diable nommé Marca, Piémontais d'origine. C'était un esprit simple et droit qui, attristé de la déplorable gestion des finances et des abus de toute nature qui dépopularisaient le gouvernement, croyait de son devoir d'en instruire le roi. Une première fois déjà, à Versailles, on l'avait arrêté au moment où, se glissant parmi les courtisans, il s'était approché de Louis XV. Comme il n'avait été trouvé porteur de rien de suspect, on l'avait relâché. Dès lors il s'était mis à écrire. Arrêté de nouveau en 1765, pour avoir tenté de remettre au roi un mémoire, on l'emprisonna au For-l'Évêque, d'où il fut transféré à la Bastille le 22 juin 1767. Selon toutes les apparences, on avait résolu de « l'oublier. » Cependant, comme il avait quelque argent et paraissait fort résigné, on l'avait mis dans une chambre. Deux ans s'écoulèrent sans qu'il vît d'autre visage que celui de son gardien, sans qu'une voix humaine frappât son oreille ; car les gardiens ne devaient jamais adresser la parole ni répondre aux questions des *oubliés*. Au bout de ce temps, préférant la mort à une si horrible existence, il résolut de se laisser mourir de faim, et il resta trois jours sans prendre la moindre nourriture.

Alors, pour la première fois, il entendit la voix du porte-clefs, lequel lui déclara que s'il ne mangeait pas il allait être mis au cachot.

— Que m'importe, répondit-il, mourir ici ou là !

— Vous ne mourrez ni là ni ici ; car si vous ne mangez volontairement, on vous fera manger de force. Nous avons, sur ce point, mis à la raison de plus forts que vous.

Aux prisonniers qui ne voulaient plus manger on ouvrait en effet la bouche et on leur faisait avaler de force des aliments liquides. C'est le procédé qu'on avait employé avec Latude, qui comme tant d'autres, avait essayé de ce moyen. Au sang-froid du gardien, Marca comprit qu'il n'avait rien à espérer de ce côté, et il mangea. Ses idées se tournèrent dès lors ailleurs ; il se demanda s'il était aussi impossible de s'évader de la Bastille qu'on le croyait généralement. C'est assez ordinairement la première pensée qui vient à tout homme privé de sa liberté, et elle était venue à Marca. Mais en songeant aux triples portes des chambres, aux fossés, aux murailles, il l'avait abandonnée ; il la reprit. Sa chambre n'avait pour tout mobilier qu'un lit de sangle, une paillasse et une mauvaise couverture. Un soir, après avoir entendu passer au pied de la tour la première ronde de nuit, Marca enlève les deux vis de son lit ; avec le bois et la paillasse de ce lit il se fait un échafaudage, et le voilà, sans autres instruments que ces deux vis, attaquant les pierres de taille du mur pour desceller les pentures de la première porte. Chose incroyable, mais qui se trouve consignée sur les registres de la Bastille, en moins de trois heures Marca parvint à arracher, non seulement les lourdes ferrures de cette première porte, mais encore celles des deux autres qui séparaient sa chambre du palier ; il enleva de la même manière une grille qui se trouvait dans l'escalier, puis la dernière porte du bas de cet escalier, et il arriva dans la cour. La nuit était des plus noires ; une pluie fine et pénétrante tombait depuis la fin du jour ; les sentinelles se tenaient dans leurs guérites. Marca ôte ses chaussures et se blottit dans un coin. Une ronde passe près de lui sans le découvrir ; il la suit à distance, marchant pieds nus pour ne pas être entendu. Quant à être vu, cela était à peu près impossible, car le falot de ronde n'éclaire guère que l'officier devant lequel on le porte, et le dernier soldat est dans une obscurité complète. Marca passe ainsi la porte et le pont-levis par lesquels communiquent les deux cours principales. Il arrive près de la porte extérieure, il n'a plus qu'un pont à franchir pour être libre ; mais cette porte est fermée, le pont est levé, et la ronde rentre dans le corps de garde. Marca s'accroupit de nouveau dans un coin pour attendre l'aube ; peut-être alors arrivera-t-il des provisions qui obligeront à ouvrir la porte et baisser le pont. Il se propose de s'élancer à ce moment sur ce pont avec assez de rapidité pour que la sentinelle ne puisse l'atteindre ou soit renversée par le choc si elle tente de l'arrêter. Toutes ses espérances, hélas ! sont bientôt anéanties : à peine le jour commence-t-il à paraître, qu'une seconde ronde sort du corps-de-garde, et la première chose qu'aperçoit le major qui marche en tête, c'est Marca, étendu près du mur, la face contre terre. On l'entoure, on le relève. La surprise du major fut extrême quand il put voir de ses yeux le travail gigantesque qu'en moins de cinq heures et sans outils le prisonnier avait exécuté ; tant il est vrai que l'amour de la liberté enfante des prodiges.

Marca fut mis au cachot ; c'était le moins qui pût lui arriver. Il n'y souffrit pas longtemps, car il devint fou peu de jours après, et fut, comme tel, transféré à Bicêtre. Chose peu ordinaire, dans cet hospice où tant d'autres ont perdu la raison, il la recouvra ; et sa famille ayant obtenu de l'archevêque de Besançon qu'il écrivît en sa faveur au ministre, on lui rendit la liberté à la condition qu'il irait vivre en Franche-Comté.

XXVI

Nous avons vu plus haut, à propos de l'embastillement du professeur Billoté de Vauxvilliers, qu'on accusait hautement les ministres d'accaparer le grain afin d'en faire hausser le prix et de le revendre alors avec des bénéfices considérables ; mais ce que le peuple ne soupçonnait pas, c'est que ces accaparements étaient le résultat d'une conspiration contre sa vie, sa liberté, sa fortune ; c'est que depuis de longues années, avec l'assentiment du roi, les ministres livraient la France à une compagnie de maltôtiers, en lui affermant le privilège d'acheter, de détenir tous les grains du pays, et d'en user selon ses propres intérêts. Et ce n'était pas seulement l'argent qu'on avait en vue, on voulait agir sur le peuple par la misère, et faire que, n'ayant pas assez de tout son temps pour pourvoir aux besoins du corps, il lui fût impossible de s'occuper d'autre chose.

Telle était l'affreuse machination que découvrit, en 1768, un avocat nommé Le Prévost, qui devait expier cruellement son amour pour la justice.

Les bruits d'accaparement de grains s'étant de plus en plus accrédités, plusieurs parlements avaient ordonné des enquêtes, et tout naturellement on n'avait rien découvert, parce qu'il n'y a rien de si bien caché que ce que l'on ne veut pas voir. Ces bruits, toutefois, avaient éveillé l'attention de quelques hommes honorables, au nombre desquels était Le Prévost. Un hasard providentiel lui livra le plan entier de la conspiration et les noms des conjurés. Voici comment.

Au nombre des clients et des amis de Le Prévost était un sieur Rinville, commis du receveur général des domaines d'Orléans. Un jour que Le Prévost était chez Rinville, ce dernier fut obligé de s'absenter pour un instant. En l'attendant, et tout machinalement ses yeux se fixèrent sur les papiers épars sur la table. Qu'on juge de sa surprise, lorsque parmi ces papiers il trouve le bail d'accaparement consenti, par le contrôleur général des finances de Laverdy, à un sieur Malisset, prenant la qualité d'*intéressé dans les affaires du roi !* Au retour de Rinville, Le Prévost lui demande d'où lui vient cet acte, s'il en connaît l'importance, s'il est initié aux opérations ténébreuses qui y sont consignées.

— Il n'y a point de mystère, répond Rinville. Il s'agit tout simplement d'une opération dans laquelle mon patron est intéressé. Qu'avez-vous donc vu là de ténébreux ?

— J'y ai vu, répliqua Le Prévost, le plus abominable complot qui ait jamais été ourdi. Laissez-m'en prendre copie, et en regard de chacun des vingt articles qu'il contient je ferai un commentaire qui vous édifiera.

Rinville y consentit, et dès qu'il fut convaincu de la vérité de ce que lui avait dit Le Prévost, il offrit à ce dernier de le conduire au bureau des blés, où il trouverait tous les renseignements désirables. C'est donc armé de toutes pièces que Le Prévost rédigea la dénonciation du complot. Cette dénonciation, il eut d'abord l'intention de l'adresser au parlement de Paris ; mais, considérant que plusieurs membres de la grand'chambre étaient au nombre des intéressés, il se décida à l'envoyer au parlement de Rouen, qui poursuivait avec un louable zèle les accapareurs. Comme la dénonciation et toutes les pièces qui l'accompagnaient formaient un paquet volumineux, Rinville offrit de le faire contresigner par le contrôleur général Laverdy, afin qu'il n'y eût point de port à payer. Dans ce but, il se rend aux bureaux du sieur Boutin, intendant des finances, auquel il avait coutume de s'adresser pour obtenir le contre-seing du ministre. Ne le trouvant point, il laisse le paquet sur le bureau, en annonçant qu'il reviendra bientôt. Quelques instants après, Boutin arrive ; il voit le paquet, l'examine, l'ouvre et, voyant de quoi il s'agit, court chez M. de Sartines avec le paquet. Sartines fait appeler l'inspecteur Marchais, lui remet une lettre de cachet signée en blanc, et lui donne l'ordre d'arrêter Rinville, qui, pris au milieu de la nuit, est immédiatement déposé à la Bastille. Marchais, le voyant fort effrayé, lui dit, selon les instructions qu'il avait reçues, que, s'il peut nommer l'auteur de la dénonciation et les personnes qui lui ont fourni des renseignements, il sera promptement rendu à la liberté. Rinville, qui voit déjà la potence en perspective, nomme Le Prévost et quatre employés. Tous furent aussitôt arrêtés.

Le Prévost avait été soumis aux plus pénibles privations, lorsque, onze mois après son incarcération, on vint lui dire que s'il voulait faire serment de ne plus s'occuper du pacte de famine, il serait libre. Le courageux avocat repoussa avec dignité cette proposition. Sartines vint lui-même lui répéter sans succès cette promesse. Moins résolus, ses compagnons d'infortune promirent tout ce qu'on voulut. On leur rendit à la fois la liberté et leurs emplois. Dans le même temps on transférait Le Prévost à Vincennes. Pendant près de sept ans il y subit les plus affreux traitements. Un historien affirme que, durant tout ce temps, il demeura au cachot, ayant les fers aux pieds et aux mains, couchant sur un peu de paille, et ne recevant pour nourriture que deux onces de pain noir et un verre d'eau. Ce fut seulement lors de l'avènement de Louis XVI que le ministre Malesherbes, étant venu visiter la prison, fit mettre ce malheureux dans une chambre et voulut qu'on lui donnât des livres, de l'encre, des plumes, du papier.

Pendant sa détention à la Bastille, Le Prévost avait pu écrire, mais toutes ses lettres étaient demeurées au greffe. Espérant être plus heureux à Vincennes, il se remit à l'œuvre et rédigea une nouvelle dénonciation du pacte de famine. Ce document, que nous ne pouvons reproduire textuellement, disait, après l'envoi au roi :

« Le 12 juillet 1765, M. de Laverdy donne à bail pour douze années tout le royaume de France à trois publicains millionnaires qui prennent la qualité d'intéressés dans les affaires de Sa Majesté, pour en faire enlever tous les grains qu'ils pourront amasser. Ces publicains se nomment : 1° le sieur Roi-de-Chaumont, receveur des domaines et bois du comté de Blois, demeurant rue des Saints-Pères ; 2° le sieur Perruchot, ancien entrepreneur des hôpitaux d'armée, occupant l'hôtel Dupleix, nommé présentement bureau des blés du roi, rue de la Jussienne ; 3° le sieur Rousseau, receveur des domaines et bois d'Orléans, rue de Cléry, tous trois représentant en sous-ordre le corps nombreux des seigneurs conjurés non désignés, pour les masquer et se masquer eux-mêmes ou en public par un seul généralissime agent qui se nomme Malisset, auquel on déclare que, pour renouveler le bail précédent passé ci-devant au nommé Houillard, on lui afferme la France pour douze années qui expireront le 12 juillet 1777, promettant de le renouveler alors à lui ou à un autre. Dans plusieurs articles, on lui prescrit les manœuvres qu'il doit faire et faire faire ; on lui assure un traitement considérable pour ses peines, on n'y oublie pas même les bêtes qu'il doit avoir à son service. Enfin, par le vingtième et dernier article, on offre à Dieu, pour bénir cette infernale entreprise, six cents livres à distribuer aux pauvres dont on va sucer le sang ; et M. de Laverdy signe au nom du roi quatre expéditions de ce bail. »

Ici Le Prévost donnait les attributions de chacun des conjurés, puis il continuait ainsi :

« S'occuper en tout temps, jour et nuit, à conniver, provoquer, fomenter et perpétuer, sinon de cruelles famines, du moins à forcer et entretenir sans cesse les plus longues et les plus grandes disettes, malgré les abondants et continuels secours que la divine Providence daigne nous accorder ; régler à son gré la cherté des grains, sans que la nation sache comment on y parvient dans les meilleures années ; mettre le feu à la main d'une partie des sujets du roi pour consumer l'autre, 1° par les sourdes manœuvres d'un certain nombre d'inspecteurs ambulants dans toutes les provinces, pour les achats et recèlements sous les ordres d'un généralissime nommé Malisset ; 2° par des milliers d'entreposeurs, de gardes-magasins, de meuniers, de voituriers, de bateliers pour le transport des prétendus blés et farines du roi, de jour et de nuit, par terre et par eau, soit sur les mers en exportations, soit sur les rivières navigables en importations dans l'intérieur du royaume ; 3° par d'autres milliers de vanneurs, de cribleurs, d'acheteurs et de revendeurs, tant en grains qu'en farines mixtionnées, toujours au compte, mais pourtant à l'insu du roi, sous la protection de son nom et de son autorité, contre sa religion, sa conscience, ses intérêts et sa gloire, aux dépens même de la tranquillité, de la sûreté et de la félicité de sa monarchie; nier à Dieu, par l'ingratitude la plus monstrueuse, les récoltes abondantes que sa grande bonté ne cesse de départir aux Français; jeter dans des prisons d'État, par de fausses lettres de cachet, tous ceux qui ont, directement ou indirectement, connaissance de l'entreprise, même ceux qui parlent innocemment de ces prétendus blés du roi; maquignonner, emprisonner, les enlever de leur prison sur de faux ordres de liberté, contrefaits par la police, pour les livrer à d'autres geôliers, qui les persécutent qui les enchaînent dans de noirs cachots (j'ai été réduit à cet état l'espace de treize cent quatre-vingt-quatre jours), uniquement parce qu'ils veulent dénoncer ou de peur qu'ils ne révèlent les entreprises contre le roi et l'État : voilà, sire, ce que font vos ministres et la police. J'ai éprouvé bien d'autres horreurs jusqu'au 29 août dernier que M. de Malesherbes m'a fait la grâce de me visiter dans ma prison et de me faire donner du papier, en me promettant de rendre compte de ma détention à Votre Majesté sur la justice de laquelle je me repose maintenant. Et parce qu'un ministre ne faisant qu'arriver au ministère ne pourrait pas démêler à fond l'immensité de la conjuration dont Dieu a voulu me faire faire la découverte sans l'avoir cherchée, je me hâte de la dénoncer sommairement à mon roi, à l'acquit de ma conscience et de mon devoir de citoyen.

« Dans les grandes disettes qu'occasionnent à dessein les opérations avec la police, le public ne manque pas de se plaindre; de son côté, le parlement s'assemble, délibère et ordonne la recherche des causes de plaintes, pour en informer Votre Majesté. La police s'en alarme : s'il faut se montrer pitoyable, elle affecte de le paraître; s'il faut calmer les inquiétudes du public, faire semblant d'y prendre part, elle le fait; s'il faut promettre des secours abondants, elle les promet, sachant en quel lieu elle les tient en réserve. Mais faut-il, avec une ingénuité feinte, accuser l'intempérie des saisons, rejeter sur elle le malheur des disettes, se plaindre de la Providence par de fausses déclarations au parlement pour arrêter ses recherches? la police l'a fait, et M. de Maupeou, qui était lieutenant alors, le peut dire. Des citoyens démontrent-ils, par des écrits et des tableaux frappants, que les récoltes, quoique moindres que les précédentes, ne peuvent jamais causer en France ni disette ni cherté, quand il n'y aura pas de monopole, aussitôt elle met la main sur ces ouvrages. Puis, bien-

tôt, elle fait paraître avec ostentation de fausses réponses, rédigées, conformément à ses desseins, par des écrivains faméliques qu'elle tient à ses gages. Les pauvres, ces amis de Dieu, qui, dans les crises fâcheuses de disette et de cherté provoquées, ne manquent pas de se multiplier, viennent-ils mendier leur vie dans la capitale, la police les chasse, les poursuit, les arrête et les fait enfermer dans des granges à Saint-Denis. Les boulangers de Paris, soupçonnant d'où vient le mal sans en connaître les premiers auteurs, déclament-ils contre Malisset, contre la police, contre le gouvernement, alors la police envoie ses commissaires prier les déclamateurs, de la part de M. de Sartines, de ne point se plaindre de Malisset, parce qu'il est l'homme du roi. Cependant cet homme obscur et mal famé demande-t-il (en 1768) aux seigneurs conjurés de vouloir résilier son bail, la police, de l'avis des seigneurs, le flatte, l'encourage et lui prouve qu'avec sa protection et celle du roi il achèvera son bail, en fera percevoir tous les frais immenses jusqu'à la fin de ses douze années, sauf à le renouveler à lui ou à un autre généralissime. Que des étourdis, qui ne veulent s'en prendre qu'au roi même, comme s'il était cause des calamités, osent murmurer, crier, placarder insolemment les rues de Paris d'injures contre mon souverain, et menacer de brûler la ville, la police, plus alarmée pour elle-même que des injures adressées à Votre Majesté, fait enlever, comme elle le doit, les placards que ces pratiques ont occasionnés; elle arrête des innocents pour chercher les coupables, quoiqu'elle ne puisse se dissimuler que les seigneurs conjurés avec elle sont seuls auteurs des maux publics. Enfin, qu'il arrive, comme en 1767 et en 1768, des émeutes, des pillages et autres semblables soulèvements dans les provinces où le monopole se fait bien plus fortement sentir, la police, par les feuilles imprimées qu'elle y fait répandre, blâme les officiers de justice des villes provinciales de n'avoir pas su prévenir ces révoltes. Voilà, Sire, sur cet objet, une petite partie des pratiques publiques de M. de Sartines, à présent ministre de votre marine.

« La plus grande partie des opérations de tout le ministère de la finance et de la police ne se rapporte qu'au succès de cette machination. Le hardi Machault est peut-être le premier qui ait imaginé de donner à bail la France entière. M. de Laverdy n'a eu qu'à suivre le même plan; et tout autre le suivrait si mon souverain n'y mettait ordre de telle manière pour l'avenir, que ses successeurs ne puissent ѕе laisser surprendre aussi bien que les peuples.

.« Pesez cette conséquence. Si, par hypothèse, dans les années d'abondance, la ligue, par sa guerre intestine, est seulement venue à bout de faire enchérir de vingt sous le boisseau de froment, elle a dû être assurée déjà sans peine de plus de trente millions ; mais, combien plus, lorsque la médiocrité des récoltes, dans tout ou partie de la France, vient au secours de la rapacité pour hausser la vente du boisseau de blé jusqu'au double et triple de son prix commun. Certes, dans ce cas, les dizaines de millions doivent aller par centaines. La preuve s'en trouverait dans les états de répartitions et d'émargements, si les intéressés n'avaient soin de les brûler après avoir reçu leur contingent. »

Cette dénonciation était la reproduction de celle que Le Prévost avait rédigée sept ans auparavant, et à laquelle il devait sa longue détention. Cette fois, le courageux avocat était plein d'espoir. L'avénement de Louis XVI avait été salué comme étant celui d'un roi honnête homme. Sans doute, pensait Le Prévost, ce prince ne peut pas tout d'un coup réparer le mal fait sous le règne de son prédécesseur : avant de faire mettre en liberté les innocents qui gémissent dans les prisons, il laut qu'il examine les raisons qui les y ont fait mettre. Mais il ne tarda pas à être convaincu que les ministres se suivent et se ressemblent. Sa deuxième dénonciation ne parvint pas plus à son adresse que la première ; elle fut envoyée à la Bastille pour être réunie aux autres papiers saisis chez lui ou interceptés depuis qu'il était captif. Voyant que le temps s'écoulait sans que sa position changeât, Le Prévost fit une troisième édition de son mémoire, en forme de testament, et il la confia à l'aumônier qui venait le voir à Vincennes. Elle eut le même sort que les deux autres.

Mais si la dénonciation de Je Prévost n'était pas parvenue à Versailles, elle avait été communiquée aux intéressés ; car cet horrible *pacte de famine* durait toujours, et les stipulations en étaient ponctuellement exécutées. Comme Le Prévost était riche, on songea à le dépouiller, ce qui fut facile à des gens disposant de tous les moyens possibles. On vendit ses biens et son mobilier, dont le prix passa on ne sait où, et il fut décidé que Le Noir, nouvellement nommé lieutenant général de police, prendrait des mesures à fin de ne plus entendre parler du prisonnier.

Le Noir se rendit en conséquence à Vincennes ; il interrogea Le Prévost, et, sans doute pour l'exaspérer, se borna à lui dire qu'il devait se résigner, n'ayant absolument rien à espérer.

Le Prévost supporta ce nouveau coup avec le stoïque courage dont il avait déjà donné tant de preuves. N'ayant pas pu répliquer à Le Noir, il lui écrivit une lettre des plus dignes et des plus sensées. Quelque lumière qu'elle jetât sur les agissements de spéculateurs sans scrupule, cette lettre, entre les mains des intéressés, ne servit qu'à faire passer Le Prévost pour fou et à le faire transférer de la Bastille à Bicêtre, puis à Charenton. Il n'en sortit qu'en 1789, après la prise de la Bastille.

Un seul fait de cette nature suffirait assurément pour vouer à l'exécration les ministres qui s'en sont rendus coupables ; mais il s'en faut de beaucoup qu'il fût isolé ; c'était au contraire le résultat d'un système : quiconque s'occupait des affaires d'Etat, tout esprit droit qui signalait un abus, osait demander une réforme, était condamné d'avance à une captivité sans fin. Pas de plus grands coupables aux yeux des gouvernants d'alors que les donneurs d'avis, les réformateurs ; aussi les surveillait-on de près. Témoin M. de La Viefville, marquis d'Orvillé.

M. d'Orvillé était un vieillard qui ne quittait presque point son marquisat, situé en Picardie ; mais il avait des relations à Paris parmi les gens de lettres. On savait en outre qu'il était fort instruit et qu'il écrivait beaucoup, bien qu'il ne publiât rien : il n'en fallait pas davantage pour le rendre suspect. Un jour que le marquis avait à dîner chez lui quelques amis, il leur lut, au dessert, un *Mémoire au roi sur la réformation de l'Etat*, où il traitait un peu de tout d'une manière originale.

— Il est fâcheux, dit un convive après avoir entendu cette lecture, qu'on ne puisse faire imprimer cela.

— Et pourquoi pas ? dit un autre.

— Parce que, si on le faisait, dit en riant le marquis, on courrait grand risque d'être embastillé.

— Vous, monsieur le marquis ! un d'Orvillé à la Bastille !... on n'oserait !

— Vous oubliez que de plus grands que moi ont courbé la tête sous les sombres voûtes de cette prison. Cependant, comme il n'est pas permis à un honnête homme de tenir la lumière sous le boisseau et de sacrifier l'intérêt général à son intérêt particulier, si vous croyez que ce mémoire mérite l'honneur d'être remis à son adresse, je m'en ouvrirai au duc de Choiseul, avec lequel j'ai été lié autrefois ; je lui lirai le mémoire pour qu'il m'en dise son avis : il ne pourra donc, quoi qu'il arrive, s'offenser d'une démarche si loyale.

Les amis du marquis furent d'avis que c'était chose à faire, et M. d'Orvillé, s'exagérant peut-être le mérite de son œuvre se rendit à Paris, et écrivit au ministre ce billet qui a été retrouvé au greffe de la Bastille :

« Je vous demande, monsieur le duc, un rendez-vous pour demain à Fontainebleau, ou, si vous êtes aussi curieux qu'un ministre doit l'être, et que vous ne veuillez pas attendre, je vous le demande pour ce soir. Vous verrez une chose qui, d'après l'avis de gens éclairés, n'est pas indigne de votre attention et pourrait peut-être mériter l'honneur d'être présentée au roi. Mais, sur ce point, je ne veux rien faire sans votre aveu, et votre volonté sera ma règle de conduite, etc. »

Choiseul répond sur-le-champ qu'il recevra le marquis le soir même. M. d'Orvillé se rend près de lui à l'heure indiquée, et lui donne lecture du mémoire.

— N'oubliez pas, monsieur le duc, dit-il en terminant, que je viens vous demander un avis, avec la résolution de m'y conformer strictement. Si cet ouvrage vous paraît mériter l'attention du roi, usez-en ; si, au contraire, vous le trouvez dangereux, brûlons-le, et qu'il n'en soit plus question.

— La chose mérite qu'on y pense, répondit hypocritement le ministre. Je relirai ce travail, et vous ferai savoir le jour où nous en pourrons causer.

M. d'Orvillé se retira très satisfait ; son amour-propre était agréablement chatouillé par le désir qu'avait témoigné le ministre de relire l'œuvre à loisir. Il était encore sous cette impression lorsque, au point du jour, son valet de chambre vint tout effrayé lui dire que des gens étaient là, qui voulaient absolument pénétrer jusqu'à lui.

— Et qui sont ces gens ? demanda le vieillard.

— Monsieur le marquis, ils ne m'ont point dit qui ils sont, mais je crois ne l'avoir que trop bien deviné : celui qui porte la parole est un commissaire.

Il n'avait pas achevé que celui-ci entra sans plus de façons et invita M. d'Orvillé à le suivre.

— Il y a erreur évidente, dit le marquis ; je ne suis à Paris que d'hier, et je n'y ai encore vu que M. le duc de Choiseul, avec lequel je suis dans les meilleurs termes.

— Ce sont choses où je n'ai rien à voir, répondit le commissaire : voici une lettre de cachet, signée de Mgr le comte de Saint-Florentin, qui m'ordonne de vous conduire à la Bastille.

Cette arrestation produisit sur M. d'Orvillé un effet terrible ; pendant le trajet, il ne cessa d'accabler de malédictions le ministre qui l'assassinait ainsi après l'avoir attiré dans le piège.

— Oui, disait-il, le scélérat m'assassine ! car, à mon âge, on ne revient pas d'une si violente secousse. Je mourrai bientôt, et je m'en réjouis ; il me serait trop pénible désormais de penser que je respire le même air que ces misérables aussi lâches que cruels.

L'aspect intérieur de la prison, le bruit des serrures et des verrous achevèrent d'accabler le vieillard : la fièvre le saisit, le délire survint ; on fit aussitôt part au ministre de l'état de ce nouveau pensionnaire. Il s'empressa de le constater, afin de pouvoir faire passer le marquis pour fou et de le conduire, comme tel, pour le reste de ses jours, dans quelque cabanon de Bicêtre ou de Charenton, ce qui était la marche ordinaire. Heureusement le fidèle valet de chambre du marquis s'était empressé de donner à la famille de son maître avis de ce qui était arrivé ; des démarches furent faites, à la suite desquelles l'infortuné vieillard fut transféré à Saint-Lazare, où il y mourut peu de temps après.

Mais si les hommes du pouvoir étaient rudes aux gens de bien et aux gens de rien, ils avaient toutes sortes d'égards pour les voleurs du grand monde, pour les hauts et puissants seigneurs habitués à considérer le bien d'autrui comme pays conquis ou à conquérir. Au nombre des escrocs titrés qui exploitaient alors la France, était son altesse Charles-Ernest, prince souverain de Courlande. Charles-Ernest était fils de Jean-Ernest de Biren, duc de Courlande. Ce Biren avait été, dans sa jeunesse, palefrenier de la duchesse de Courlande, qui fut depuis l'impératrice Anne. Il avait été remarqué par la duchesse, qui l'avait fait écuyer, pour qu'il ne fût pas dit qu'elle s'était donnée à un laquais. Devenue impératrice, Anne garda son amant, qu'elle fit alors prince de Courlande. Mais au sein des États despotiques la fortune est changeante. Anne morte, Biren était devenu régent de l'empire, et sa puissance était sans bornes, quand tout à coup une révolution le précipita du faîte des grandeurs et l'exila en Sibérie. Il vivait depuis douze ans dans ces déserts glacés, lorsqu'il en fut rappelé par l'impératrice Élisabeth.

Biren avait eu deux fils : Charles-Ernest, dont il va être question, est le second. Ce fils de palefrenier se trouvant à l'étroit dans le duché de Courlande, l'envie lui prit de courir le monde. Le jeune homme avait peu d'argent, mais il avait beaucoup de savoir-faire. Arrivé à Riga, il apprend qu'un Français, nommé Desmarets, riche marchand de dentelles et d'étoffes de soie, vient de recevoir une cargaison considérable. Il fait appeler Desmarets. La duchesse sa mère raffole de dentelles, dit-il, et le duc souverain ne s'habille que de soie : il veut, en bon fils, causer à leurs altesses une agréable surprise, et il achète des étoffes et des dentelles pour soixante mille livres, qu'il paie en une lettre de change sur un banquier de Saint-Pétersbourg où Desmarets a dit se rendre. Le marchand part en effet pour la cour de Russie. A peine a-t-il quitté Riga, que le prince troque ces marchandises contre trente mille livres qui lui permettent de se rendre en Hollande avec sa suite. Bien entendu, la lettre de change ne devait pas être accueillie par le banquier, lequel savait à quoi s'en tenir sur la situation financière du duc souverain de Courlande. C'était donc là une escroquerie bien caractérisée.

A Amsterdam, le prince Charles commença à se livrer au jeu avec passion; malheureusement la fortune ne lui fut pas favorable, et non seulement il perdit en peu de temps ce qu'il avait d'argent, mais il contracta des dettes considérables. Il ne savait pas trop comment se tirer de là, lorsqu'il songea au bonheur constant qu'avait eu contre lui, au jeu, un officier génois, nommé Sabi, contre lequel il avait perdu, sur parole, une somme de mille ducats. Il se dit qu'il n'était pas naturel qu'un homme gagnât constamment, et que le Génois devait être un fripon. Sur cette réflexion, l'altesse courlandaise fit appeler l'officier.

— Signor Sabi, lui dit-il, n'est-ce pas mille ducats que je vous dois?

— Votre Altesse est-elle donc si pressée d'acquitter cette bagatelle?

— Je ne veux rien acquitter du tout, je prétends même ne rien devoir.

— Pardon, prince ; je ne comprends pas...

— Vous allez comprendre. Tenez, je parie qu'il y a des dés et des cartes dans les poches de tous vos habits... des dés pipés et des cartes marquées...

— Prince, c'est une insulte que je ne souffrirai de personne, et dont vous me ferez raison sur l'heure.

— Nous aurons le temps d'en venir là si nous ne nous entendons pas; mais nous devons nous entendre. La fortune est une fille capricieuse qu'il faut corriger souvent pour en être bien traité, et je serais disposé à la traiter en conséquence, si je n'étais absolument neuf en cette matière où vous êtes expert. Eh bien !

attachez-vous à moi : je vous fais mon premier gentilhomme, vous m'initiez à vos procédés, nous parcourons l'Europe, et nous réalisons des profits considérables. Seul, vous ne pouvez presque rien, le moindre soupçon peut vous perdre. Avec moi, vous n'avez rien à redouter : je suis fils de souverain; ma personne est inviolable, et cette inviolabilité couvre quiconque m'est attaché. Que dites-vous de cela?

— Je dis, monseigneur, que je n'aurais pas cru que l'on fût si avancé que cela en Courlande.

— Et vous acceptez ma proposition?

— Je suis à vous corps et âme.

— Vous devenez mon premier gentilhomme et mon professeur...

— De prestidigitation... et de chimie.

— Je ne vois pas à quoi la chimie peut être bonne.

— Je vais vous le démontrer. Je suppose, monseigneur, que vous ayez besoin d'une somme de cinquante mille livres, et que vous la demandiez au banquier Van Alchost, par exemple.

— Il me la refusera.

— Il vous la comptera, pourvu que vous lui offriez des lettres de change sur quelque autre banquier aussi riche que lui. Nous n'avons pas de ces lettres ? nous en faisons ; ça n'est pas plus difficile que cela.

— Oui; mais la lettre de change revient impayée, le faux est reconnu, et... c'est un excellent moyen pour s'embourber dès les premiers pas.

— Cela arriverait assurément, si nous n'avions pas pour nous la chimie. Tenez, je veux tout à l'heure vous faire mon billet pour une somme de cent mille livres.

Et Sabi tire de sa poche une petite boîte remplie d'une poudre blanche ; il écrase une pincée de cette poudre sur un morceau de papier, puis il écrit.

— Cela est lisible, j'espère ? dit-il en présentant le papier au prince. Et de bonne encre ? Dans deux heures, cette encre sera tout aussi noire qu'à présent; ce soir, elle commencera à pâlir ; demain matin, elle sera plus pâle encore; demain soir, la feuille sera tout à fait blanche.

— Voilà qui vaut mieux que des dés pipés.

— Chaque chose à son prix, monseigneur.

Avec ces deux cordes à son arc, et en compagnie d'un gentilhomme qu'il considérait désormais comme une véritable providence, Biren pouvait continuer ses voyages. Il parcourut successivement l'Allemagne et l'Italie,

échangeant çà et là, contre des espèces sonnantes, quelques-unes de ces lettres de change
qui s'effaçaient si vite entre les mains des por-
teurs, et il arriva à Paris. Là, Sabi, mécontent
de la part à lui faite dans les produits de l'industrie commune, quitta l'altesse et passa en
Angleterre. Le prince s'en consola d'autant plus
aisément qu'il possédait la recette de la poudre
blanche, et qu'il avait acquis dans l'art de faire
sauter la carte toute l'habileté désirable.

Cependant Desmarets, le marchand de dentelles, était revenu en France après avoir inutilement tenté de se faire payer par le duc ré-
gnant de Courlande. Chemin faisant, il avait
entendu parler des exploits du prince Charles,
qui, disaient plusieurs banquiers, ne leur avait
donné que du papier blanc contre leurs écus.
Il considérait comme perdues les soixante mille
livres qui lui avaient été si audacieusement es-
croquées, lorsqu'il apprit que son débiteur cou-
ronné était à Paris. Il court aussitôt chez le
lieutenant de police et porte plainte. Le lieutenant n'ose rien prendre sur lui : il faut qu'il
en réfère aux ministres. Ces derniers tiennent
conseil. Choiseul voulait qu'on étouffât l'affaire, et, à toutes les objections de ses collègues, il répondait :

— Mais songez qu'il s'agit d'un prince quasi-
souverain !

— Eh ! monsieur, s'écria Saint-Florentin im-
patienté, que ce quasi-souverain aille voler ses
quasi-sujets ! C'est assez que ceux du roi soient
plumés à la française sans qu'on les plume à
la russe.

Cette boutade mit la majorité de son côté ;
séance tenante, l'ordre d'arrêter le prince et de
le conduire à la Bastille fut signé.

Le commissaire chargé de l'expédition connaissait parfaitement les êtres de l'hôtel d'Espagne, où Biren était descendu. Il y arriva à sept
heures du matin, et en fit garder les issues ; puis,
sous prétexte de remettre au prince une lettre
du ministre des affaires étrangères, il pénétra
dans un salon qui précédait la chambre où son
altesse courlandaise était couchée en compagnie d'une charmante personne. Là il heurta
un aide de camp et un page.

— Il faut que je parle à son altesse sur-le-
champ, dit-il ; c'est de la part du ministre...

— Quand ce serait de la part du pape, répondit l'aide de camp, le prince ne vous rece-
vrait pas à cette heure.

— Vous êtes dans l'erreur ; son altesse m'attend.

— Je vais m'en informer, répliqua l'aide de
camp : attendez ici mon retour.

A peine a-t-il tourné les talons que le commissaire, trompant la surveillance du page,
s'élance vers la chambre à coucher, tourne la
clef, la porte s'ouvre, il entre. Cependant le
prince s'était réveillé : apercevant la figure du
commissaire, il saute hors du lit, pressé de jeter au feu certains papiers. De son côté, le
commissaire, craignant de voir lui échapper sa
proie, l'arrête au passage.

— Au nom du roi, prince, s'écrie-t-il, je
vous somme de me suivre... Je vous préviens,
d'ailleurs, que les issues de l'hôtel sont gardées,
et que les soldats ont ordre de faire feu sur quiconque tenterait d'en sortir.

— Eh ! monsieur ! est-ce aussi le roi qui
vous a commandé de faire tant de bruit si mal
à propos ?... Remettez-vous, et tâchez d'être
aussi calme que moi. Vous souffrirez bien que
je me fasse habiller.

— Oh ! dès que vous êtes disposé à obéir...

En attendant la venue de son valet de chambre, le prince prend dans une des poches de son
habit une petite boîte, l'ouvre, met la poudre
blanche qu'elle contenait dans un verre, et
verse de l'eau dessus.

— Monseigneur ! s'écrie le commissaire, vous
ne boirez pas cela.

— C'est un breuvage fort innocent, je vous
jure... Après tout, si vous craignez... qu'il n'en
soit plus question.

Et il jette la préparation dans le feu, anéan-
tissant ainsi la preuve des faux qui lui étaient
imputés.

Biren fut reçu à la Bastille par le gouverneur
en personne, tout fier d'avoir à faire les honneurs de sa maison à un si grand seigneur. On
lui donna le logement le plus confortable ; il fut
autorisé à faire venir un page et deux valets.
M. de Sartines n'eut garde de le faire descendre
dans la salle du conseil pour l'interroger ; ce
fut dans la chambre du prince, et en usant des
plus grands ménagements, qu'il accomplit cette
formalité. L'affaire, comme on le pressent, ne
devait pas avoir de suites graves : on pria le
prince de donner sa parole qu'il paierait Desmarets avant de quitter la France ; il promit,
ne paya point, fut mis en liberté, et alla faire
de nouvelles dupes en Angleterre.

XXVII

Cela se passait en 1769, année féconde pour
la Bastille, madame du Barry faisant mettre en
prison les amis du ministre Choiseul qu'elle
détestait, et Choiseul traitant de même les amis
de la favorite. Un jour, M. de Valcroissant,
lieutenant-colonel dans les dragons du roi, pas-

Alexis Danouilh fut mis à la question, p. 107.

sant la soirée chez la marquise d'Alloni, il lui arriva de dire, en parlant de la favorite, que, pour son compte, il n'était pas étonné que le roi en fût épris, attendu qu'elle était à la fois jolie, spirituelle et bonne.

— Est-ce qu'elle vous a honoré de ses bontés? demanda en riant madame d'Alloñi.

— Ce matin même j'ai été la remercier d'un bénéfice qu'elle a fait obtenir à mon frère l'abbé, et j'ai baisé l'une de ses jolies mains.

Vers minuit, M. de Valcroissant se retira ; il n'avait pas fait vingt pas qu'un inspecteur de police l'aborde et lui déclare qu'il l'arrête au nom du roi.

— Et que diable le roi peut-il me vouloir ?

— Je ne suis pas chargé de vous l'apprendre, lui répond l'inspecteur.

Le lieutenant-colonel passa huit jours à la Bastille, se perdant en conjectures sur la cause de sa détention. Le neuvième jour, le lieutenant général de police vint l'interroger.

— N''avez-vous pas été envoyé en Corse par M. le duc de Choiseul? demanda le magistrat.

— J'ai été, en effet, chargé d'une mission près du général Paoli, il y a cinq ans.

— Vous en avez été récompensé ?

— C'est à la suite de cette mission que j'ai été élevé au grade de lieutenant-colonel.

— Et, par reconnaissance, vous vous êtes faii l'ennemi du duc.

— Moi, l'ennemi de M. de Choiseul?

— Ne niez pas ; vous êtes lié avec les ennemis du ministre qui se réunissent ordinairement chez la marquise d'Alloni, vous cabalez, vous intriguez, vous demandez des bénéfices pour votre frère et le grade de brigadier des armées pour vous.

— Le diable m'emporte ! je ne pouvais pas le croire, mais la chose me paraît maintenant claire : je suis à la Bastille pour avoir baisé la main d'une jolie femme.

— Vous vous oubliez !

— C'est vous plutôt qui oubliez ici votre dignité de magistrat. Mais vous en porterez la peine, je vous le promets : je veux que tout Paris sache la cause de ma détention.

— Quand on est à la Bastille, monsieur, ce

7

que l'on a de mieux à faire, c'est de réfléchir
et de s'amender.

L'interrogatoire cessa là. M. de Valcroissant
savait maintenant pourquoi il était arrêté,
mais il ignorait quand on lui rendrait la liberté.
Il pensait néanmoins que le motif de sa déten
tion était trop futile pour qu'on osât la prolon
ger. Un an s'écoula pourtant sans qu'on pensât
y songer. Enfin, un jour, on vint lui dire que le
roi voulait bien se contenter de l'exiler en Provence.

M. de Valcroissant était indigné, mais il
avait appris que des prisonniers, tout aussi innocents que lui, gémissaient depuis vingt ans
et plus dans l'affreuse prison, et il devait se
trouver heureux de pouvoir respirer le grand
air.

Le colonel de La Tour du Pin, arrêté dans
le même temps, fut traité à peu près de la
même manière. Celui-ci n'avait pas baisé la
main à madame du Barry; au contraire, il
avait adressé au roi un mémoire sur l'état des
finances et les économies qu'il était indispensable de faire si l'on voulait éviter à la France
une catastrophe. Or, faire des économies, cela
voulait dire : renvoyez vos maîtresses et vos
flatteurs. Le roi, qui était de bonne humeur ce
jour-là, lut le mémoire. « Ce pauvre colonel, dit-il en riant, il faut que la tête lui ait
tourné. »

Le mot fut reporté au comte de Saint-Florentin. Le ministre en conféra avec Sartines.

— Si le roi a ri du mémoire, dit ce dernier,
il faudrait trouver d'autres charges,..... Par
exemple, le colonel a été l'année dernière en
Hollande et en Angleterre, il y a dépensé beaucoup d'argent ; on peut donner à cela une couleur de conspiration.

— Toutes les couleurs que vous voudrez,
vous avez carte blanche.

Le lendemain, La Tour du Pin était arrêté à
Fontainebleau et amené à la prison de la rue
Saint-Antoine. Au bout de quelque temps l'ennui le prit, il tomba malade. Alors on le mit
dehors en lui intimant l'ordre de vendre son
régiment au plus vite.

Tel est l'esprit français, que plus il y avait de
danger à s'attaquer à la favorite, et plus les at-
taques étaient vives. Les caricatures et les épigrammes pleuvaient contre le roi et sa maîtresse ; en vain entassait-on à la Bastille les
imprimeurs et les auteurs présumés de ces pro-
ductions, elles devenaient chaque jour plus
nombreuses ; et, ce qu'il y avait surtout de piquant, c'est que vers et gravures arrivaient à
leur adresse sans qu'on sût comment. Un jour
que la comtesse avait trouvé sur la banquette

de son carrosse des vers dans lesquels était
rappelé son premier état de blanchisseuse; elle
vint, furieuse, montrer ces vers au roi.

— Sire, s'écrie-t-elle, tout animée, votre police est mal faite ; Sartines me laisse insulter
jusque chez moi... Mais Votre Majesté ne m'é-
coute pas... Quel est ce papier qu'elle roule
avec tant de persistance?

— Ce sont des vers que ma police n'a pas eu
non plus le talent d'empêcher de venir jusqu'à
moi.

— De nouvelles injures, sans doute... Et
vous ne ferez pas pendre de tels scélérats ?

— Pour les *pendre*, chère belle, il faut les
prendre !

— A quoi donc sert votre lieutenant général
de police, s'il ne jette à la Bastille toute cette
engeance de rimeurs, d'imprimeurs ?...

— Eh ! charmante comtesse, il ne fait que
cela : le pauvre diable est sur les dents.

Cela était vrai : on avait mis à la Bastille,
dans l'espace de quelques jours, une douzaine
d'imprimeurs et libraires de Paris ou de la
province, ainsi que les auteurs présumés des
écrits. Le plus notable d'entre ces derniers
était l'abbé Le Beau Dubignon, vicaire général
de Bordeaux, qu'on croyait être l'auteur d'une
brochure intitulée : *Lettre de M. Maupeou à
M. l'évêque d'Arras*, bien qu'il s'en défendît
avec chaleur. On n'avait aucune preuve contre
lui, ce qui n'empêcha pas qu'il fût exilé après
avoir passé une année sous les verrous.

Malgré ces rigueurs, les pamphlets n'en pleuvaient pas moins ; et la comtesse, tout éplorée,
de se jeter de nouveau aux genoux du roi.
Cette fois ce n'était pas d'un obscur follicu-
laire qu'elle avait à se plaindre, mais de M. de
Beaumont, archevêque de Paris, lequel lui
avait écrit une lettre se terminant ainsi : « Quelle
que soit la corruption du tourbillon dont vous
êtes environnée, je ne puis croire, madame,
qu'il ait pu étouffer tout sentiment de religion
dans votre cœur. Descendez-y un instant, et,
si vous n'êtes pas sourde à la voix qui doit s'y
faire entendre, je ne doute pas que bientôt mes
vœux ne soient remplis, et que vous ne répa-
riez le mal causé par le scandale de votre conduite passée. »

— Ma chère comtesse, que voulez-vous que
je fasse à cela? demanda le roi.

— N'êtes-vous pas le maître? Pourquoi n'en-
verriez-vous pas ce saint hypocrite prêcher à la
Bastille?

— A la Bastille l'archevêque de Paris!

— On y a bien mis un prince du sang... Eh
bien ! votre archevêque sera content : je vais
me retirer dans un couvent.

— Allons, folle tête, calmez-vous, et laissons
les gens d'église faire leur métier.

— Mais ne voyez-vous pas que si M. de
Beaumont recevait le prix de son insolence,
cela suffirait pour intimider les pamphlé-
taires?

— Quelle énormité, un archevêque!

Si l'on en croit les mémoires secrets du
temps, la comtesse emporta l'ordre d'arrêter
l'archevêque et de le mettre à la Bastille ; mais,
derrière elle, le vieux monarque s'empressa
d'écrire au duc d'Aiguillon de considérer cet
ordre comme non avenu, et l'archevêque ne
fut pas embastillé.

On voit que la belle comtesse ne fut pas
moins implacable dans ses vengeances que ne
l'avait été madame de Pompadour. On dit
même qu'elle avait offert deux cent mille livres
à un aventurier, nommé Bellanger, pour qu'il
se rendît à Londres avec quelques coupe-jarrets
de son espèce, s'emparât d'un nommé Morande, auteur de la plupart des pamphlets
écrits contre elle, et le lui amenât pieds et
poings liés. « Si je le tiens un jour, avait-elle
dit, je veux lui faire brûler la main qui a écrit
tant d'infamies. » Morande, heureusement
pour lui, était sur ses gardes ; il évita tous les
pièges qu'on lui tendit et n'en devint que plus
audacieux.

Si l'archevêque et Morande avaient esquivé
la Bastille, elle s'ouvrit devant un étranger, devant un prêtre portugais nommé Ponce de
Léon. Ce malheureux avait, paraît-il, rendu
quelques services à des Français installés à
Cayenne, et il était venu solliciter à Paris une
récompense qu'il n'avait pu encore obtenir. Se
trouvant un jour dans la boutique d'un perru-
quier, il avait été amené à dire, parlant du roi
et de son gouvernement, qu'il ne les accusait
pas de mauvaise foi, mais de manquer de mémoire. Transmises de bouche en bouche, et
aggravées sans doute en cheminant, ces paroles arrivèrent aux oreilles du ministre Saint-
Florentin, qui ne trouva rien de mieux, pour
punir une irrévérencieuse supposition, que de
faire arrêter Ponce de Léon et de l'emprisonner à la Bastille. Interrogé quelques jours
après, Ponce apprit qu'on l'accusait d'avoir
dit publiquement que le roi était un homme
de mauvaise foi. Il se récria vivement et protesta contre une pareille pensée, ajoutant qu'en
raison de sa connaissance imparfaite de la
langue, on s'était sans doute mépris sur le
sens de ses paroles.

On voit combien l'accusation, en admettant
même qu'elle eût été prouvée, était futile.
Dix-huit mois s'écoulèrent néanmoins avant

qu'on s'occupât du pauvre prêtre. Pourtant
le séjour de la Bastille ne lui était guère favorable, à ne consulter que la lettre suivante du
major de la Bastille au lieutenant général de
police :

« J'ai l'honneur de vous envoyer ci-joint un
petit paquet du sieur Ponce de Léon, prêtre
portugais. Il me semble que la pauvre tête de
ce prisonnier commence à s'échauffer beaucoup. Il est à remarquer que *les nations étrangères ne supportent pas la Bastille comme nous ;
il y a une grande différence.* »

M. de Sartines se donna la peine d'écrire en
marge de cette lettre : « Ne pas mettre ce prisonnier en liberté. »

Il était si redoutable et si redoutable que,
quelque temps après, le major envoyait au
lieutenant de police le rapport suivant du médecin ordinaire du roi, qui avait été proposé à
la visite de Ponce de Léon :

« Le prisonnier [illegible] du Puits m'a
paru être dans un état redoutable et d'épuise-
ment. Le défaut de nourriture depuis plus de
quinze jours, et vraisemblablement le chagrin,
l'ont mis dans cet état, et il est absolument
nécessaire de lui faire faire usage de bouillons
restaurants, sans quoi il est dans le cas de suc-
comber à la faiblesse et à l'anéantissement dans
lesquels il se trouve. »

L'état de cet infortuné était si déplorable en
effet qu'on eût pu, avec un peu d'humanité,
lui rendre la liberté. On se contenta de le transférer à Charenton, et il y était encore le 14 juillet 1789, alors que le peuple anéantissait la
Bastille.

Presque en même temps que le prêtre
portugais, on avait mis à la Bastille un cam-
pagnard champenois, nommé Pierre Gellier,
procureur fiscal [illegible] de Nesle. Ce
brave vigneron vendait habituellement sa récolte aux moines [illegible] de Hautevillers,
et il lui arrivait parfois, en débattant, au couvent, le prix de sa marchandise avec les bons
pères, de la discussion [illegible] qu'il en perdait la prudence. Un jour, après avoir fait
marche il achevait une bouteille en compagnie du frère cuisinier ou frère sommelier,
la conversation tomba sur les affaires du gouvernement.

— Ma foi, dit Gellier, il faut convenir
que les collecteurs sont bien durs au pauvre
monde.

— C'est vrai, dit le frère cuisinier! Ah ! si la
France avait eu le bonheur de conserver le
grand dauphin!... [illegible] pauvres gens...

— Bon ! dit le [illegible] qu'on
peut être de [illegible] ?

C'était là propos de francs ivrognes, éprouvant le besoin d'intercaler quelques paroles entre les rasades. Mais, aux oreilles de la police, c'étaient des énormités, et Pierre Cellier, qui avait vendu son vin aux bénédictins le 15 octobre 1769, était arrêté le 17 et conduit à la Bastille. Le lendemain on l'interrogea, et comme il paraissait ne rien comprendre à ce qu'on lui demandait, on lui rappela son propos du couvent de Hautevillers.

— Ah! dit-il, c'est ce farceur de frère Le Court qui a parlé du grand dauphin.

— Mais il paraît que c'est vous au contraire qui en avez parlé.

— Moi, je ne savais seulement pas qu'il eût vécu. Donc, si j'ai été induit en erreur par le frère Le Court avec son grand dauphin, que le diable les emporte tous les deux !

On ne renvoya pas le procureur fiscal à ses vignes, et on arrêta le frère Le Court. On confronta les deux buveurs, on les interrogea à satiété pendant deux années entières; après quoi le bénédictin fut mis en liberté, tandis qu'on conduisait Pierre Cellier à Bicêtre, où il serait mort si une femme à la mode, madame la présidente de La Forcelle, ne s'était intéressée à lui. Après deux ans de captivité, Pierre Cellier, put donc retourner à ses vignes.

XXVIII

Avec le temps et le progrès des mœurs, le pouvoir absolu s'était quelque peu modifié; lorsqu'on arrêtait les gens, on se croyait maintenant obligé de dire pourquoi. Nonobstant, le despotisme ministériel subsistait, les lettres de cachet continuaient à avoir force de loi, et le duc d'Aiguillon, successeur de Choiseul au ministère, n'en faisait pas moins usage que son prédécesseur. Un de ceux qu'il envoya de cette façon à la Bastille était un jeune colonel qui devait plus tard illustrer son nom, Dumouriez.

Né à Cambrai en 1739, Dumouriez, après avoir fait de bonnes études, était entré, avec le grade de cornette, dans le régiment d'Escars, cavalerie. Nommé capitaine en 1761, il se retira du service peu de temps après; il avait alors vingt-trois ans, et avait reçu vingt-deux blessures. Le désir de s'instruire l'avait porté à entreprendre différents voyages pour étudier les usages et les mœurs des divers peuples. Rentré dans l'armée en 1768, il reçut le grade d'aide-maréchal des logis dans le corps expéditionnaire destiné à faire la conquête de la Corse. En 1771, il fut envoyé en Pologne, et s'il ne put empêcher le démembrement de ce royaume,

il montra des aptitudes diplomatiques dont le ministre de la guerre, Monteynard, se souvint deux ans après, lorsqu'il eut à envoyer un négociateur en Suède.

Dumouriez partit donc pour Hambourg, où il devait attendre des instructions. Mais à peine arrivait-il dans cette ville, que Monteynard était renversé, et qu'au lieu d'instructions il recevait la visite d'un inspecteur de police et de l'envoyé de France à Hambourg, lesquels lui déclarèrent qu'ils l'arrêtaient au nom du roi.

— Vous vous trompez, répondit Dumouriez, c'est au nom du duc d'Aiguillon. Nous sommes ici dans une ville libre: s'il me plaisait, je vous ferais repentir du vilain métier que vous faites; mais je n'ai pas peur, moi, de ce brouillon qui se croit un grand homme, et nous partirons quand vous voudrez.

Ramené à Paris, Dumouriez fut conduit à la Bastille, où il entra le 28 octobre 1773. On le fouilla soigneusement, et on lui enleva jusqu'aux boucles de ses souliers, sous le prétexte qu'un prisonnier avait tenté récemment de s'étrangler avec les ardillons des boucles.

— L'imbécile! fit le colonel, que ne s'est-il servi d'un couteau?

— Par une bonne raison, lui répondit le major, c'est qu'à la Bastille les prisonniers doivent s'en passer.

— J'espère pourtant que vous m'en ferez donner un : j'ai faim, je prétends souper, et je ne suis pas d'humeur à dépecer un poulet avec mes doigts.

— Souper ! il est bien tard..

— C'est pour cela qu'il faut vous hâter. Écoutez, tant que je serai votre pensionnaire, je ne vous demanderai rien de déraisonnable ; mais je vous préviens que si ma volonté se trouve en désaccord avec la vôtre, ce sera la mienne qui devra prévaloir. Maintenant, faites-moi conduire à ma chambre, et que l'on me serve à souper.

Le major n'avait pas souvent affaire à des hommes de cette trempe; il s'en vint trouver le gouverneur, et lui dit quel singulier personnage on venait de lui amener.

— Je l'attendais, dit Jumilhac de Cubsac.

En effet, Louis XV, redoutant que Dumouriez ne soutînt qu'il avait agi d'ordre royal, avait fait dire à Jumilhac d'avoir grand soin du prisonnier, de ne point l'irriter, et de lui insinuer que le roi lui tiendrait compte de son dévouement.

— Croiriez-vous, reprit le major, que cet homme m'a demandé à souper, comme s'il se fût adressé à un valet d'hôtellerie?

— Eh bien ! major, il faut lui donner à souper.

— Quoi! à cette heure?... Mais il a la prétention de manger avec un couteau et une fourchette.

— Il faudra donc lui donner l'un et l'autre.

Le major croyait rêver. Il obéit pourtant aux ordres du gouverneur; mais il se promit de voir le moins possible un prisonnier qui portait une si rude atteinte aux règlements. Huit jours se passèrent sans incident. Le huitième jour, Jumilhac dit à Dumouriez :

— Vous serez interrogé demain. M. le marquis de Monteynard n'a rien à redouter de ce que vous pourrez dire, puisqu'il est tombé; mais il est une autre personne que vous devez ménager.

— Monsieur, je vous comprends, et je puis vous donner l'assurance que la personne dont vous parlez n'aura pas à se plaindre : j'ai l'habitude de ne dire que ce que je veux dire.

Le lendemain, en effet, on conduisit Dumouriez à la salle du conseil, où se trouvaient deux conseillers d'Etat, de Sartines et Marville, commissaires nommés pour instruire son procès. Dès qu'il fut entré, un maître des requêtes lui montra du doigt la sellette sur laquelle il était d'usage de faire asseoir l'accusé. Le colonel répondit à cette invitation par un regard plein de fierté, il repoussa dédaigneusement du pied la sellette et alla, avec le plus grand calme, se placer dans un fauteuil, en face des commissaires. L'interrogatoire fut long: on voulait faire dire à Dumouriez les instructions qu'il avait reçues, afin de pouvoir accuser de trahison les ex-ministres, car le duc d'Aiguillon avait résolu de faire de cela une grosse affaire. Mais le colonel éluda toutes les questions.

— Il est pourtant certain, dit le maître des requêtes, que les ducs de Choiseul et de Broglie voulaient la guerre, que le duc de Monteynard la voulait aussi, et que vous étiez l'homme de ce dernier.

— Je ne suis l'homme de personne, répondit Dumouriez. Je n'ai pas à m'occuper de ce qu'ont voulu ou n'ont pas voulu les gentilshommes que vous venez de nommer. Parlez-moi de ce qui me regarde, si vous voulez que je réponde.

Le maître des requêtes s'emportant le somma de dire s'il était l'ennemi du duc d'Aiguillon. Dumouriez déclara qu'il ne répondrait à cette question que si on la faisait écrire par le greffier.

— Le greffier n'écrira que ce que nous voudrons, dit le maître des requêtes hors de lui.

— Et moi je prétends qu'il écrive tout ou rien, c'est mon dernier mot.

Il fallut lui céder : la question fut écrite. Alors Dumouriez fit une longue réponse dans laquelle il stigmatisa les actes du duc d'Aiguillon, disant en terminant qu'il avait l'espoir que sa réponse serait mise sous les yeux du roi. Les commissaires n'en obtinrent pas davantage.

Cependant le temps s'écoulait, et Dumouriez se trouvait fort mal dans une des plus grandes chambres de la tour de la Liberté où on l'avait mis. On était au milieu de l'hiver; le prisonnier avait demandé à plusieurs reprises qu'on fît remplacer à l'une des fenêtres de cette chambre des vitres qui étaient cassées. Le porte-clefs répondait invariablement qu'on le ferait. Dumouriez finit par se fâcher et demanda si l'on se moquait de lui. Le porte-clefs répondit qu'on avait tort de le si bien traiter, parce que cela le rendait exigeant.

— Mon ami, dit Dumouriez, vous avez sûrement trop bu. Sortez à l'instant ! C'est au gouverneur que je demanderai raison de votre grossièreté.

— Je vais te faire raison moi-même, réplique le porte-clefs.

Et il s'avance la main levée. Dumouriez saisit dans l'âtre une bûche et en porte un si furieux coup au gardien insolent qu'il l'étend à ses pieds. Aux cris du blessé la garde accourt, le major est appelé; il commence par des représentations et arrive promptement aux menaces.

— Monsieur, lui dit Dumouriez, je me respecte et je sais me faire respecter. Faites venir le gouverneur.

— Est-ce vous qui commandez?

— Je vous rappelle à votre devoir, voilà tout.

— Vous avez commis un acte des plus graves; je puis vous faire mettre au cachot.

— Vous pouvez me faire hacher par morceaux, mais vous ne me ferez pas sortir d'ici.

Et, s'adossant contre le mur, il s'empara d'une chaise et se mit en défense. Le gouverneur dut venir. Dumouriez se plaignit à ce fonctionnaire, raconta comment les choses s'étaient passées, et finalement demanda à changer de chambre.

— Impossible, dit Jumilhac; c'est le ministre lui-même qui vous a assigné celle-ci.

— Si pourtant cette chambre s'écroulait?

— Oh! dans ce cas, il y aurait force majeure.

— Eh bien ! entre nous, mon cher gouverneur, je crois que la chose arrivera prochaine-

ment : le plancher n'est pas solide; voyez
comme il penche... C'est un avis que je vous
donne, car je ne veux pas être accusé d'avoir
tenté de m'évader, moi qui, si je l'avais voulu,
serais maintenant au bout du monde.

Jumilhac entrevoyait quelque aventure, mais
cela l'inquiétait peu, parce que, en traitant fa-
vorablement le colonel, il remplissait les intentions du roi.

— Demain, dit-il, on y mettra les vitres bri-
sées, je vous le promets.

— Oh ! à votre aise, je vous prie, cela m'in-
commodait médiocrement; il n'y a que l'insolence de ce drôle qui m'a exaspéré... Mais, sé-
rieusement, je crois que votre plancher n'est
pas solide.

L'incident ainsi terminé, Dumouriez songea
à faire en sorte que l'espèce de prédiction qu'il
avait faite touchant la solidité de sa chambre
se justifiât, et, pensant que si le plancher était
bien construit, il ne devait pas y avoir de
poutre sous l'aire de la cheminée, il attaqua
par là la maçonnerie. Il descella d'abord la
pierre qui formait l'aire. Contre son attente, il
y avait, sous cette pierre, une poutre, qu'il atteignit après avoir enlevé le plâtre : cette poutre
avait, depuis longues années, subi l'action du
feu, et était presque carbonisée; si bien qu'en la
frappant du pied, le colonel parvint à la briser
et à faire crouler ainsi une partie du plancher
dans la chambre au-dessous. Au bruit de la
chute des plâtras et des carreaux se mêlent
aussitôt des cris d'effroi. Dumouriez, craignant
d'avoir blessé un de ses compagnons d'infortune, regarde par l'ouverture. Un spectacle affreux s'offre à ses regards : il voit un homme
entièrement nu, la barbe inculte, les cheveux
en désordre, les yeux hagards, qui pousse
d'affreux hurlements.

— Calmez-vous, lui crie-t-il; dites-moi qui
vous êtes, et je vous viendrai en aide autant
que je le pourrai.

— Tais-toi, Satan! lui répond-on. C'est la
Pompadour qui t'a payé pour m'assassiner...
L'infâme ! Elle sait bien qu'Eustache de Farcy
n'est pas un gentilhomme facile à tuer... Au
feu! au feu !... On t'a chansonnée, marquise...
on te chansonnera encore, drôlesse !... A la
garde ! à l'assassin !...

— C'est un fou, pensa Dumouriez.

En effet, ce malheureux était fou; mais il
était entré à la Bastille plein de force, de santé
et de raison vingt-deux ans auparavant. Son
crime était d'avoir fait deux copies d'une chan-
son contre la marquise de Pompadour. La favorite morte, on avait gardé l'infortuné parce
qu'il était haut taxé, mais on lui avait fait la

grâce de le mettre dans une chambre, où, quelque temps après, il était devenu fou. Le mal
était maintenant incurable.

Dumouriez se mit à crier lui-même et à
frapper à la porte de sa chambre comme s'il
eût été menacé de péril. Et voilà de nouveau
major et gouverneur qui arrivent près de lui.

— Je vous l'avais bien dit, monsieur le gouverneur, s'écrie-t-il, ce plancher est vermoulu,
calciné; ma vie n'est pas en sûreté ici. Vous
ne direz pas sans doute que je veux m'évader,
puisque c'est moi qui vous appelle.

Ce que Jumilhac vit de plus clair en cela,
c'est que Dumouriez voulait changer de chambre, et qu'il avait agi en conséquence. Il donna
donc ordre de le loger dans la chambre dite de
la Chapelle. En même temps on lui permit de
faire venir près de lui un de ses domestiques;
il eut des livres, et il put se promener pendant
plusieurs heures chaque jour.

Beaucoup de personnes avaient été arrêtées
en même temps que Dumouriez, et, comme
lui, mises à la Bastille. Mais déjà d'Aiguillon
était découragé; il ne songeait plus à faire
condamner personne, il voulait seulement les
faire *oublier*. Peut-être y aurait-il réussi si Dumouriez n'eût fait tenir au roi, à diverses reprises, des lettres dans lesquelles il demandai
qu'on lui donnât des juges.

— Messieurs, dit un jour Louis XV, alors
que d'Aiguillon s'efforçait au conseil de remettre l'affaire sur le tapis, finissons-en là-
dessus. Il me semble que c'est ici la fable des
bâtons flottants : de loin c'était quelque chose,
de près ce n'est rien. Et, en conscience, je
crois que ces gens ont été plus punis qu'ils
n'ont péché.

— Sire, dit d'Aiguillon, il faudrait quand
même sauver les apparences.

— Qu'à cela ne tienne, duc, nous les exile-
rons à droite et à gauche, afin qu'il soit bien
constaté qu'ils n'étaient pas innocents; mais
au moins nous n'en entendrons plus parler.

Telle fut la fin de cette affaire : on exila Dumouriez à Caen, les autres en d'autres lieux,
où ils demeurèrent jusqu'à l'avènement de
Louis XVI.

XXIX

Certes, Louis XVI arrivait au trône avec les
meilleures intentions : il le prouva en faisant
remise au peuple du droit de joyeux avènement, en affranchissant les serfs des terres do-
maniales, en abolissant la question prépara-
toire; mais il s'arrêta trop vite dans cette voie
où il y avait tant à faire. Les prisons d'Etat

demeurèrent ce qu'elles étaient. Latude fut laissé à Bicêtre; il fallut plusieurs années de sollicitations de toutes sortes pour l'en faire sortir. Le Prévost fut également laissé dans le cabanon de Charenton, tandis que le pacte de famine qu'il avait si courageusement dénoncé continuait à s'exécuter au grand profit des intéressés.

Il y avait dix-sept prisonniers à la Bastille lors de l'avènement de Louis XVI; quatre furent mis en liberté à la suite d'une visite du ministre Malesherbes. Des treize autres aucun n'avait été jugé. S'ils étaient coupables et qu'on eût négligé de les juger, que ne les jugeait-on maintenant?

Malesherbes avait fait semblant d'abolir les lettres de cachet. Les lettres de cachet subsistèrent. La première victime du ministre Maurepas fut un aide de camp du prince de Condé, le comte de Chavaignes. Cet aide de camp avait eu autrefois des démêlés avec le duc d'Aiguillon, qui l'avait menacé de la Bastille sans mettre sa menace à exécution. Maurepas ne menaça point; mais ayant appris que Chavaignes avait parlé un peu légèrement d'une puissante personnalité, il le fit arrêter et embastiller. Chavaignes était furieux :

— Je suis gentilhomme, dit-il au gouverneur, et cet homme-là ne sera pas toujours ministre. Que je sorte d'ici, et je le mettrai en un lieu d'où il ne sortira plus.

Ces paroles, rapportées à Maurepas, l'effrayèrent quelque peu; car il dépêcha à l'aide de camp, huit jours après son entrée à la Bastille, le lieutenant de police Le Noir.

— Vous avez été peu réservé dans vos propos, monsieur, dit celui-ci, et M. de Maurepas s'est vu dans la nécessité de sévir contre vous; un ministre a d'impérieux devoirs à remplir.

— Ah! c'est par devoir qu'il fait jeter en prison les gens qui ont le malheur de lui déplaire?

— Vous prenez mal votre temps pour faire le plaisant, monsieur! dit Le Noir d'un ton sévère. On dirait, en vérité, que vous n'avez pas conscience de la position où vous êtes.

— Je sais parfaitement que je suis en prison; mais je sais en même temps qu'il faudra qu'on m'en laisse sortir ou qu'on me donne des juges.

— Et moi je sais qu'on ne fera ni l'un ni l'autre, si vous continuez à le prendre ainsi. Je m'intéressais à vous, j'avais résolu d'apaiser le ministre et de lui faire signer votre mise en liberté; mais je vois qu'il me faut en rabattre.

— Que vous ai-je donc dit, monsieur, qui ne soit juste et raisonnable?

— D'abord, vous discutez.

— Eh bien ! je me tais et vous écoute.

— Vous plairait-il de sortir d'ici aujourd'hui même?

— Oh! de grand cœur !

— Promettez donc de ne garder aucun ressentiment contre le ministre.

— Je promets de faire comme si je n'en avais point.

— Maintenant, donnez-moi votre parole de gentilhomme de quitter Paris en sortant d'ici, de vous en éloigner de vingt lieues au moins, et de n'y point revenir sans autorisation.

— C'est-à-dire que vous me proposez de transformer ma captivité en un exil volontaire?... Tant que je suis ici contre ma volonté, mon honneur est sauf; il ne le serait plus si j'acceptais une peine imméritée.

— Ainsi, vous refusez?

— Absolument. Je refuse de commettre une bassesse.

Le Noir, furieux, ordonne alors au gardien de reconduire le prisonnier dans sa chambre. Cela se passait le 22 décembre 1776; le malheureux aide de camp ne recouvra la liberté qu'en 1787, sur la réclamation de sa famille, qui avait enfin découvert ce qu'il était devenu. Quelques légèretés de parole avaient été punies par plus de dix ans de captivité !

C'est qu'alors il ne fallait qu'un mot pour perdre un homme. Un consul de France dans les États barbaresques, nommé Texier de Lancey, comptant trente-six ans de bons et loyaux services, revenait de Tripoli à Paris pour prendre sa retraite. À Lyon, il se trouve dans une hôtellerie avec plusieurs gentilshommes; la conversation s'engage sur les affaires du temps. Texier dit que le roi est peut-être arrivé au trône trop tôt, qu'il serait bon qu'un prince destiné à régner fît un sérieux apprentissage des affaires. Ce n'était pas là une proposition bien audacieuse. Cependant le mot ayant été rapporté à Maurepas, l'ordre d'en arrêter l'auteur fut aussitôt donné. En vain Texier demande-t-il qu'on lui dise de quel crime il est accusé, on ne lui répond point, et le malheureux est pris d'un sombre désespoir qui le mène au tombeau.

L'abbé Cardonne, vieillard d'humeur gaie, spirituel, qui avait dit, en parlant de Maurepas, que c'était *un vieux singe qui n'avait pas besoin d'apprendre à faire des grimaces*, fut mis à la Bastille. Le caractère enjoué de l'abbé ne l'abandonna pas sous les verrous, mais il résolut d'améliorer sa position. Un jour, il voit entrer dans sa chambre, en compagnie du porte-clefs ordinaire, un inconnu, et demande qui il est.

— Je suis le barbier de la Bastille, répond et homme.

— Alors, mon ami, réplique l'abbé, vous devriez bien la raser.

Le propos est rapporté au gouverneur. Raser la Bastille ! quelle énormité !... Rapport en est fait au lieutenant général de police, lequel en réfère au ministre : on décide que l'abbé est incorrigible, qu'on ne peut laisser à la Bastille un homme qui provoque à la destruction de cette forteresse, et on le transfère au Châtelet.

Parmi les embastillés de cette époque, nous citerons encore un Genevois nommé Pellissery. Celui-ci s'était toute sa vie occupé de finances ; il avait publié une brochure dans laquelle il démontrait que les emprunts étaient ruineux pour les gouvernements, et il citait, à l'appui de sa thèse, les emprunts de janvier et février 1777, qui avaient été conclus à des conditions désastreuses. Peut-être ne lut-on pas la brochure, mais on en lut le titre, et ce fut assez pour qu'on trouvât l'auteur digne de la prison, On l'y oublia pendant sept ans. Il arriva alors que le lieutenant de police eut besoin d'un espion qui fût au courant des questions financières ; il se souvint de Pellissery et lui fit offrir sa liberté à la condition qu'il accepterait les honorables fonctions qu'on voulait lui confier. Un historien rapporte la lettre par laquelle ce prisonnier répondit à la proposition.

« Aujourd'hui, disait-il, après une captivité des plus injurieuses, des plus tristes et des plus rigoureuses, depuis sept ans ; après une multitude d'actes d'atrocité et de tyrannie dont il n'y a encore aucun exemple ; après m'avoir réduit, à force de mauvais traitements, à cracher le sang pendant plus de quinze mois ; après m'avoir fait contracter un rhumatisme universel dans tout mon corps, suivi d'une humeur scorbutique, telle que celle qui tous les hivers m'hypothèque les pieds et les mains à ne pouvoir presque pas m'en servir, l'on voudrait me forcer de remettre aveuglément mon sort à la merci de mon tyran, et, par un surcroît de générosité, que je lui sacrifiasse le peu de jours qui me restent à vivre en m'abandonnant, tête baissée, dans une carrière de travail dont le service est le plus importun, le plus sédentaire, le plus susceptible de désagrément et de dégoût qui ait encore existé ! Si vous étiez à ma place, monsieur, le feriez-vous ? Je vous crois trop sage pour l'accepter, et moi j'ai trop de connaissance pour ne pas imiter votre exemple..... »

— C'est encore un de ces rêveurs, dit Le Noir, à qui la lettre avait été transmise, un de ces incorrigibles réformateurs qui ne peuvent se résoudre à laisser le monde comme il est. Qu'on le mène à Charenton, et qu'il y rêve tant qu'il voudra.

L'ordre fut exécuté, et ce fut parmi les fous, où on l'avait placé, que Pellissery apprit, après le 14 juillet 1789, que l'heure de sa délivrance avait sonné.

Voici maintenant un exemple de l'incroyable légèreté avec laquelle les lettres de cachet étaient lancées. Un officier, nommé Brun de La Condamine, qui avait les états de service les plus honorables, était venu à Paris pour communiquer au ministre Sartines plusieurs découvertes qu'il avait faites, entre autres celle de bombes inflammables qui pouvaient rendre de grands services en cas de guerre maritime. Sartines accueille parfaitement l'officier, le loue de son talent et surtout de son désintéressement, car La Condamine ne demandait rien. Qu'on juge donc de la surprise de l'officier lorsque, au sortir de la troisième ou quatrième visite qu'il avait faite au ministre, il se voit entouré d'exempts qui le forcent à monter dans une voiture et le conduisent à la Bastille ! Son premier soin est d'écrire à Sartines. Nous avons vu que les lettres qu'on écrivait en ce lieu n'en sortaient presque jamais : La Condamine attendit donc vainement une réponse ou un ordre de mise en liberté : ni l'un ni l'autre ne vinrent, et ce ne fut qu'au bout de trois mois qu'un commissaire vint l'interroger. Après les questions d'usage, le commissaire lui demanda pourquoi il avait été arrêté.

— J'espère que vous allez me l'apprendre, répondit l'officier ; car il y a trois mois que je me creuse la cervelle pour le deviner. J'ai toujours pensé que j'étais victime d'une erreur, car c'est en sortant de chez M. de Sartines, qui venait de me combler d'éloges, qu'on m'a arrêté. De grâce, monsieur, voyez le ministre afin qu'il fasse cesser ce terrible malentendu.

Une année entière s'écoula sans que La Condamine entendît parler de rien ; le désespoir le prit. Ne pouvant prévoir l'époque où sa captivité finirait, il résolut de s'évader : dans ce but, il fabriqua une échelle, scia un barreau de sa fenêtre, élargit une meurtrière. Dire la peine que lui coûta ce travail serait impossible. Nous avons bien vu Dubouquoit et Latude se frayer un chemin en quelque sorte dans les airs ; mais Dubouquoit avait quatre compagnons pour le seconder, et, si Latude n'en avait qu'un, le double plancher qu'il avait mis à jour équivalait à plusieurs auxiliaires. La Condamine n'avait rien de tout cela, et cependant, par une sombre nuit, il parvint à descendre dans le fossé de la Bastille à l'aide d'une échelle faite par lui. Déjà il a traversé le fossé; arrivé de l'autre côté, il appuie l'échelle sur le talus, il monte, il touche le dernier échelon... hélas ! l'échelon casse, et le fugitif tombe dans l'eau. Un coup de fusil tiré par la sentinelle donne l'alarme; La Condamine est repris. Il était trempé, presque paralysé par le froid; c'est en cet état qu'on le mit au cachot. Il y passa un an. On le réintégra ensuite dans une chambre où il passa encore deux autres années. Ce fut alors que Sartines se rappela cet officier qui lui avait si généreusement fait part de ses découvertes, et il se demanda comment il se faisait qu'il ne l'eût point revu. Le Noir étant venu dans le moment, il le chargea de découvrir le personnage.

— Je ne le chercherai pas longtemps, répondit Le Noir, il est à la Bastille.

— Et qu'a donc fait ce garçon, qui paraissait si dévoué?

— C'est ce qu'il ne cesse de demander, et ce que vous seul pouvez lui apprendre, puisque c'est vous qui l'avez fait arrêter.

— Moi !... Parbleu ! j'y pense maintenant : quand il m'a dit son adresse, je tenais justement des lettres de cachet... j'aurai écrit, par distraction, cette adresse sur l'une d'elles... Mais il me semble qu'il y a longtemps de cela?

— Un peu plus de quatre ans.

— Allons ! il faut réparer cette étourderie. Vous l'irez trouver, vous lui ferez jurer de ne jamais se plaindre, ni de parler de ce qui lui est advenu; vous lui donnerez deux mille écus, et vous le renverrez chez lui.

Cela fut fait comme le ministre l'avait dit. On donna six mille livres à La Condamine et on lui rendit la liberté ; mais ce qu'on ne put lui rendre, c'était sa santé détruite, sa carrière brisée.

XXX

Jumilhac de Cubsac se faisait vieux ; on ne lui trouvait plus assez d'énergie; il usait peu du cachot, et il avait cessé d'être inventif quant aux moyens de faire dire aux gens ce qu'ils voulaient taire. Pour le remplacer, les ministres avaient jeté les yeux sur le marquis de Launey, fils du gouverneur de ce nom, qui avait précédé Jumilhac. De Launey était né à la Bastille même ; son humeur et ses goûts se sentaient du lieu où s'était écoulée son enfance. C'était un homme dur, avide, toujours prêt à

écraser les faibles. Il avait espéré obtenir le poste de gouverneur sans bourse délier ; mais Jumilhac n'était pas disposé à s'en aller ainsi. Il fallut négocier. Jumilhac demandait quatre cent mille livres pour se démettre; de Launey offrit cent mille écus. On ne paraissait pas près de s'entendre, lorsque, pendant les pourparlers, le fils du comte devint amoureux de la fille du marquis. Cet incident aplanit les difficultés. Jumilhac se contenta des cent mille écus, à condition que son fils épouserait la riche héritière, et le double marché fut conclu.

Voilà donc le marquis de Launey en possession de ce gouvernement qui devait lui être fatal. D'après les auteurs de la *Bastille dévoilée*, le personnel de cette forteresse était à cette époque ainsi composé : un gouverneur, un lieutenant du roi, un major, un aide-major, un médecin, un chirurgien, un apothicaire, une maîtresse sage-femme, un chapelain, un confesseur. La garnison consistait en une compagnie de cent invalides, commandés par deux capitaines, un lieutenant et des sergents. Le gouverneur tirait de sa place, outre ses appointements fixes, plus de soixante mille livres des bénéfices qu'il faisait sur la nourriture des prisonniers et les meubles qu'il leur fournissait. La place de lieutenant du roi coûtait soixante mille livres et en rapportait cinq mille ; celle de major rapportait quatre mille livres; d'aide-major, quinze cents ; de chirurgien, douze cents.

Les simples soldats étaient habillés, entretenus de bois, chandelle, sel ; ils avaient, en outre, dix sous par jour et un sou de décompte. Leur service était rude : aucun officier ne pouvait aller en ville sans la permission du gouverneur, ni découcher sans celle du ministre.

Soixante mille livres gagnées par le gouverneur sur la nourriture et les meubles fournis aux prisonniers ! le chiffre est assez rond; il ne suffisait pas au marquis de Launey; il regrattait sur tout, sur le bois de chauffage, sur les habits, sur le blanchissage. Il avait interdit la promenade dans le jardin, parce qu'il en affermait la récolte.

Privés du jardin et de la plate-forme des tours, les prisonniers auxquels la promenade n'était pas interdite n'en pouvaient plus jouir que dans la cour intérieure. Là, respirant un air qui ne se renouvelait point, entourés de sentinelles, environnés de tristes murs sans fenêtres, dans un morne silence que rompait seule l'horloge, ils trouvaient une diversion plutôt qu'une interruption à leurs maux, encore cette insuffisante distraction était-elle à chaque instant entravée. Dans un des massifs qui réunissaient les tours était un étroit boyau, que l'on nommait *le cabinet*. Quelqu'un était-il sur le point de traverser la cour, comme tout prisonnier devait être invisible aux étrangers, il fallait que le prisonnier disparût à l'instant : « Au cabinet ! » criait une sentinelle. Et aussitôt il devait se claquemurer dans la prison de ce nom. Or, la cour étant l'unique chemin de la cuisine et des logements, et les pourvoyeurs, les ouvriers de toute espèce, et les visites que recevaient les officiers, passant par cette cour pour ne pas avoir à commander « Au cabinet ! » vingt fois en une heure. On supprimait purement et simplement la promenade. Ainsi les prisonniers avaient à souffrir des plaisirs mêmes de leurs geôliers.

« La baignoire de madame la gouvernante, dit Linguet, étant placée dans l'intérieur du château : pour y parvenir il faut traverser la cour, il faut que l'on porte l'eau, que les laquais entrent et sortent. Chaque voie entraîne un ordre du cabinet. Ensuite viennent les femmes de chambre, il faut porter les chemises, les serviettes, les pantoufles de madame ; tout serait perdu si le reclus apercevait le moindre de ces secrets de l'Etat. Chaque importation produit donc encore un ordre du cabinet. Enfin arrive madame elle-même : elle n'est pas légère, sa marche est un peu lente, l'espace à parcourir est un peu long, la sentinelle, pour faire sa cour et prouver son exactitude, crie : « Au cabinet ! » du plus loin qu'elle l'aperçoit : il faut fuir et rester au cabinet jusqu'à ce qu'elle soit rendue à sa baignoire, et, quand elle sort, sa retraite est accompagnée des mêmes formalités. De mon temps, la sentinelle, dans un de ces passages, ayant oublié de hurler le signal de la fuite, la moderne Diane fut vue dans son déshabillé, et le malheureux soldat fut mis en prison pour huit jours. »

Au nombre des prisonniers, pendant cette période, était un nommé Danouilh, homme peu recommandable, puisqu'il avait accepté des ministres la mission de se rendre en Angleterre comme espion. On lui avait compté cinq cents louis d'avance, et il se disposait à partir, lorsque le duc de Castries, qui devait lui donner ses dernières instructions, se ravisa et pensa qu'un homme qui recevait de l'argent de la France pour espionner l'Angleterre pourrait bien aussi accepter de l'argent des Anglais pour espionner les Français. Dans la pensée de lui redemander la somme :

— Mon ami, dit-il à Danouilh, il m'est venu un scrupule.

— Tant pis, monseigneur : il n'y a rien comme la conscience pour engourdir l'esprit.

— Je crois que le drôle raisonne !

— Oh ! monseigneur, je sais toute la distance qui nous sépare : à vous d'ordonner, à moi d'obéir. En cas de non-succès, les hommes comme moi sont pendus ; on pend aussi quelquefois les hommes comme vous, mais cela est beaucoup plus rare.

— Pardieu ! s'écria le ministre, voilà un impudent coquin !

— L'esprit de monseigneur est aujourd'hui tourné à la plaisanterie.

— Je ne plaisante point, et je vois tout à fait maintenant quel homme vous êtes.

— Je suis, monseigneur, un homme qui veut vous servir avec zèle.

— Pour de l'argent.

— Je ne pense pas que monseigneur serve le roi gratis.

— C'est de vous qu'il s'agit, drôle ! On vous a promis mille louis par an pour espionner le gouvernement anglais, et vous avez accepté. Si ce gouvernement vous en promettait deux mille pour nous trahir ?...

— Il en résulterait, monseigneur, qu'au lieu de courir le risque d'être pendu de l'autre côté de la Manche, je serais exposé à l'être aussi de ce côté-ci... Un homme qui s'est vendu une fois appartient au dernier enchérisseur ; à celui qui l'achète de prendre ses précautions. C'est élémentaire.

Danouilh était réellement un impudent coquin ; mais le ministre était un imbécile, et il le prouva surabondamment en s'écriant qu'il voulait des espions qui ne fussent et ne pussent être qu'à lui, et en sommant Danouilh de lui rendre les cinq cents louis. Danouilh déclara qu'il ne rendrait rien.

— La toile est levée, monseigneur, dit-il, et ce n'est pas ma faute si la pièce ne se joue pas. Libre à vous d'avoir des scrupules, mais il ne serait pas juste de les faire payer à ceux qui n'en ont point.

— Ainsi vous refusez de rendre l'argent ?

— Cela ne se serait jamais vu : si je me montrais d'une telle faiblesse, Votre Excellence pourrait bien y gagner les cinq cents louis en question ; elle perdrait certainement l'estime qu'elle a de ma personne. La route du devoir m'est tracée.

— La route que vous suivez est celle de la Bastille, où je vais vous faire conduire à l'instant.

Le duc était furieux, le ton ironique de Danouilh l'irritait ; il appelle, donne des ordres, et on écroue Danouilh à la Bastille comme inculpé « d'avoir voulu trahir les secrets de la France. » Des commissaires sont nommés pour instruire son procès. Danouilh ne s'en émeut pas : on ne lui a confié aucun secret, il n'a donc rien trahi. Tout cela n'est évidemment que pour l'intimider et l'obliger à rendre l'argent qu'il a reçu, qu'il a mis en sûreté, mais qu'il assure avoir dépensé. Il croit donc n'avoir rien à craindre, et le premier interrogatoire qu'on lui fait subir le confirme dans cette opinion. Un second paraissant ne devoir pas avoir plus de résultats, un des commissaires dit au prévenu :

— Vous êtes un criminel endurci qui croyez vous pouvoir jouer impunément de la justice. Mais il n'en sera pas comme vous le croyez, et puisque vous nous y contraignez, on vous mettra à la question.

— La question ! il y a plus de quatre ans que le roi l'a abolie.

— Le roi n'a pu vouloir venir en aide aux gens qui le trahissent ; c'est ici affaire d'État, où toutes les formes anciennes peuvent être employées.

— Il n'y a pas de réserve dans l'édit d'abolition.

— Sans doute, le roi n'en a pas mis, il a laissé ce soin à la justice.

Danouilh demeura persuadé qu'on ne voulait que l'effrayer, et il continua à faire bonne contenance. Cependant un des commissaires venait d'écrire quelques lignes au gouverneur. Le marquis de Launey arriva bientôt.

— Monsieur le gouverneur, lui dit le commissaire, quand il s'agit de servir le roi on ne doit être arrêté par aucune considération ; c'est notre opinion, et c'est sûrement la vôtre aussi... Cela étant, nous vous requérons de nous prêter aide à cette fin d'arriver à la découverte de la vérité dans l'affaire qui nous occupe en ce moment, et, à cet effet, vous demandons de faire apporter dans cette salle les instruments propres à la question ordinaire et extraordinaire.

Le gouverneur fut tellement surpris qu'il ne put répondre. De même que le malheureux qu'on menaçait, il ne pouvait croire à une aussi flagrante violation de la loi. Ce premier moment passé, il se persuada qu'il ne s'agissait que d'effrayer le prisonnier ; en conséquence, il donna l'ordre d'apporter les instruments, qui avaient été relégués dans une chambre de la tour du Trésor.

Tout cela paraît tellement incroyable que nous hésiterions y ajouter foi si l'on n'avait trouvé à la Bastille, en **1789**, le procès-verbal suivant :

« ..... Ce fait, a été ledit Alexis Danouilh déshabillé et mis sur le siège de la question ; a été lié par les bras et par les pieds, et attaché. Alors lui a été passé le petit tréteau, et exhorté ledit Danouilh de dire la vérité de tout ce qu'il sait touchant les secrets par lui découverts et l'argent par lui extorqué, et lui est remontré qu'il ne peut obtenir miséricorde de Dieu et des hommes qu'en déclarant toute la vérité. A répondu qu'il ne sait de quels secrets on lui veut parler ; que, quant à l'argent, il ne l'a pas extorqué, mais accepté aux conditions auxquelles on le lui avait offert, conditions qu'il n'a jamais refusé de remplir. A été ôté ledit tréteau, et versé le premier pot de l'ordinaire. A dit qu'on le voulait faire mourir et non juger, de quoi il protestait. Exhorté de dire la vérité, et averti de ne rien dire qui ne soit très véritable, a dit qu'il ne sait rien, et ne pouvait consentir à se dépouiller d'un bien justement acquis. Au deuxième pot de l'ordinaire, s'est écrié que le coupable n'est pas lui, mais bien monseigneur le duc de Castries, lequel ne méritait créance pour avoir manqué à sa parole. Au troisième pot d'eau, n'a rien dit. Au quatrième pot d'eau, et dernier de l'ordinaire, s'est écrié qu'il n'en peut plus, qu'on le soulage, et qu'il dira ce que l'on veut savoir. A été soulagé, et lui a été passé le tréteau. A dit que l'argent par lui reçu a été dépensé en grande partie, mais que, si on lui rend la liberté, il empruntera à ses amis et fera entière restitution ; que c'était là, sûrement, tout ce qu'on pouvait lui demander, puisque, quant aux secrets, il n'en avait pu trahir, n'en ayant pas surpris. Lui a été ôté ledit tréteau. Au cinquième pot d'eau, et premier de l'extraordinaire, s'est écrié : Ah ! mon Dieu ! ah ! mon Dieu ! et n'a rien dit autre. Au sixième pot d'eau, et deuxième de l'extraordinaire, s'est écrié qu'il se meurt, et qu'il va dire où est l'argent par lui reçu. Lui a été passé le tréteau. A dit qu'on le conduise chez lui, et qu'il remettrait la somme entière. Ce fait, et attendu qu'il a souffert la question ordinaire et moitié de l'extraordinaire, a été soulagé et délié, après que le sieur Lecoq, maître chirurgien, présent à ladite question, nous a dit que ledit Danouilh enflait extraordinairement, et qu'il y avait péril à le laisser plus longtemps dans les tourments. Et a été ledit Danouilh mis sur le matelas auprès du feu, où lecture lui ayant été faite de ses déclarations, a dit icelles contenir vérité, y a persisté, et a signé la minute. »

Ainsi, voilà qui est dûment constaté : plus de quatre ans après l'abolition légale de la question, on y appliquait encore certains prisonniers !

XXXI

Les gens de lettres, les imprimeurs, les libraires continuèrent à peupler la Bastille sous Louis XVI. Un révoltant arbitraire présidait en général aux arrestations.

La presse n'étant pas libre, il se vendait quantité de livres imprimés en Hollande ; en outre, on contrefaisait, dans ce pays, certains livres imprimés en France, et, dans ces contrefaçons, on ne manquait pas de rétablir les passages que la censure française avait supprimés. Il en résultait qu'on ne vendait plus que ces éditions, et que les imprimeurs français étaient ruinés au profit des hollandais, sans qu'il en fût ni plus ni moins pour les mœurs ou la religion.

Il ne se passait pas de semaine que le garde des sceaux ne fît, à ce sujet, quelque verte mercuriale à M. Le Noir, lieutenant général de police. Ce dernier répondait que les censeurs étaient sur les dents, et que, pour en augmenter le nombre, il lui faudrait beaucoup d'argent. Fatigué de se plaindre inutilement, le garde des sceaux, homme d'expédients, imagina de créer des censeurs par réquisition ; pour commencer, il fit appeler un des principaux libraires de Paris, nommé Guillaume Debure.

— Mon ami, lui dit le ministre, vous passez pour être expert dans votre profession, et vous êtes certainement homme à reconnaître au premier coup d'œil un livre imprimé en Hollande, encore bien qu'il porte au frontispice : *Avec approbation et privilège du roi ?* Je vous requiers donc, et vous donne mission de visiter, en compagnie d'un inspecteur de police, tous 'es magasins de librairie de Paris, afin d'y marquer les livres contrefaits.

— Monseigneur, je ne puis faire cela.

— Il faudra pourtant vous y résigner, car j'ai décidé qu'il en serait ainsi.

— Je serais déshonoré ! Souffrez que je me borne à faire mon métier comme par le passé. Je n'appartiens point à la police et n'y veux point appartenir.

— Monsieur, quand il s'agit du service du roi, il ne peut y avoir à balancer.

— Rien au monde ne me déterminerait à faire ce que vous me proposez.

— Je ne propose pas, j'impose ; il faut que cela soit.

— Et moi, s'écrie Debure indigné, je vous dis que cela ne sera pas.

— Dès aujourd'hui je vous ferai signifier une ordonnance royale.

— A votre aise. Il fera beau voir le roi user de son autorité pour obliger un de ses sujets à faire une chose méprisable.

Le ministre était tenace, Debure résolu. Ils se quittèrent dans ces termes. Le garde des sceaux fait signifier son ordonnance ; le libraire déclare qu'il n'y obéira pas. Une lettre de cachet est lancée : on arrête Debure et on le met à la Bastille. Il demande des juges, on ne lui répond pas. Il obtient enfin une audience du gouverneur, qui lui dit que son affaire est très mauvaise, puisqu'il a formellement désobéi aux ordres du roi, et que bon nombre de gens ayant fait moins que cela sont entrés à la Bastille pour n'en plus sortir.

— Mais au moins on me jugera, dit Debure.

— On ne juge pas les fous, et ce que vous avez fait est un acte de folie.

Heureusement ce démêlé avait fait quelque bruit, les confrères de Debure lui savaient gré de son honorable résistance ; la corporation tout entière se réunit, elle envoya une députation au garde des sceaux, lequel dit aux députés qu'ils étaient des factieux. Les libraires, tout en protestant de leur respect pour la loi, insistèrent. Bientôt l'affaire fut connue de tout Paris, de la France entière, l'agitation était extrême. Le parlement, qui n'était certes pas défenseur bien ardent des droits des citoyens, mais saisissait volontiers les occasions de faire de l'opposition, évoqua l'affaire et manda à sa barre le lieutenant général de police. Ordre fut alors donné de rendre la liberté à Debure.

— Encore quelques affaires de ce genre, dit le marquis de Launey, après avoir lu l'ordre d'élargissement, et c'en est fait de la Bastille. On s'écarte tous les jours de plus en plus des grands principes d'autorité.

Et, sans doute pour les maintenir, ces principes, il ne relâcha Debure que trois jours après.

Afin de se consoler de cet échec, le lieutenant général de police avait imaginé, à la suggesion du garde des sceaux, un ingénieux procédé pour atteindre les livres et les écrivains. Il avait métamorphosé quelques-uns de ses agents en éditeurs de livres prohibés, dans la pensée que certains libraires, les prenant pour des confrères, ne manqueraient pas de venir mordre à l'appât. Au nombre des écrivains qui furent victimes de ce machiavélisme, il faut citer l'abbé Duvernet. C'était un écrivain très caustique, mais aussi très prudent, lequel prenait si bien ses mesures pour la publication de ses ouvrages, qu'il ne laissait pas le moindre prétexte à la persécution. Le Noir enrageait. Un jour se présenta chez Duvernet un personnage qui dit être libraire hollandais, venu à Paris tout exprès pour faire l'acquisition d'ouvrages des principaux écrivains. L'abbé ne l'accueille d'abord qu'avec défiance. Le Hollandais offrant de lui donner toutes les sûretés désirables, il avoue qu'il vient de mettre la dernière main à un nouveau volume. On entre en pourparlers, on tombe d'accord : le libraire achète, paie et part avec le manuscrit. Peu de temps après, l'abbé Duvernet apprend que son livre a été imprimé à Paris avec le nom de l'auteur en toutes lettres. Effrayé, il se rend chez le lieutenant de police, lui dit qu'il est effectivement l'auteur du livre, mais qu'il n'a autorisé personne à l'imprimer.

— Pas même les Hollandais? demande Le Noir.

— Ceci est une autre affaire, répond Duvernet; ce qui n'est pas permis dans un pays l'est dans un autre. A Amsterdam, la publication est chose innocente : j'ai fait la chose innocente.

— Vous avez fait l'une et l'autre, réplique Le Noir; je vais vous le prouver.

Et il montre à l'abbé un exemplaire des deux éditions. Duvernet était confondu; il essaya pourtant de faire bonne contenance.

— Encore, dit-il, faudrait-il prouver que le manuscrit de cet ouvrage ne m'a pas été volé.

A cette observation, Le Noir répondit en montrant à Duvernet le reçu de la somme que lui avait comptée le prétendu libraire hollandais. L'abbé était vaincu ; le soir même il couchait à la Bastille.

Mais les prêtres étaient des prisonniers incommodes; on craignait à leur endroit l'esprit de corps. Avec un peu d'entregent Duvernet n'eût passé que quelques mois sous les verrous ; résigné qu'il était, on l'y laissa près de trois ans. Rendu à la liberté, il écrivit une histoire de la Sorbonne, qui le ramena en prison; cette fois il n'y demeura que quelques mois : les philosophes faisaient alors une si rude guerre aux lettres de cachet, qu'au lieu de juger les gens on aimait mieux les relâcher.

Brissot de Warville, toutefois, n'en fut pas quitte à si bon compte : comme il avait vécu en Angleterre, qu'il était un des écrivains les plus lus de l'époque, on l'accusa d'être l'auteur des pamphlets publiés à Londres contre la cour de France. Brissot nia, soutint en vain qu'il n'était allé à Londres que pour étudier les mœurs et les usages anglais; on ne l'interrogea seulement pas. Coupable ou non, son emprisonnement ne pouvait être que très

agréable aux ministres, qui avaient ainsi un homme d'esprit de moins à redouter.

Il en fut de même du marquis de Pelleport. Afin d'éviter les tracasseries d'un pouvoir ombrageux, il était allé se fixer à Londres. Là il publia un opuscule ayant pour titre le *Diable dans un bénitier*, satire sanglante des ministres français et de ce qu'on appelait le parti de la cour à Versailles. L'ouvrage eut un retentissement immense, bien qu'il se vendît au poids de l'or, à cause des dangers que couraient les gens chargés de le placer. Ce fut l'affaire du jour, on ne parlait que de cela. Dès ce moment la perte du marquis fut résolue. Il s'agissait de le faire revenir en France: voici comment on s'y prit. Le marquis avait autrefois servi avec distinction dans les colonies. En se retirant du service il n'avait obtenu ni traitement de réforme ni pension de retraite; il s'était abstenu de solliciter à ce sujet, parce qu'il était alors dans une situation de fortune qui lui permettait de s'en passer. Plus tard, il avait tenté de faire valoir ses droits; mais, depuis qu'il était en Angleterre, il n'y pensait plus. Un jour, sa femme, se trouvant momentanément à Paris, reçut la visite d'un officier qui se dit envoyé par le ministre de la guerre et chargé de représenter à madame de Pelleport combien il était fâcheux que son mari se fût fait l'ennemi du gouvernement au moment où celui-ci était disposé à lui rendre justice. Tous les ministres, dit-il, regrettaient sincèrement qu'un homme de valeur comme le marquis n'eût pas sollicité quelque mission qu'on se serait empressé de lui accorder; tous reconnaissaient ses droits à une pension. L'apparition du pamphlet les avait affligés sans anéantir pourtant leurs bonnes dispositions, et il ne tenait qu'à M. de Pelleport d'échanger la position précaire où il se trouvait contre une très honorable et plus solide.

Séduite par ces belles paroles, la marquise s'empressa d'écrire à son mari. Le marquis, plus défiant, engagea sa femme à aller voir avant tout le lieutenant de police, l'un des plus maltraités dans le pamphlet, afin de s'assurer de ses dispositions. Le Noir fit bon accueil à la marquise; il lui dit qu'en effet les ministres étaient dans les meilleures dispositions à l'égard de M. de Pelleport, et que, quant à lui, il serait heureux de lui fournir l'occasion de reconnaître le tort qu'il avait eu de le traiter si mal.

Malgré ces assurances, le marquis hésitait à quitter sa retraite; mais sa femme insista tellement qu'elle le détermina. A peine débarqué, Pelleport fut assailli en pleine rue par une escouade d'exempts qui le traînèrent à la Bastille. Là il écrivit à Le Noir et au ministre Vergennes pour leur reprocher cette trahison : on devine où allèrent ses lettres.

Qu'on juge du désespoir de la malheureuse femme qui avait ainsi involontairement attiré son mari dans le piège ! Elle s'adressa aux gens qui l'avaient si indignement trompée ; mais les voies qu'elle avait trouvées ouvertes pour le perdre lui furent dès lors fermées. Toutes ressources lui manquant, car on avait saisi l'argent de Pelleport, elle tomba dans la plus affreuse misère : les choses en vinrent au point qu'elle se trouva sans pain. En proie au plus affreux désespoir, elle voulait mourir en même temps que ses quatre enfants. Tous cinq, pressés l'un contre l'autre dans un froid galetas, adressaient au ciel une dernière prière, quand la porte s'ouvrant livra passage au chevalier de Pawlet, directeur de l'école des orphelins militaires, auquel la marquise s'était adressée en dernier lieu et presque sans espoir.

— Madame, s'écria le chevalier, cela n'est pas bien : mère de quatre enfants, vous devez avoir du courage pour tous.

— Ah ! monsieur, que dites-vous ! il y a trente-six heures que ces pauvres petits n'ont pas mangé.

L'indignation clouait les lèvres du chevalier. Il s'empressa de pourvoir au plus pressé ; puis il fit entrer les enfants du marquis dans son école ; il y admit la marquise elle-même en qualité de gouvernante.

De son côté, Pelleport avait trouvé, chose presque incroyable, un protecteur à la Bastille dans la personne du major de cette forteresse, nommé Delosme. Le major était une de ces bonnes natures, gâtées par le milieu dans lequel elles vivent. Il se lia avec le marquis, et adoucit autant qu'il put sa captivité. Il ne pouvait, sans courir le risque de perdre son emploi, laisser s'établir une correspondance entre les époux, mais il donnait au malheureux prisonnier des nouvelles de sa femme et de ses enfants. Cinq ans s'écoulèrent sans que Pelleport parvînt à faire entendre ses plaintes. Un changement dans le ministère ayant ravivé le courage de ses amis, ils parvinrent enfin à le faire mettre en liberté.

C'est à la même époque qu'un autre écrivain, Linguet, dont nous avons déjà parlé, fut mis à la Bastille. Linguet s'était trouvé jeté dans le monde sans fortune et sans protecteur. Doué de beaucoup d'esprit, ayant la parole facile, la réplique vive, il tenta de faire son chemin en s'attaquant aux hommes en place. Sa verve satirique s'en prit tour à tour aux encyclopédistes, aux parlements, et même à l'Académie française, qu'il trouvait composée de nullités. A cet exercice il gagna beaucoup de réputation, mais se fit peu d'amis. Les avocats le firent rayer du tableau de l'ordre, et les académiciens obtinrent la suppression d'un journal littéraire qu'il rédigeait. Linguet ne se découragea pas. Il passa en Angleterre et fonda à Londres les *Annales*, dans lesquelles il fit rire l'Europe entière aux dépens de ses ennemis. En dernier lieu, il avait pris à partie le duc de Duras à propos d'un procès que ce personnage venait de gagner et que, selon l'équité, il eût dû perdre. Le duc avait proféré de violentes menaces contre le journaliste. Pour faire voir qu'il n'en était pas intimidé, Linguet songea à se rendre à Paris, mais préalablement il voulut s'assurer que les ministres n'abuseraient pas de leur autorité à son égard et que, de ce côté, il n'avait rien à redouter. M. de Vergennes lui avait donné toute assurance.

Parfaitement tranquille, Linguet se rendit à Bruxelles, où il comptait continuer la publication de son journal, et de là il vint à Paris. Une première fois il put s'y occuper de ses affaires sans être inquiété. Il en fut de même lors d'un second voyage ; mais au troisième, bien qu'il n'eût mis au jour aucune nouvelle publication agressive, on l'arrêta et il fut conduit à la Bastille. Il y passa vingt mois sans qu'on lui permît d'écrire à ses amis ni de rien recevoir du dehors.

— Monsieur, disait-il au gouverneur deux mois après son arrestation, j'étais en habit d'été lorsque l'on m'a amené ici ; le froid est devenu très vif, et le bois que vous me faites donner en huit jours serait insuffisant pour chauffer convenablement ma chambre pendant vingt-quatre heures. Suis-je donc condamné à mourir de froid ?

— Monsieur, répondit le marquis de Launey, il ne faut pas se mettre dans le cas d'être emprisonné à la Bastille, ou, quand on y est, il faut en savoir supporter le régime !

Quelque temps après pourtant, le gouverneur fit donner des vêtements d'hiver à Linguet ; mais ils étaient si étroits qu'il ne put les endosser.

Après vingt mois de captivité, on vint enfin dire au journaliste que le roi lui faisait la grâce de l'exiler à quarante lieues de Paris, et on le mit dehors avec injonction de partir sur-le-champ. Il se hâta d'obéir ; mais il tourna le dos au lieu de son exil, et retourna en Angleterre. Ce fut alors qu'il dévoila dans son journal les mystères d'iniquité dont il avait été témoin. Voici ce qu'il disait, par exemple, du préau de la Bastille :

« C'est un carré de seize toises sur dix ; les murailles qui le ferment ont plus de cent pieds d'élévation, de sorte que, dans la réalité, c'est un large puits, où le froid est insupportable l'hiver, parce que la bise s'y engouffre ; l'été, le chaud ne l'est pas moins, parce que l'air n'y circule pas : le soleil en fait un vrai four. C'est là le lycée unique où ceux des prisonniers à qui l'on accorde cette faculté (car tous ne l'ont pas) peuvent, chacun à son tour, se dégorger pendant quelques moments de la journée de l'air infect de leurs habitations. On conçoit quelle promenade ce peut être qu'un semblable espace, sans abri quand il pleut, où l'on n'éprouve des éléments extérieurs que ce qu'ils ont de fâcheux ; où, dans l'apparence d'une ombre de liberté, les sentinelles dont on est entouré, le silence universel, et l'aspect de l'horloge, à laquelle il est seul permis de le rompre, ne rappellent que trop la servitude. C'est une remarque curieuse : l'horloge du château donne sur cette cour. On y a pratiqué un beau cadran ; mais devinerait-on quel en est l'ornement, quelle décoration on y a jointe ? Il a pour support deux figures enchaînées par le cou, par les mains, par les pieds, par le milieu du corps. Les deux bouts de ces ingénieuses guirlandes, après avoir couru tout autour du cartel, reviennent sur le devant former un nœud énorme. »

Les révélations de Linguet sur la Bastille firent une profonde sensation. Les ministres s'en émurent : on enleva les figures allégoriques du cadran ; invitation fut faite à madame la gouvernante de renoncer à son cabinet de bain, et les choses furent arrangées de manière à ce que la promenade des prisonniers ne fût plus interrompue. Mais les captifs les plus dignes d'intérêt continuèrent à être traités plus cruellement que les voleurs ou les assassins. Ainsi, tandis que le comte de Cagliostro, arrêté à propos de l'affaire du *collier*, était laissé, presque mourant, dans une chambre sans feu, et qu'on lui refusait de voir sa femme, emprisonnée à quelques pas de lui, on donnait à l'infâme marquis de Sade la plus belle et la plus commode des chambres de la tour de la Liberté. Ce monstre, il est vrai, qui avait fait écorcher des femmes toutes vives et avait tenté, par des livres infâmes, de répandre la corruption dans les familles, n'avait jamais médit tout haut des ministres ni des courtisanes en faveur. Il fut pourtant transféré de la Bastille à Charenton, et voici à quelle occasion.

C'était au mois de juin 1789 ; des troubles avaient éclaté à plusieurs reprises dans le faubourg Saint-Antoine, et le gouverneur avait cru devoir retirer momentanément à de Sade la permission qui lui avait été accordée de se promener sur la tour où il était enfermé. En apprenant cette décision, de Sade s'emporte, et, s'emparant d'une sorte d'entonnoir qui servait à vider les eaux ménagères dans le fossé, il s'en fait un porte-voix, il crie : Au feu ! au secours ! et fait un tel vacarme qu'il amente les habitants du voisinage. Ceux-ci, croyant qu'on égorge les prisonniers, sont sur le point de courir aux armes. On ne calma le marquis qu'en lui promettant de lui maintenir sa promenade ; mais, pendant la nuit, il fut emmené à Charenton.

Cagliostro et sa femme, dont nous venons de parler, n'étaient pas les seuls que l'affaire du collier eût fait loger à la Bastille ; on y avait enfermé en même temps le cardinal de Rohan, la comtesse de Lamothe, Rosalie Briffaut, femme de chambre de cette dernière ; enfin une fille nommée Nicole Le Gay, dite Oliva, dont tout le crime était de ressembler à Marie-Antoinette. Oliva était enceinte lorsqu'elle entra à la Bastille ; elle y accoucha, et son amant, une sorte de chevalier d'industrie, se démena si bien, qu'il obtint la permission d'aller visiter la mère et d'assister à la cérémonie du baptême de l'enfant. Ce fut un singulier spectacle pour les habitants de la Bastille : un porte-clefs avait été choisi pour parrain ; la marraine était la maîtresse sage-femme en titre de la Bastille. Le baptême se fit à l'église Saint-Paul. Le père avait fait grandement les choses, et, par ses soins, un déluge de bonbons avait inondé la forteresse.

Cagliostro et sa femme furent mis en liberté et se retirèrent en Angleterre. C'était un singulier personnage que ce comte : on le disait sorcier ; il prétendait qu'il avait trouvé la pierre philosophale. Ce qui est certain, c'est qu'on ne lui connaissait aucune propriété, et qu'il vivait néanmoins en grand seigneur. Ce qui est aussi fort singulier, c'est qu'il écrivait d'Angleterre, deux ans avant la prise de la Bastille, qu'il reviendrait en France lorsque cette forteresse serait devenue une promenade publique. Nous reproduisons un passage de sa lettre.

« Vous n'avez pas d'idée des horreurs de la Bastille : la cynique impudence, l'odieux mensonge, la fausse pitié, l'ironie amère, la cruauté sans frein, l'injustice et la mort y tiennent leur empire. Un silence barbare est le moindre des crimes qui s'y commettent. J'étais depuis six mois à quinze pieds de ma femme, et je l'ignorais. D'autres y sont ensevelis depuis trente ans, réputés morts, malheureux de ne pas l'être, n'ayant de jour dans leur abîme que ce qu'il leur en faut pour apercevoir l'impénétrable épaisseur des ténèbres qui les enveloppent. Oui, je l'ai dit captif, et libre je le répète, il n'est point de crime qui ne soit expié par six mois de Bastille. Vous avez tout ce qu'il faut pour être heureux, vous autres Français : sol fécond, doux climat, bon cœur, gaieté charmante, du génie et des grâces propres à tout, sans égaux dans l'art de plaire, sans maîtres dans les autres ; il ne vous manque, mes bons amis, qu'un petit point, c'est d'être sûrs de coucher dans vos lits quand vous êtes irréprochables. Mais l'honneur ! mais les familles ! les lettres de cachet sont un mal nécessaire ! Que vous êtes simples ! on vous berce avec ces contes. »

De toutes les personnes enfermées à la Bastille à propos de l'affaire du collier de la reine, une seule, la comtesse de Lamothe, fut condamnée ; l'arrêt portait qu'elle serait fouettée, marquée et subirait une réclusion perpétuelle. Cette malheureuse femme, qui avait été fort avant dans l'intimité de la reine Marie-Antoinette, subit en effet l'horrible supplice du fouet et de la marque, puis elle fut enfermée à la Salpêtrière. Mais, peu de temps après, elle en sortit, sans avoir obtenu ni grâce ni commutation de peine ; elle en sortit en plein jour, par la grande porte, sans que personne s'y opposât ; bien loin de là, la grille étant fermée et le portier s'étant absenté, un des employés alla le chercher et lui ordonna d'ouvrir. Puis, madame de Lamothe monta dans une chaise de poste et se rendit à Londres. Cet épisode, qui n'est pas le moins singulier de cette affaire, ne l'éclaircit pourtant point.

Mais déjà ce mot magique : *liberté!* commençait à faire battre les cœurs ; l'audace du despotisme décroissait ; tout annonçait une régénération prochaine.

XXXII

L'année 1788 avait été des plus calamiteuses : dans presque toutes les provinces la grêle avait anéanti les moissons ; dès le mois d'octobre la famine se fit sentir, elle devint terrible par suite des manœuvres des accapareurs. En même temps, la vieille querelle du parlement et de la cour se ravivait ; des deux côtés on voulait conquérir l'appui du peuple. Le parlement commença par rappeler les principaux articles de la déclaration de la chambre de Saint Louis, qui avait provoqué les émeutes de la Fronde. A cet acte d'hostilité, la cour

répondit en convoquant les Etats généraux pour le 5 mai 1789, et en déclarant que le nombre des députés du tiers état serait égal à celui des deux autres ordres réunis.

Si cette mesure n'adoucit pas les souffrances du peuple, elle lui donna des espérances : on oublia tout pour s'occuper des élections. Paris se divisa en soixante districts, qui travaillèrent aussitôt à la rédaction de ce qu'on appela « les cahiers, » où étaient relatées les réformes à opérer, et qui devaient servir de guide aux députés. La Bastille ne fut pas oubliée dans ces cahiers : tous en demandaient la destruction, conjointement avec l'abolition des lettres de cachet.

En même temps, des clubs en plein vent s'étaient organisés, où l'on discutait sur les affaires du moment. De toutes ces réunions aucune n'avait autant d'influence sur l'esprit des masses que celle qui se tenait chaque jour dans le jardin du Palais-Royal. Là se faisaient entendre Camille Desmoulins et Danton, orateurs ardents qui commençaient leur carrière politique.

Cependant la famine sévissait, le travail devenait plus rare, et les ouvriers étaient dans la presque impossibilité de nourrir leur famille. Il en était résulté un état latent d'effervescence, lorsque, vers la fin d'avril 1789, le bruit se répandit qu'un fabricant de papier peint nommé Réveillon, dont la fabrique était située près de la Bastille, avait annoncé l'intention de réduire le salaire de ses ouvriers. Aussitôt des rassemblements se forment ; on se dirige vers la maison Réveillon : la fabrique est incendiée, la maison d'habitation mise au pillage ; on brûle les meubles dans la rue. Au bruit accourt une compagnie de grenadiers qui, sans sommation préalable, commence le feu contre la foule. A ces grenadiers viennent bientôt se joindre un bataillon de Suisses et deux pièces de canon ; mais déjà l'émeute était dissipée ; il n'en restait que les morts et les blessés.

Cet incident n'avait pas diminué la fermentation populaire. D'autre part, une grave difficulté avait surgi tout d'abord au sein des Etats généraux assemblés à Versailles : il s'agissait de savoir si les trois ordres délibéreraient séparément ou en commun. La cour, la noblesse et le clergé demandaient la séparation. Le tiers état soutint que la délibération devait avoir lieu en commun, et, après avoir fait inviter plusieurs fois et toujours inutilement les deux ordres privilégiés à s'unir à lui, il se constitua, le 7 juin, en assemblée nationale. Effrayé de cette résolution et de l'esprit qu'elle

État actuel de la place de la Bastille.

indiquait, Louis XVI fait termer la salle des délibérations sous prétexte de préparatifs à faire pour la séance royale. Bailly, président de l'assemblée, propose alors à ses collègues de se réunir au Jeu de Paume, et là tous jurent de ne se séparer qu'après avoir donné une constitution à la France.

Le 23 juin, à la séance royale, le roi casse les décisions du tiers-état comme illégales, il ordonne aux Etats de se séparer pour délibérer, et lui-même se retire. La noblesse et une partie du clergé le suivent; le tiers-état demeure calme sur ses bancs. Bientôt se présente le grand maître des cérémonies qui, s'adressant au président, lui demande s'il n'a pas entendu les ordres du roi.

— Je les ai entendus, monsieur, répond Bailly ; maintenant je vais prendre ceux de l'Assemblée.

Mirabeau se lève alors et, de cette voix qui faisait vibrer tous les cœurs, il s'écrie :

— Monsieur le maître des cérémonies, vous n'avez ici ni place, ni voix, ni droit. Sortez donc, et allez dire à votre maître que nous, qui sommes ici par la volonté du peuple, nous n'en sortirons que par la force des baïonnettes.

Aussitôt l'Assemblée décrète l'inviolabilité de ses membres. Ces actes de vigueur eurent un succès inespéré : la noblesse et le clergé, effrayés de leur impuissance, se réunirent enfin au tiers-état et complétèrent la représentation nationale.

Poussé par le parti de la cour, Louis XVI songe alors à dissoudre l'Assemblée par la force. Versailles et Paris sont environnés de troupes. Le baron de Bezenval, commandant des troupes de Paris, prend une attitude menaçante. Dès le 5 juillet, il avait envoyé à la Bastille un officier chargé de vérifier l'état de cette forteresse ; le marquis de Launey avait, de son côté, pris des précautions en prévision d'une attaque que la fermentation des esprits rendait possible. Il avait placé sur les tours quinze pièces de canon, et dans la grande cour, en face de la porte d'entrée, trois autres pièces de campagne chargées à mitraille. Le gouverneur avait de plus fait tirer du magasin d'armes et entrer dans le château douze fusils de rempart. Comme munitions, il comptait quatre cents biscaïens, quatorze coffrets de boulets, quinze mille cartouches, deux cent cinquante barils de poudre.

Indépendamment de ces canons et de ces munitions de guerre, le gouverneur avait encore fait porter sur les tours six voitures de pavés, de vieux ferrements, comme chenets ou boulets qui n'étaient pas de calibre, afin de défendre les approches du pont si les munitions venaient à manquer ou si les assiégeants s'approchaient assez pour que le canon ne pût plus les atteindre. Il avait aussi fait réparer les ponts-levis et enlever les garde-fous, pour qu'ils ne pussent pas servir à passer le fossé lorsque les ponts seraient levés.

Quant à la garnison, elle ne se composait que de quatre-vingt-deux invalides. Mais, dès le 6 juillet, le baron de Bezenval la fit renforcer de trente-deux Suisses.

Telle était la situation des choses lorsque, le 12 juillet au matin, une proclamation du roi fut affichée sur tous les murs de la ville; elle disait en substance que des troupes avaient été rassemblées en vue de rassurer les honnêtes gens et de contenir les brigands qui avaient jeté l'effroi dans la capitale en incendiant la maison Réveillon.

Ce n'était évidemment là qu'un prétexte. On sut bientôt d'ailleurs à quoi s'en tenir, quand on apprit que le parti de la cour était parvenu à renverser le ministre Necker, l'ami du peuple, celui qui, en prenant les affaires, était entré franchement dans la voie des réformes. Il devint clair que les troupes n'avaient pas mission de protéger les Parisiens, mais bien de les contenir.

La menace que contenait en germe cette proclamation produisit sur le peuple l'effet ordinaire, loin de l'effrayer elle l'exalta : des rassemblements se montrèrent sur tous les points; la place de l'Hôtel de ville fut envahie par la foule. On interpela les électeurs qui étaient restés assemblés après les élections afin de se tenir en rapport avec les députés. Camille Desmoulins, qui s'était rendu à Versailles, arrive à la réunion du Palais-Royal.

— C'en est fait des patriotes ! s'écrie-t-il; Necker est exilé, les régiments suisses et allemands encombrent le Champ-de-Mars; ce soir peut-être le tocsin donnera le signal d'une Saint-Barthélemy des amis de la liberté... Aux armes ! et faisons face aux égorgeurs ! Le temps presse, ajoute-t-il; il faut que les patriotes se

reconnaissent. Adoptons une couleur : choisissez entre le vert et le bleu.

— Le vert! le vert ! c'est la couleur d'espérance.

— Soit ! dit l'orateur.

Et, tirant un ruban vert de sa poche, il en pique une partie à son chapeau et abandone le reste à la foule. Il en eût fallu dix mille fois autant pour satisfaire tout le monde; ou y suppléa par les feuilles des arbres du jardin, qui furent sur-le-champ transformées en cocardes.

Alors, armé de deux pistolets, Camille Desmoulins se met à la tête de la foule. Les théâtres venaient de s'ouvrir, il les fait fermer; il s'empare, dans un cabinet de figures de cire, des bustes de Necker et du duc d'Orléans, qui le premier s'était réuni au tiers-état, il les couvre d'un crêpe noir, et la procession, ces deux bustes en tête, parcourt les boulevards.

Toujours grossissant, le cortège s'engage dans la rue Saint-Honoré, et la suit sans obstacle dans toute son étendue. Aux abords de la place Vendôme un détachement du régiment Royal-Allemand lui barre le passage. Des pierres sont lancées sur les soldats, qui ripostent par des feux de peloton. Mais la garde de Paris prend parti pour le peuple, et le cortège reste maître du terrain. Le prince de Lambesc, qui stationnait sur la place Louis XV avec le régiment de cavalerie dont il était le colonel, entendant la fusillade, entre au galop dans le jardin des Tuileries, et sabre les promeneurs. Refoulés jusque sur la place de l'Hôtel de ville, les patriotes firent face, on ne tenta pas de les y forcer. Ils demeurèrent toute la nuit sur le qui vive. Au point du jour ils envoyèrent une députation au comité des électeurs, pour demander des armes. Flesselles, prévôt des marchands et président du comité, répondit qu'il n'y en avait point, mais qu'il attendait douze mille fusils de Charleville, et que, dès qu'ils seraient arrivés, il les distribuerait.

Le peuple parut satisfait de cette promesse; toutefois, en attendant, il envahit les magasins des armuriers, le Garde-Meuble et quelques autres dépôts, où il fit main-basse sur tout ce qui lui parut être de nature à servir de défense. Dans le même temps, les gardes françaises, méconnaissant la voix de leurs officiers, quittaient leurs casernes pour se joindre au peuple.

La nuit vient; le tocsin sonne de toutes parts, et c'est au son lugubre des cloches que les patriotes commencent à s'organiser. Ils prennent la cocarde bleue et rouge, adoptée par les électeurs. Bientôt, on apprend l'arrivée au comité de cinq mille livres de poudre, saisies par le peuple au moment où on tentait de les faire sortir de Paris. On dépose cette poudre dans une des salles voûtées de l'Hôtel de ville ; l'abbé Lefèvre est chargé de la distribuer. Jamais homme ne fit preuve de plus de sang-froid : pendant douze heures, seul contre une foule furieuse qui se ruait sur les barils de poudre pour y puiser, il ne cessa de la contenir. Il lui fallait repousser des gens qui portaient des torches, des chandelles allumées ; à chaque instant l'abbé pouvait sauter ; rien cependant ne put le déterminer à abandonner son poste, et jusqu'à la fin il ne cessa de distribuer la poudre.

On attendait toujours les fusils promis par Flesselles ; on vit enfin arriver des caisses portant pour suscription : « artillerie ; » on les ouvre : elles ne contenaient que des pierres. La trahison était flagrante ; le prévôt prétendit qu'évidemment il y avait erreur. Les membres du comité eurent l'air de le croire ; mais en même temps ils décrétèrent que des piques et des hallebardes seraient immédiatement fabriquées aux frais de la ville, et qu'on en armerait les citoyens. En même temps, femmes et enfants arrachaient le plomb aux édifices pour en faire des balles.

Pendant la nuit du 13 au 14 juillet toutes les maisons étaient illuminées en prévision d'une attaque. Vers le milieu de la nuit, un avis parti du district des Cordeliers fit connaître à tous les postes que quarante mille fusils étaient déposés dans les caves de l'hôtel des Invalides. Avant de faire circuler cet avis, le district avait envoyé deux de ses membres au gouverneur des Invalides, M. de Sombreuil, pour lui demander de livrer ces fusils à la municipalité. Bien entendu, le gouverneur s'y était refusé. Il fut décidé que fusils et même canons de l'Hôtel seraient enlevés au besoin de vive force.

Au point du jour, en effet, l'esplanade des Invalides se trouva couverte d'une foule marchant sans ordre, mais résolue. Un officier semblait vouloir faire quelques préparatifs de défense ; le peuple ne lui en laissa pas le loisir ; en quelques minutes il eut escaladé sur plusieurs points les revers des fossés et découvert les caveaux où étaient déposés les fusils. On s'empara de ces armes, ainsi que des canons braqués sur l'esplanade, puis on se dirigea vers la Bastille qui, selon le bruit public, faisait mine d'écraser Paris.

Pendant ce temps, ceux qui avaient eu les premiers des armes commençaient à former un cordon menaçant autour de la forteresse. Le gouverneua, de son côté, rvait fait doubler les sentinelles et lever les ponts.

Tout fut à peu près tranquille jusqu'à neuf heures du matin. Vers dix heures, trois parlementaires, envoyés par le comité des électeurs, se présentèrent à la grille de la Bastille, chargés de demander au gouverneur de faire retirer les canons des tours. Ces députés étaient MM. Bellon, Billeford et Chaton, tous trois anciens militaires. La sentinelle les conduisit au pont-levis, au delà duquel étaient le gouverneur et son état-major. M. de Launey fit baisser le pont ; mais voyant la foule qui se pressait sur les pas des députés, il déclara que ces derniers seraient seuls reçus, et qu'il allait faire sortir pour otages quatre bas officiers de la garnison, lesquels resteraient parmi le peuple jusqu'à ce que les trois députés fussent redevenus libres.

Les choses ainsi réglées, le gouverneur dit aux députés qu'il n'avait aucune intention hostile, et que s'il leur était désagréable de voir des canons braqués sur la ville, position qu'ils n'avaient pas cessé d'avoir depuis plus d'un siècle, il allait les faire retirer. Il le fit en effet, et les députés repartaient satisfaits, lorsque trois autres parlementaires se présentèrent. Cette fois le gouverneur n'en voulut recevoir qu'un, ce fut Thuriot de La Rozière, avocat au parlement.

— Monsieur, dit-il au gouverneur, je viens au nom de la nation vous représenter que les canons braqués sur les tours de la Bastille répandent l'alarme dans tout Paris. Je vous supplie de les faire descendre, et j'espère que vous voudrez bien acquiescer à la demande que je suis chargé de vous faire.

— Cela n'est pas en mon pouvoir, lui répondit le gouverneur : ces pièces ont de tout temps été sur les tours ; je ne peux les faire descendre qu'en vertu d'ordre du roi. Instruit déjà des alarmes qu'elles causent dans Paris, je les ai fait sortir des embrasures.

M. de La Rozière demanda alors au gouverneur la permission d'entrer dans la cour intérieure ; M. de Launey la lui accorda, d'après les conseils du major Delosme. Y étant entré, M. de La Rozière somma les officiers et soldats qu'il y trouva, au nom de la nation et de la patrie, de faire changer la direction des canons. Tous jurèrent qu'ils ne feraient pas feu et ne se serviraient pas de leurs armes, si on ne les attaquait pas.

M. de La Rozière obtint ensuite du gouverneur la permission de monter sur les tours pour voir par lui-même et être dans le cas de rendre compte de sa mission. En descendant, il dit à haute voix dans la cour, en présence des officiers, qu'il était content, qu'il allait faire sou rapport, et qu'il espérait que le peuple ne se refuserait pas à fournir une garde bourgeoise pour occuper la Bastille conjointement avec les troupes royales.

Ce ne fut pas sans peine que M. de La Rozière et les trois députés qui l'avaient précédé pénétrèrent jusqu'au comité qui siégeait à l'hôtel de ville. Ce qu'ils dirent des dispositions pacifiques du gouverneur de la forteresse parut calmer les plus animés; il ne s'agissait plus que de l'annoncer au peuple, et déjà les trompettes sonnaient sur le perron de l'hôtel de ville pour faire la proclamation, lorsque le bruit du canon se fit entendre.

Voici ce qui était arrivé : M. de La Rozière, à sa sortie de la forteresse, n'avait pu être entendu que d'un petit nombre de citoyens ; or, au point où en étaient les choses, une attente prolongée devait suffire pour porter l'exaspération à ses plus extrêmes limites ; de sorte que, malgré l'impossibilité apparente du succès, la foule mal armée et sans chefs qui entourait la forteresse s'était décidée à en faire le siège. Ce fut alors qu'à la fusillade dirigée par le peuple sur les ponts-levis de l'avancé, la garnison répondit par des feux de peloton auxquels se joignirent les explosions du canon et des fusils de rempart.

Tandis que cela se passe, arrive à l'hôtel de ville M. Ethis de Corny, qui avait présidé à l'enlèvement des fusils et des canons de l'hôtel des Invalides. Il dit que maintenant le peuple a des armes ; mais qu'il lui manque des munitions, et qu'il ne tient qu'à M. de Flesselles de lui en faire délivrer.

— Taisez-vous ! s'écrie ce dernier.

— S'il se tait, s'écrie alors M. de Francontay, je parlerai à sa place. On massacre le peuple, et vous lui refusez les moyens de défense qui sont à votre disposition : y a-t-il donc des traîtres ici?

Flesselles répond qu'il ne s'agit sans doute que d'un malentendu, et qu'il faut attendre le retour de la nouvelle députation envoyée à M. de Launey.

En effet, quatre nouveaux députés, Delavigne, Chignard, l'abbé Fauchet, Ledeist de Boutidoux, étaient partis pour la Bastille, munis d'un arrêté du comité permanent qui enjoignait au gouverneur de la forteresse de confier à la milice parisienne la garde de la place de concert avec les troupes de la garnison.

Mais, pendant ce temps, la fureur du peuple était allée croissant. Déjà le directeur des poudres et salpêtres, qu'on avait pris pour le marquis de Launey, avait failli être massacré; trois invalides, qui étaient sortis le matin de la forte-

resse pour aller chercher des vivres, venaient d'être amenés à l'hôtel de ville, accusés d'avoir tiré sur le peuple. Ils allaient être mis en pièces, lorsque le secrétaire du comité s'écria qu'il fallait les conduire en prison, afin d'en obtenir des renseignements sur l'intérieur de la Bastille. Cette intervention n'en sauva qu'un, les deux autres furent pendus. Flesselles propose alors d'envoyer une dernière députation au marquis de Launey ; il dit que peut-être la précédente n'a pu se faire reconnaître ; mais que, cette fois, les députés seront précédés du drapeau de la ville et d'un tambour des gardes françaises. Le comité consent à faire cette nouvelle tentative.

A peine les députés sont-ils partis que ceux qui les avaient précédés reviennent : toutes leurs tentatives pour pénétrer dans la place ont été vaines, et la garnison n'a pas cessé son feu. Les derniers députés ne sont pas plus heureux ; plusieurs citoyens qui s'étaient joints à eux sont tués, et leur drapeau est mis en lambeaux par le feu de la place.

Le combat continuait en effet. Revêtu de son uniforme, un ancien capitaine des dragons de la reine, nommé Elie, s'était mis à la tête des assiégeants et, à mesure que le nombre en augmentait, il les organisait et leur faisait prendre position. L'attaque se régularisait, et, de tous les points, un feu bien nourri était dirigé sur la forteresse. Mais que pouvaient des balles contre ces épaisses murailles que le canon n'eût que difficilement entamées! Un nommé Tournay, homme intrépide qui, du toit d'une maison, tirait sur les tours, voyant que la fusillade serait sans résultat, saute de ce toit sur le mur du chemin de ronde, de là dans la cour du Gouvernement, et il pénètre dans le corps de garde qu'il trouve vide. Il reparaît alors de l'autre côté du pont.

— Qui me donne une hache! s'écrie-t-il.

Un nommé Bonnemère lui jette celle dont il est armé. Tournay s'en sert pour briser les chaînes du pont-levis, qui s'abaisse avec fracas; aussitôt une foule de combattants pénètrent dans la cour du Gouvernement, ils vont atteindre le second pont, lorsque des décharges répétées les forcent de reculer. Trois fois ils reviennent à la charge sans plus de succès.

Mais le nombre des assiégeants va toujours grossissant; les paysans des environs de Paris commencent à arriver; le corps des pompiers tout entier s'est joint au peuple ; la vue du sang ne fait qu'augmenter l'enthousiasme. Parmi les plus intrépides sont Bernard, Pallion, Maillard, Palloy, les frères Kabers, ébénistes, qui se sont mis à la tête de leurs ouvriers. Bernard tombe frappé de plusieurs coups de feu ; un jeune homme, qui marche à côté de lui est atteint d'une balle. Un chirurgien, nommé Souberbielle, se dispose à le panser :

— C'est pas la peine, s'écrie le blessé, je meurs ; mais vous la prendrez !

Crétaine, un vieillard, a les poignets brisés par la mitraille ; il continue à commander ceux qui l'ont choisi pour chef.

— A mon âge, dit-il, la tête vaut plus que les bras.

A l'église des Minimes, transformée en hôpital, on voit arriver des femmes apportant des matelas, des draps, des provisions de toute espèce.

Cependant Elie, qui dirige l'attaque, reconnaît l'impossibilité de prendre la forteresse sans canons.

— Amis ! s'écrie-t-il, ne brûlons pas inutilement notre poudre ; il faut des canons, allons en chercher.

A ce moment arrive un groupe de nouveaux combattants commandés par un nommé Cholat, et traînant deux pièces de canon, dont une argentée, trouvées au Garde-Meuble. Cholat, n'ayant pas de munitions, marche sur l'Arsenal, entre de vive force dans le corps de garde, désarme les soldats et s'empare de la poudre et des boulets.

Les canons de Cholat commençaient à tonner sur la forteresse, déjà un boulet avait emporté la calotte d'une des tours et tué un des invalides, lorsque arrivèrent les gardes françaises. A leur tête marche Hullin, directeur de la buanderie de la reine, et dans leurs rangs sont Hoche et Lefebvre, qui tous trois devaient illustrer leur nom. Ils traînent deux pièces de canon à leur suite. Presque en même temps survenaient Georget, les frères Leverre, Bérard, du Castel, tous anciens canonniers, qui, aidés par une foule disparate, amenaient l'artillerie des Invalides.

Pendant que le canon foudroyait les tours, quelques hommes intrépides conduisaient deux voitures de paille dans la cour du Gouvernement, les plaçaient contre les bâtiments et y mettaient le feu. L'incendie se propagea et donna lieu à une scène émouvante : du milieu des flammes on vit surgir une jeune fille en proie à la terreur ; elle cherche une issue pour échapper à la mort ; quelques combattants parviennent à l'arracher aux flammes. Tout à coup une voix s'écrie :

— C'est la fille du gouverneur ! qui fait massacrer nos frères !

A la pitié succèdent des cris de rage. En vain l'infortunée s'efforce de détromper ceux qui l'entourent, les cris : A mort ! couvrent sa voix. Bonnemère heureusement se fait jour au milieu de ces furieux.

— Amis ! dit-il, voulez-vous donc salir par une lâcheté la victoire que nous allons remporter ! Ce n'est pas le sang d'une femme qu'il nous faut, c'est celui des traîtres que ces murailles protègent.

Déjà Bonnemère, qui depuis le commencement du combat s'est fait remarquer parmi les plus braves, a relevé la jeune fille ; il va l'emmener, lorsque la mitraille de la forteresse balaie la moitié du groupe au milieu duquel il se trouve.

— Non ! s'écrie un des survivants dont le père vient d'être tué, il faut que le gouverneur rende la place, ou qu'il voie sa fille mourir dans les flammes.

La fureur de ces hommes n'a plus de bornes ; ils saisissent de nouveau la jeune fille et la jettent sur une paillasse enflammée. Aux cris de désespoir et de douleur que pousse cette malheureuse, le commandant des Invalides, M. de Monsigny, accourt sur le bord du rempart et reconnaît sa fille. Il veut crier, une balle l'étend mort. Mademoiselle de Monsigny était évanouie, le feu atteignait ses vêtements. Bonnemère, qui ne l'a pas perdue de vue, s'élance de nouveau vers elle, éteint les flammes, la prend dans ses bras et, culbutant tout ce qui s'oppose à son passage, la porte dans une maison voisine, où elle est désormais en sûreté.

Dès le commencement du combat les invalides avaient montré leur répugnance à tirer sur le peuple, et, chaque fois qu'une députation s'était présentée, ceux qui étaient sur les tours avaient mis en l'air la crosse de leurs fusils en signe de dispositions pacifiques. Mais il n'en était pas de même des Suisses, et particulièrement de leur commandant, nommé de Fluc : ce dernier avait déclaré qu'il ferait fusiller ceux qui refuseraient de se battre. Cette menace avait jusque-là retenu les invalides ; mais après la mort de leur commandant ils n'hésitèrent plus.

— Si les Suisses tirent sur nous, dit l'un d'eux, nous répondrons.

Ce fut celui-là que ses camarades chargèrent de porter la parole au gouverneur, et il s'en acquitta résolument, tandis que ses compagnons, l'arme au bras, observaient les mouvements des Suisses.

— Je ne capitulerai pas, répondit le marquis de Launey, et, puisque vous refusez de vous défendre, nous mourrons tous ensemble.

A ces mots il s'empare d'une mèche allumée

et se dirige vers la tour de la Liberté, où avait été déposée la plus grande partie des deux cent cinquante barils de poudre apportés dans la nuit du 12 au 13. A la porte de la tour la sentinelle l'arrête :

— Vous n'entrerez pas ici avec cette mèche, dit-il d'un air décidé.

Et il arrache la mèche des mains du gouverneur.

Une autre tentative que fit le gouverneur pour pénétrer dans la sainte-barbe n'eut pas plus de succès : là ce fut un nommé Béquart qui l'arrêta. Alors il s'adresse aux Suisses ; ceux-ci vont faire feu sur les invalides, quand ils en sont empêchés par le major Delosme, qui cherche à ramener le gouverneur à d'autres sentiments. De Launey avait perdu la tête, et il demandait en grâce qu'on lui donnât un tonneau de poudre afin de se faire sauter tout seul. L'intervention du major le décida à capituler. N'ayant pas de drapeau, il donna son mouchoir aux invalides Rouf et Roulard, qui montèrent aussitôt sur les tours. Là ceux-ci métamorphosèrent le mouchoir blanc en drapeau en l'attachant au bout d'une pique, et ils firent trois fois le tour de la plate-forme avec un tambour qui battait la chamade. Cela dura un quart d'heure, pendant lequel les assiégeants ne discontinuèrent pas le feu ; car deux charrettes de fumier, qui avaient pris feu dans la cour, près du pont-levis, empêchaient de voir. Mais des gardes françaises, qui voient hisser le drapeau parlementaire, s'élancent au travers des bâtiments incendiés, dérangent les charrettes, arrivent au pont de l'intérieur et invitent les assiégés à l'abaisser. L'officier suisse se montre à un créneau qui se trouvait près du pont, et dit que la garnison est disposée à se rendre, pourvu que l'on consente à la laisser sortir avec les honneurs de la guerre.

— Non, répond Hullin ; après l'usage que vous en avez fait, nous ne pouvons consentir à vous laisser vos armes.

— Eh bien ! dit l'officier, promettez la vie sauve à la garnison, et nous nous rendrons.

Les avis sont partagés ; ceux-ci répondent *oui*, ceux-là *non*. Après quelques instants un papier apparaît au créneau par lequel l'officier suisse s'est fait entendre. Plusieurs citoyens apportent une longue planche qu'ils jettent sur le fossé ; un d'eux se hasarde sur ce pont fragile, la planche tourne, il tombe et se tue. Un autre lui succède : c'est Maillard qui, depuis le commencement de l'action, a fait des prodiges de valeur ; il passe, prend le papier, le remet à Elie, qui en donne lecture à haute voix : « Nous avons vingt milliers de poudre ; nous

« ferons sauter la garnison et tout le quartier « si vous n'acceptez pas la capitulation. »

— Nous l'acceptons, crie Elie ; je vous en donne ma parole d'honneur.

Ce n'était pas l'avis de la foule, exaspérée par les ravages que la mitraille avait faits dans ses rangs, et l'on entendait crier de toutes parts : « Non, non, point de quartier ! » Le gouverneur de Launey, qui avait recouvré un peu de calme, crut devoir s'en rapporter à la parole d'Elie ; il tira de sa poche la clef du petit pont et la donna au caporal invalide Gaillard, qui, conjointement avec un bas officier nommé Pereau, baissa le pont. Hullin, Maillard, Elie, Cholat et plusieurs autres s'élancent sur ce pont avant qu'il soit entièrement baissé ; dès qu'il a touché terre, ils en poussent les verrous, courent vers la porte qui s'ouvre aussitôt, font baisser le grand pont et pénètrent enfin dans la cour intérieure de la forteresse.

Cependant une partie des assiégeants, ignorant que la Bastille s'était rendue, continuaient à faire feu ; ils tuèrent ou blessèrent ainsi plusieurs citoyens entrés les premiers dans la place. Un grenadier, nommé Arnet, met son bonnet au bout de son fusil, monte sur les tours et parvient à faire comprendre que la Bastille est au peuple. Il était alors quatre heures et demie. La foule se précipite aussitôt dans l'intérieur ; elle se jette sur les invalides qui avaient déposé leurs armes le long du mur, un d'eux est massacré. Fatal aveuglement ! c'est précisément le brave Béquard, lui qui a sauvé la vie aux assiégeants et aux habitants du quartier en empêchant le gouverneur de mettre le feu aux poudres. Un garde suisse est tué presque en même temps. Heureusement les gardes françaises arrivent ; ils s'écrient que les invalides sont leurs frères d'armes, de vieux et braves soldats.

— Qu'on nous les livre, ajoute un sergent nommé Marqué ; nous répondons d'eux.

A la voix de ses chefs improvisés, le peuple cesse de menacer les invalides, que les gardes françaises s'empressent de conduire à l'Hôtel de ville. Quant aux Suisses, à l'exception de celui dont nous avons parlé tout à l'heure, ils furent également tous sauvés, grâce à la présence d'esprit d'un des assiégeants entré des premiers dans la cour, lequel leur avait conseillé de retourner leurs habits.

Certes le peuple était bien animé contre les défenseurs de la Bastille ; mais l'homme qu'il cherchait, celui dont il voulait s'emparer à tout prix, c'était le gouverneur. Ce fut Cholat qui découvrit sa retraite et le reconnut.

— A moi ! s'écrie-t-il, je tiens le traître.

— Vous vous trompez, dit le marquis d'une voix altérée, je ne suis pas le gouverneur.

— Oh! je vous connais bien, réplique Cholat.

N'espérant plus échapper, le marquis tire un poignard de sa poche et tente de s'en frapper. Cholat lui arrache l'arme.

— Il ne faut pas que vous mouriez à présent, dit-il; c'est la main du bourreau qui vengera ceux de nos frères dont vous avez fait verser le sang.

Déjà Hullin, Elie et plusieurs autres étaient accourus et secondaient Cholat pour empêcher le gouverneur d'être massacré. Malgé les efforts de ces braves, de Launey reçoit un coup d'épée qui déchire ses habits; un homme du peuple le saisit aux cheveux et le frappe au visage.

— Messieurs, dit le gouverneur à ceux qui l'entourent, vous avez dit que vous me conduiriez à l'Hôtel de ville; je retiens votre parole.

— Vous voyez bien, répond Hullin, que nous cherchons à le faire.

En effet, de concert avec Elie, que son uniforme et ses insignes de capitaine faisaient plus facilement respecter, Hullin et Cholat s'efforçaient de réunir autour d'eux ceux des hommes sur lesquels ils pouvaient compter.

Pendant que cela se passait, d'autres combattants avaient successivement arrêté le major Delosme, de Miray, aide-major, Person et Caron, lieutenants, et deux invalides, Dumon et Asselin, qu'on croyait être les canonniers, bien qu'il n'en fût rien. Ces prisonniers et leur escorte se mirent en marche au milieu d'une foule où se trouvaient des femmes qui criaient vengeance pour leurs époux tués, et des mères qui venaient de reconnaître leurs enfants parmi les cadavres. C'était un concert de cris de fureur et de vengeance.

Elie, Hullin, Cholat, Legris, Arnet, Lépine, qui marchaient en tête du cortège, entourant le marquis de Launey, s'avançaient vers l'Hôtel de ville. Avec des peines infinies ils arrivent jusqu'à la place de Grève; mais, dans le trajet, l'aide-major Miray et le lieutenant Person avaient été massacrés : le premier dans la rue des Tournelles, le second sur le port au Blé. Le lieutenant Caron était également tombé percé de coups; on le crut mort et on l'abandonna; il n'était que blessé ;ransporté à l'Hôtel-Dieu, il en sortit guéri un mois après.

A mesure qu'on avançait, la foule devenait plus tumultueuse. A l'entrée de la place de Grève, Hullin fait un vigoureux effort pour repousser le flot de gens armés qui tentent d'atteindre le gouverneur; son pied heurte sur un tas de pierres qu'il n'a pu voir, il tombe ; Arnet s'arrête pour l'aider à se relever, tandis que Legris, garde des impositions royales, s'avance pour le remplacer près du gouverneur. Quelque prompts qu'aient été ces mouvements, ceux des assaillants l'ont été plus encore : le marquis de Launey se voit en un instant jeté au milieu d'un groupe de furieux.

— Tuez-moi! s'écrie-t-il, ne me faites pas souffrir!

Il n'avait pas achevé ces paroles, qu'il tombait atteint de plusieurs coups de sabre, et en moins de temps qu'il n'en faut pour le dire, sa tête apparut au bout d'une pique. Le major Delosme eut le même sort. C'est en vain que le marquis de Pelleport, son prisonnier autrefois, son ami aujourd'hui, tente de le sauver; la voix de cet honnête homme se perd au milieu du tumulte; même un coup de hache destiné au major l'atteint à l'épaule ; quoique secondé par un de ses amis, le chevalier Jean, il est impuissant et bientôt la tête du malheureux major est, comme celle du gouverneur, portée au bout d'une pique.

Cependant le comité électoral était toujours assemblé : ne pouvant délibérer au milieu des clameurs de la foule qui avait envahi la grande salle, ses membres s'étaient retirés dans une autre pièce ; il n'en avait pas fallu davantage pour faire naître dans l'esprit du peuple des soupçons de trahison. Le prévôt des marchands, Flesselles, qui continuait à présider ce comité, était hautement accusé de s'être entendu avec les ennemis du peuple pour mettre ce dernier dans l'impossibilité de se défendre. Averti de ce qui se passe, des menaces dont il est l'objet, le comité revient dans la grande salle ; mais son retour ne fait qu'augmenter le tumulte, les cris deviennent menaçants. Le marquis de Lassalle, redoutant une catastrophe, s'écrie en s'adressant au peuple :

— Mes amis, que faisons-nous ici? On mitraille nos frères ; allons les défendre !

Cet élan entraîne tout le monde ; armés ou sans armes, tous suivent le marquis. A peine sont-ils arrivés à la porte, qu'ils rencontrent les gardes françaises amenant prisonniers les invalides et les Suisses. M. de Lassalle élève au-dessus de sa tête les clefs de la Bastille qu'on vient de lui remettre, en s'écriant :

— Victoire! la Bastille est prise !...

Ces cris, répétés par la foule, font un instant diversion. Lassalle va déposer les clefs de la forteresse sur le bureau; il est suivi par des combattants qui apportent successivement l'argenterie trouvée dans le château, les registres du greffe, des bijoux, la montre du gouverneur et un tableau représentant saint Pierre aux Liens, enlevé du maître-autel de la chapelle. Un porte-clefs vient à son tour déposer une somme de cinq mille cinq cent quatre livres qu'au moment de l'attaque le gouverneur lui avait confiée. Enfin arrive Elie, porté en triomphe par le peuple. On le place en face du bureau, et les objets précieux trouvés à la Bastille lui sont offerts au nom de la nation. Il les repousse avec fierté.

— L'honneur de servir mon pays me suffit, dit-il.

L'attention du peuple est alors reportée sur Flesselles, qui continue à occuper le fauteuil de la présidence ; de violents reproches lui sont adressés. Il se lève alors et dit :

— Puisque l'on suspecte mes intentions, je me retire.

Les membres du bureau lui représentent que sa retraite ne peut qu'aggraver la situation, que l'honneur lui commande de se justifier sur-le-champ des faits qui lui sont imputés.

— Monsieur, dit un électeur nommé La Poize, avant de vous retirer, vous donnerez, j'espère, les clefs du magasin où sont les fusils et les canons de la ville.

Flesselles dépose ces clefs sur le bureau. Des cris : « A bas le traître ! » se font entendre.

— Il faut qu'il soit jugé, dit un des vainqueurs ; conduisons-le aux prisons du Châtelet.

— Qu'on le juge ici tout de suite ! crie la foule.

D'autres, moins animés, émettent l'avis de le conduire au Palais-Royal, et de le faire juger par les patriotes de cette réunion. Cet avis l'emporte sur les autres. Flesselles, pâle, défait, balbutie quelques mots qu'on ne peut entendre ; il est entraîné hors de l'Hôtel de ville. Au milieu d'une escorte nombreuse, il traverse la place de Grève. Déjà il paraît plus rassuré, lorsqu'écartant l'escorte, un homme arrive jusqu'à lui, lui brûle la cervelle d'un coup de pistolet, puis se perd dans la foule.

Voyons maintenant ce qui se passait à la Bastille, envahie par une masse désordonnée. Tout y était mis au pillage. Chacun voulait emporter quelque trophée qui lui rappelât ce jour mémorable. On brisait les meubles ; les tapis et les tentures étaient lacérés en lambeaux ; on s'emparait des armes, des instruments de torture, des chaînes, des colliers de fer. Tout à coup un cri généreux se fait entendre : « Délivrons les prisonniers ! » Mais les porte-clefs ont disparu. Heureusement on a des haches, des mar-

lins : les serrures et les verrous sont brisés, on arrache les grilles, on enfonce les portes... Déjà presque toutes les chambres des tours ont été explorées, elles sont vides ! Que sont devenus les malheureux captifs ?... Au troisième étage de la tour de la Comté, on trouve enfin un vieillard qui jette sur ses libérateurs un regard étonné. On lui dit qu'il est libre, et il ne semble pas comprendre. Ce malheureux, nommé Tavernier, expiait depuis quarante ans le malheur d'avoir déplu à madame de Pompadour.

A la tour Bertaudière, le porte-clefs, nommé Guyon, avait ouvert les portes aux deux prisonniers qui s'y trouvaient, de Wythe et le comte de Solages, et il était resté près de ce dernier en implorant sa protection. Le peuple, heureux de délivrer ces deux victimes, les emporta en triomphe sans s'occuper du porte-clefs. Hélas ! de ces deux captifs, l'un, de Wythe, avait, comme Tavernier, perdu la raison ; on ne put savoir ni quelle était sa famille, ni la cause de sa détention, ni l'époque à laquelle elle remontait ; les gens qu'il nommait dans ses divagations avaient disparu depuis plus de vingt ans de la scène du monde.

Quant à Solages, c'était une victime de la puissance paternelle : son père l'avait fait mettre à la Bastille en 1782, sous prétexte de dissipation. Ce père était mort depuis deux ans, et, comme le fils n'avait jamais réclamé contre la volonté de son père, le gouverneur, malgré un ordre de mise en liberté, l'avait gardé pour grossir ses revenus.

Quatre prisonniers furent encore trouvés, savoir : Pajade, au troisième étage de la tour Bazinière ; La Roche, au quatrième étage de la même tour ; La Caurège, au premier étage de la tour du Puits ; Bechade, au premier étage de la tour du Coin. Tous quatre étaient accusés d'avoir fabriqué de fausses lettres de change ; et ce qui donnait à leur détention un caractère particulier, c'est que le principal coupable, nommé La Barte, celui dont les autres n'étaient que les complices, avait été mis en liberté par ordre des commissaires que le roi avait nommés pour instruire le procès.

A l'Hôtel de ville il restait à statuer sur le sort de la garnison de la Bastille, les invalides et les Suisses. Le peuple, après la mort de Flesselles, avait tourné sa colère contre ces hommes et demandait leur mort ; Elie avait résolu de les sauver.

— Mes amis, disait-il, vous m'avez offert comme récompense les dépouilles de l'ennemi ; j'ai refusé l'or comme je le devais, mais pourtant je ne vous tiens pas quittes... Je veux la vie et la liberté de ces malheureux que nous avons vaincus ensemble.

De bruyantes clameurs couvrirent sa voix.

— Vous voulez les tuer, continua-t-il? Moi, je veux qu'ils vivent, je veux qu'ils goûtent les bienfaits de la liberté, et que notre générosité leur fasse éternellement regretter d'avoir servi nos ennemis.

Hoche se joint à Elie.

— Ce sont de braves gens égarés, dit le jeune héros; ils vont faire serment de défendre la liberté, et personne n'a le droit de leur en demander davantage.

Les prisonniers prêtent serment à la liberté; ils sont sauvés.

Desormais la Bastille était prise. Qu'en allait-on faire? Il faut la raser! tel fut le cri général, et à ce cri se mêla le nom d'un nommé Palloy, maître maçon, qui s'était fait remarquer au nombre des combattants.

— Puisqu'il nous a aidés à la prendre, qu'il la démolisse! s'écria-t-on de toutes parts.

La démolition commença le soir même. Toutefois, en attendant que ces hautes murailles fussent rasées, il fallait les garder; on y pourvut. Dans la nuit du 14 au 15, les électeurs désignèrent Elie comme gouverneur.

— Je pourrais tenir ma place à la tête d'un régiment, objecta-t-il avec loyauté; mais la défense d'une forteresse demande des connaissances que je n'ai pas.

Un officier, nommé Soulès, était présent; on lui offrit le commandement, et il l'accepta. Deux heures après il entrait en fonctions. A ce moment même la nouvelle de la prise de la Bastille arrivait à Versailles.

— Mais c'est donc une révolte! s'écria le roi.

— Plus que cela, sire, répondit le duc de Liancourt, c'est une révolution!

Le 15, le roi se rendit sans faste à l'Assemblée nationale.

« Messieurs, dit-il aux députés, je vous ai assemblés pour vous consulter sur les affaires les plus importantes de l'Etat. Il n'en est pas de plus instante, ni qui affecte plus spécialement mon cœur que les désordres affreux qui affligent la capitale. Le chef de la nation vient avec confiance au milieu de ses représentants, les inviter à chercher les moyens de ramener l'ordre et le calme. Je sais qu'on a élevé d'injustes préventions; je sais qu'on a osé publier que vos personnes n'étaient pas en sûreté. Serait-il donc nécessaire de vous rassurer sur des récits aussi coupables, démentis d'avance par mon caractère connu? Eh bien! c'est moi, qui ne suis qu'un avec ma nation, c'est moi qui me fie à vous. Aidez-moi dans cette circonstance à assurer le salut de l'Etat : je l'attends de l'Assemblée nationale. Le zèle des représentants de mon peuple, réunis pour le salut commun, m'en est un sûr garant, et, comptant sur l'amour et la fidélité de mes sujets, j'ai donné des ordres aux troupes pour s'éloigner de Paris et de Versailles. Je vous autorise et vous invite même à faire connaître mes dispositions à la capitale. »

Ces paroles furent accueillies par des cris de joie; tout était fini; la paix était conclue.

Cependant le comité des électeurs, ignorant ce qui se passait à Versailles, continuait à prendre des mesures de sûreté. Les villages les plus rapprochés de Paris étaient occupés par des troupes de toutes armes, une attaque paraissait imminente, et les Parisiens étaient résolus à se défendre. Un orateur propose de dépaver les rues et de couvrir la ville de barricades. Cette proposition est adoptée. Déjà des ordres sont donnés pour son exécution, lorsque arrive la nouvelle des dispositions pacifiques du roi. D'abord on refuse d'y croire. Mais bientôt un député annonce que, sur le désir qu'en a témoigné le roi, une députation de l'Assemblée s'est mise en marche pour venir rassurer les Parisiens; ce député rapporte le discours du roi, discours qu'il a entendu. Le doute n'est plus possible; la joie éclate partout, et les Parisiens ne songent plus qu'à fêter les messagers de paix qu'on leur annonce.

La députation arrive. Elle se composait de cent douze membres; le président Bailly marche en tête, ayant à ses côtés La Fayette, que ses exploits en Amérique ont déjà rendu célèbre. Ils s'avancent, au milieu d'une foule immense, jusqu'à la place de Grève; là ils sont obligés de mettre pied à terre; mais aussitôt des bras vigoureux les saisissent et les portent en triomphe jusque dans la grande salle, où sont assemblés les électeurs. Bailly, La Fayette, l'abbé Siéyès, le comte de Clermont-Tonnerre et l'archevêque de Paris se placent au bureau. La Fayette prend le premier la parole; il rapporte le discours du roi, il affirme que partout les troupes se retirent. Chacune de ses paroles est accueillie par des cris de joie. Le comte de Lally-Tollendal, le fils de celui dont nous avons raconté les malheurs, fait ensuite un discours qui est aussi fort applaudi. Après lui un des députés ayant dit que le roi consentait à pardonner aux gardes françaises, de violents murmures éclatent. Les soldats de ce corps qui sont présents s'écrient qu'ils n'ont pas besoin de pardon et que leurs bras seront toujours au service de la patrie. Un autre député s'empresse d'apaiser l'orage en annonçant que

le roi approuve la création de la garde bourgeoise. L'archevêque achève de faire oublier
l'incident en proposant d'aller chanter un
Te Deum à Notre-Dame afin de remercier Dieu
d'un résultat si heureux.

— Puisque le roi approuve l'institution de
la garde bourgeoise, dit un électeur, il faut à
cette garde donner un général.

A peine a-t-il parlé, que le nom de La Fayette
retentit dans toute la salle; il est nommé par
acclamation. Un autre électeur rappelle que
Paris n'a plus de prévôt des marchands. On
décide qu'on n'élira pas de prévôt, mais un
maire, et c'est encore à l'unanimité que cette
dignité est conférée au vertueux Bailly. Le *Te
Deum* termine cette journée.

Dès lors la révolution semble accomplie; une
ère nouvelle commence. Le roi lui-même vient
à Paris deux jours après pour confirmer tout
ce qui a été fait; il reçoit des mains de Bailly
la cocarde nationale et l'attache à son chapeau
c'est en sa présence que les électeurs dé-
crètent l'érection d'un monument sur l'emplacement de la Bastille, pour rappeler à jamais
« le contrat d'amour et de liberté formé entre
le plus grand des rois et le plus généreux des
peuples. »

XXXIII

La chute de la Bastille eut un retentissement
immense, et l'on peut dire qu'en tombant elle
ébranla le vieux monde. Cet événement fut cé-
lébré sur tous les points du globe; les pierres
de la vieille forteresse y devinrent des reliques
précieuses. Des sculpteurs imaginèrent de tail-
ler dans ces pierres des Bastilles en miniature,
et il s'en vendit une quantité prodigieuse. On
fit aussi des bagues, des colliers où les pierres
de la Bastille remplaçaient les diamants, et qui
se vendaient à des prix fabuleux.

La démolition de la Bastille avait commencé,
comme nous l'avons dit, le jour même de sa
capitulation. Mais les travaux n'étaient pas organisés; une foule de curieux encombraient
les remparts, tous emportant des pierres, du
fer, des objets divers. Il était indispensable d'y
mettre ordre. Le 16, le comité des électeurs
fit proclamer dans Paris l'ordre de démolition
de la Bastille. Il décida, le même jour, que
tous les districts travailleraient à tour de rôle
à cette démolition, et que le district de la
Culture-Sainte-Catherine serait spécialement
chargé de la surveillance des travaux. Lassalle,
Elie, Hullin, Ferrand, La Reynie, Danton furent
préposés à l'administration de la forteresse
jusqu'à ce qu'elle eût entièrement disparu. En

même temps, quatre citoyens : Dussaulx, de
Champsern, Gomeau et Cailliau furent nommés commissaires pour le dépouillement des
archives; Souberbielle, qui s'était si honorable-
ment conduit au milieu des combattants, eut le
titre de médecin des volontaires de la Bastille.

Dès lors les travaux marchèrent avec régularité. Le public ne fut plus admis dans l'intérieur de la forteresse qu'avec une permission
de l'Hôtel de ville, et cependant les visiteurs
furent encore si nombreux que le tronc placé
à la porte, et où chacun jetait volontairement
quelque menue monnaie à titre de pourboire
aux ouvriers, contenait, au bout de quelques
jours, plus de quarante mille livres.

Le pillage des archives avait causé des pertes
irréparables, car ces archives étaient en même
temps celles de toutes les prisons d'Etat. La
plus grande partie avait été jetée au vent, brûlée. C'est à peine si, parmi les décombres, on
trouva quelques objets intéressants, par exemple, les échelles qui avaient servi à l'évasion
de Latude.

Des écrivains ont prétendu qu'il n'y avait, à
la Bastille, ni instruments de torture, ni oubliettes. En ce qui concerne les instruments
de torture, après le témoignage de Dussaulx
nous n'avons rien à ajouter; cet honorable citoyen les a vus, les a touchés, et il est d'ailleurs constant que le nommé Danouilh fut soumis, comme nous l'avons raconté, à la question
trois ans après que Louis XVI l'avait abolie.
Quant aux oubliettes, peut-être les avait-on
supprimées dans les derniers temps, mais elles
avaient certainement existé, et il résulte d'une
lettre du père Joseph à son frère du Tremblay, gouverneur de la Bastille, que des répa-
rations avaient été faites par son ordre à la
chambre du dernier mot. Il y a d'ailleurs quelque chose de plus concluant sur ce point, c'est
le récit suivant fait par Dussaulx :

« Au commencement de mai 1790, j'allai
avec M. Souberbielle pour voir où en était la
démolition de la Bastille. Ce château royal était
rasé jusqu'aux cachots. On nous indiqua une
terre grise extraite de latrines sèches que l'on
avait vidées, et l'on nous y fit remarquer une
grande quantité d'ossements, la plupart brisés
ou en dissolution; même, en cherchant, nous
y trouvâmes un tibia assez bien conservé. De
là nous marchâmes vers le bastion, dont la sur-
face ne présentait que des jasmins, des roses
et des arbustes; c'était la promenade du gouverneur. Quand on songe que sous les fleurs
et les bosquets étaient cachés les antres de la
mort! La démolition de ce bastion était déjà
assez avancée pour que nous pussions distin-

guer, à travers les larges entailles qu'on y avait faites, les longs corridors, les escaliers dont les voûtes inclinées circulaient, montaient et descendaient dans cette horrible ruche de cachots dont personne n'avait encore soupçonné l'existence. »

Qui eût apporté là des ossements humains? Il n'y avait point de sépultures à la Bastille, l'endroit où l'on rencontrait ces ossements n'avait pu être consacré qu'aux oubliettes. « Les ministres ont manqué de prévoyance, dit Mirabeau quand il apprit cette découverte, ils ont oublié de manger les os. »

Les mêmes écrivains ont nié également qu'on eût trouvé des cadavres enchaînés dans les cachots, comme s'il n'avait pas été démontré qu'on laissait souvent les prisonniers enchaînés dans les cachots, alors même que les débordements de la Seine faisaient pénétrer l'eau dans ces souterrains. Mais voici quelque chose de décisif, c'est un procès-verbal publié par le district de la Culture-Sainte-Catherine, chargé d'inspecter les travaux de démolition de la Bastille.

« Nous sommes descendus à travers les démolitions, où nous avons trouvé un escalier doublé de pierre de liais, dont chaque branche était large d'environ quatre pieds. Au bas de cet escalier nous avons d'abord remarqué un cadavre autour duquel les ouvriers travaillaient à la fouille qui s'opérait avec beaucoup de précaution. La tête de ce cadavre, plus élevée que le reste du corps qui était un peu incliné, portait sur le massif de cet escalier, au bas de la dernière marche. Le tout était environné d'une légère bâtisse en pierres de différents morceaux d'environ deux pouces d'épaisseur sur une largeur d'à peu près neuf pouces, et posées de champ. Nous aperçûmes des traces de chaux, et nous ne fûmes pas surpris que les chairs fussent consumées. Les os étaient assez bien conservés. On voyait encore des cheveux au-dessus de la tempe gauche; les dents, très saines et encore très solides dans leurs alvéoles, indiquaient un homme de trente à quarante ans, et pourraient faire croire que le cadavre n'était pas fort ancien. Sous le flanc droit, à la chute des reins, s'est trouvé un boulet de canon du poids de cinquante-six livres, enveloppé d'une croûte fort épaisse, formée sans doute par l'humidité des corps ambiants. Il est à croire que ce boulet ne s'est pas trouvé là fortuitement, et qu'il y a été mis pour indiquer la personne qui a fini ses jours, de quelque manière que ce soit, dans cet affreux cachot. Un autre cadavre découvert le vendredi saint, et qui paraît être de la même date à peu près que celui dont il s'agit, reposait sur les marches du même escalier, la tête en bas. Ce second cadavre était tourné en sens contraire à l'autre. Il était éloigné du premier environ d'un pied et demi, mais un peu plus élevé. Il était adossé au mur du caveau, du côté du couchant, et placé sur le flanc droit. »

Ce fait, ainsi que tous ceux que nous avons rapportés, est donc incontestable. Dans cette histoire d'ailleurs, loin de grossir, nous avons plutôt tendu à atténuer les crimes à la charge du despotisme.

Les travaux de démolition de la forteresse ne furent complètement terminés qu'à la fin de mai 1791. Cependant ils étaient assez avancés le 18 juillet 1790 pour que, sur l'emplacement nivelé des principales tours, on organisât un bal où courut tout Paris. Sur la porte d'entrée de ce bal, magnifiquement illuminée, on lisait cette inscription humoristique en même temps que philosophique :

ICI L'ON DANSE.

Jamais vainqueurs ne furent plus fêtés que ceux de la Bastille. On comprenait que leur victoire avait commencé l'affranchissement des peuples. La part que chacun des combattants avait prise à cet acte mémorable fut constatée par les soins d'une commission nommée à cet effet. Il résulta du travail de cette commission que quatre-vingt-dix-huit citoyens avaient été tués et soixante-treize blessés.

Lorsque ce travail fut présenté à l'Assemblée nationale, celle-ci rendit le décret suivant (19 juin 1790) : « L'Assemblée nationale, frappée d'une juste admiration pour l'héroïque intrépidité des vainqueurs de la Bastille, et voulant leur donner, au nom de la nation, un témoignage public de la reconnaissance due à ceux qui ont exposé et sacrifié leur vie pour secouer le joug de l'esclavage et rendre leur patrie libre, décrète: qu'il sera fourni, aux dépens du trésor public, à chacun des vainqueurs de la Bastille en état de porter les armes, un habit et un armement complet suivant l'uniforme de la nation; que sur le canon du fusil, ainsi que sur la lame du sabre, il sera gravé l'écusson de la nation, avec la mention que ces armes ont été données par la nation à « tel, vainqueur de la Bastille, » et que sur l'habit il sera appliqué, soit sur le bras gauche, soit sur le côté du revers gauche, une couronne murale; qu'il sera expédié à chacun desdits vainqueurs un brevet honorable pour exprimer leurs services et la reconnaissance de la nation, et que dans tous les actes qu'ils passeront il leur sera permis de prendre le titre de « vainqueur de la Bastille. »

Ce décret ne contenta pas tout le monde. La commission, en effet, n'avait reconnu *vainqueurs* que huit cent vingt-cinq combattants, alors qu'il était constant qu'un bien plus grand nombre avaient, directement ou indirectement, pris part au fait d'armes, Il en résulta des discussions, des querelles, des provocations. Les choses en étaient arrivées à s'envenimer, lorsque ceux qui avaient été reconnus *vainqueurs* se réunirent et décidèrent unanimement qu'ils renonçaient aux honneurs et aux immunités qu'avait créés en leur faveur le décret de l'A ssemblée, sacrifiant ainsi à la paix publique une légitime distinction.

En 1832, toutefois, sous le règne de la monarchie de Juillet, la Chambre des députés accorda à tous ceux qui purent justifier de leur droit à porter le titre de vainqueur de la Bastille une pension annuelle et viagère de cinq cents francs.

Le jour anniversaire de la prise de la Bastille, le 14 juillet, a été choisi, par une loi en date du 6 juillet 1880, comme la fête nationale de la République française.

TABLE DES MATIÈRES

EXTRAIT DU CATALOGUE

FORMAT GRAND IN-8° AVEC GRAVURES

Précis de la géographie universelle, par Malte-Brun, 2 vol.
avec cartes . . . . 5 »
Histoire complète de la France, jusqu'à la Révolution de
1789, par ANQUETIL, revue par A. BOUILLET, et continuée
jusqu'à nos jours . . . . 4 vol. 10 »
Nouveau Buffon (Éléments d'histoire naturelle) . . 2 vol. 5 »
Histoire de la guerre de 1870-1871 et du siége de Paris 1 vol. 3 »
La France historique et géographique . . . . . 1 vol. 2 50
Histoire de la guerre d'Italie en 1859 . . . . . 1 vol. 2 50
Mathilde, par Mme COTTIN . . . . 1 vol. 2 50
Malvina, par Mme COTTIN. . . . . 1 vol. 2 50
Histoire de France. . . . . 1 vol. 2 »
— de Napoléon Ier. . . . . 1 vol. 2 »
— générale des Voyages. . . . . 1 vol. 2 »
— des Naufrages célèbres . . . . . . 1 vol. 2 »
Exil et captivité de Napoléon . . . . 1 vol. 2 »
Les Martyrs . . . . 1 vol. 2 »
Itinéraire de Paris à Jérusalem, par CHATEAUBRIAND 1 vol. 2 »
Voyage en Amérique . . . . 1 vol. 2 »
Le Paradis perdu . . . . 1 vol. 2 »
Les Natchez . . . . 1 vol. 2 »
Atala et René . . . . 1 vol. 2 »
L'Énéide de Virgile, traduction en prose . . . . 1 vol. 2 »
L'Iliade d'Homère — . . . . 1 vol. 2 »
La Henriade, par VOLTAIRE . . . . 1 vol. 2 »
Les Mille et une nuits . . . . 1 vol. 2 »
Les Mille et un jours. . . . . 1 vol. 2 »
Les Mille et une veillées. . . . . 1 vol. 2 »
Nouveaux contes arabes. . . . . 1 vol. 2 »
Œuvres de Boileau-Despréaux. . . . . . . 1 vol. 2 »
— Molière. . . . . 1 vol. 2 »
— Racine . . . . 1 vol. 2 »
— P. et Th. Corneille. . . . . . . 1 vol. 2 »
— Voltaire. . . . . 1 vol. 2 »
— La Fontaine (Fables) . . . . . . 1 vol. 2 »
— — (Contes et nouvelles). . . 1 vol. 2 »
— J.-J. Rousseau . . . . 1 vol. 2 »
Histoire de Don Quichotte . . . . 1 vol. 2 »
— de Gil Blas de Santillane. . . . . . 1 vol. 2 »
— des Gaulois et des Francs . . . . . 1 vol. 2 »
— des Guerres de religion . . . . . . 1 vol. 2 »
— de la Révolution polonaise. . . . . 1 vol. 2 »
— de la Guerre du Mexique . . . . . 1 vol. 2 »
Siècles de Louis XIV et de Louis XV . . . . . 1 vol. 2 »
La Révolution, le Consulat, l'Empire . . . . . 1 vol. 2 »
Vies des Dames galantes de Brantôme. . . . . 1 vol. 2 »
Le Cuisinier français . . . . 1 vol. 2 »
Histoire de Garibaldi . . . . 1 vol. 2 »